组织的未来

一个激发工作中每个人创造力的有效计划

[美] 加里·哈默(Gary Hamel)
[美] 米凯尔·贾尼尼(Michele Zanini)
·著·
陈劲 姜智勇
·译·

中信出版集团 | 北京

图书在版编目（CIP）数据

组织的未来：一个激发工作中每个人创造力的有效计划 /（美）加里 · 哈默，（美）米凯尔 · 贾尼尼著；陈劲，姜智勇译 . -- 北京：中信出版社，2021.11（2022. 1重印）

书名原文：Humanocracy: Creating Organizations as Amazing as the People Inside Them

ISBN 978-7-5217-3331-0

Ⅰ. ①组… Ⅱ. ①加… ②米… ③陈… ④姜… Ⅲ. ①商业管理－研究 Ⅳ. ① F712

中国版本图书馆 CIP 数据核字 (2021) 第 157635 号

组织的未来——一个激发工作中每个人创造力的有效计划
著者：　[美] 加里 · 哈默　[美] 米凯尔 · 贾尼尼
译者：　陈劲　姜智勇
出版发行：中信出版集团股份有限公司
（北京市朝阳区惠新东街甲 4 号富盛大厦 2 座　邮编　100029）
承印者：　北京诚信伟业印刷有限公司

开本：787mm×1092mm 1/16　　印张：26　　字数：300 千字
版次：2021 年 11 月第 1 版　　印次：2022 年 1 月第 2 次印刷
京权图字：01-2021-5431　　书号：ISBN 978-7-5217-3331-0
定价：88.00 元

服务热线：400-600-8099
投稿邮箱：author@citicpub.com

献给凯利·杜哈梅，感谢你教会我那么多关于人生与爱的道理，以及生而为人的意义。

加里

献给卢多维卡、克拉拉和路易吉，你们的爱与示范每天都在启发我、激励我，让我成为更丰富的人。

米凯尔

本书所获赞誉

很少有人能做到如此有力地、激情澎湃地、全面透彻地破拆官僚主义。哈默和贾尼尼通过《组织的未来》为我们带来了实用的指引，帮助我们重塑工作环境，为每个人带来了发光发热的机会。为了让组织再现生机，振兴各国经济，这样的工作环境是必不可少的。

——本特·霍姆斯特罗姆

麻省理工学院，保罗·萨缪尔森经济学讲席教授

2016 年诺贝尔经济学奖获得者

哈默和贾尼尼完成了两个最了不起的成就。他们对官僚主义的批评是我读过的最具说服力的批评，作者从多个方面解释了官僚主义机构对人的自主性、韧性和创造力的损害。他们吹响了激动人心的号角，号召人们建设更好的组织、解放组织中每个平凡人的天赋。《组织的未来》充满了敏锐的洞察力和实用的指导性，是一本不可多得的必读著作。

——丹尼尔·平克

《纽约时报》畅销榜榜首著作《驱动力》和《全新销售》作者

《组织的未来》为读者带来了全新的路线图，通过发挥每个组织的核心组成部分 —— 也就是人——的力量，帮助组织解放创造力、能力和韧性。

——斯坦利·麦克里斯特尔

美国陆军上将（退役）

《赋能：打造应对不确定性的敏捷团队》作者

《组织的未来》是我在漫长的读书生涯中读过的最重要的一部管理学著作。它并不是论述理想之力或赋权之喜的那类著作，确切地说，它是一部研究深入、由数据驱动、论证得当的著作。它详尽揭露了官僚主义造成的巨大社会代价。也令人信服地论证了为什么必须对此进行变革，并且提出了创造有效新型组织的实用指南。

——艾米·埃德蒙森
哈佛商学院，教授
《无畏的组织》作者

为了难以捉摸的所谓安全，多数大型组织建立了官僚主义体系。事实上，官僚主义会让组织失能并挫伤员工的积极性。《组织的未来》为我们带来了实用指南，它能引导我们逃脱这一陷阱，释放大型组织的深层潜力，最重要的是，它能解锁组织中人的潜在能力。

——奥利弗·贝特
安联保险集团，董事会主席兼首席执行官

在如今这个高度动态化的世界里，所有的卓越企业都需要解放人的力量，唯其如此，才能加倍提升价值和影响力。《组织的未来》是一本令人信服的操作手册。它可以指引大型组织降低官僚主义的影响，打造高度投入的员工队伍，培养为员工服务的领导者。

——万思瀚
诺华集团，首席执行官

如果你曾经被组织摧毁过梦想和希望，这本书也许能帮你恢复活力。想要打破官僚主义的桎梏、打造不辜负员工潜力的工作环境，我们很难找到比这本书更好的指南。

——亚当·格兰特

《纽约时报》畅销书《离经叛道》和《沃顿商学院最受欢迎的成功课》作者

TED *WorkLife* 播客主持人

哈默和贾尼尼的著作带来了一种大胆的、至关重要的指导，它能指引人们建立一种新型组织，其精神与身在其中的人的创造性和企业家精神和谐一致。两位作者关于工作的“后官僚主义”视野非常及时，能够赋予人力量。

——埃里克·莱斯

《精益创业》作者

迅猛发展的技术和商业创新呼唤着对传统官僚主义组织的全面改革。《组织的未来》一书提出了振奋人心、发人深省的框架，有利于创造未来的创新性组织的发展。

——曾鸣

阿里巴巴集团，前总参谋长

《智能战略》作者

《组织的未来》充分论证了运用信任链条和彻底的透明度取代传统指挥链条的理由。它是一剂良药，可以带来足以颠覆游戏规则的创新，并释放每个个体的价值。

——马克·贝尼奥夫

软件公司 Salesforce，董事长兼首席执行官

《开拓者》作者

终于有一本向官僚主义挥起巨锤的战术手册了。在数字时代，官僚主义存在的理由早已消失殆尽，但它还顽固地存在着。哈默和贾尼尼介绍了一种官僚主义的替代方案，它让人们充满力量，而不是像官僚主义那样压垮我们的灵魂，它能让组织更富有人性、责任性和影响力，能让企业迈上新的台阶。

——黛安·盖尔松

国际商业机器公司，人力资源总监

一家企业如果想生产产品和提供服务、帮助人们提升生活水平，就必须充分授权员工，让他们能持续不断地提升工作能力。这离不开与每位员工独特能力相匹配的岗位，离不开鼓励和奖赏创新、合作、挑战的文化，也离不开支持自律的企业家精神所有要素的文化。《组织的未来》描绘了形成这一局面的基本条件，提出了消除官僚主义的管理方式。这一变革不仅是长期业务成功必需的，也是自由开放的社会为每个人创造发展机会不可缺少的。

——查尔斯·科赫

科氏工业集团，董事长兼首席执行官

Stand Together 组织，创始人

《做大利润》作者

哈默和贾尼尼通过《组织的未来》向陈旧的秩序发起了挑战，他们同时指明了一条创造更美好新秩序的道路，以帮助企业及其服务的社会实现更高远的目标。数字革命正在改变人类生活的方方面面，在这样的时代背景下，两位作者适时而正确地告诫企业，它们抗拒变革的，甚至是充满浪费的官僚主义架构是对自身发展的拖累。官僚主义破坏员工的创造力，危害员工的主观能动性，妨碍员工的职场幸福感。因此，变革商业组织，使之成为以人为本的实体，这变得比以往任何时刻都要迫切。

如何成功地完成这一工作？再没有比《组织的未来》更好的指南了——它是每一位变革追求者和支持者非读不可的著作。

——穆克什·安巴尼

印度信实工业集团，董事长兼总经理

入选《时代》周刊 2019 年度最具影响力人物

哈默和贾尼尼指出，官僚主义压迫人的灵魂，他们说得很对。全球 14 亿全职劳动者，只有区区 15% 是全心全意投入本职工作的。我们必须赋权给每个人，否则人类将永无繁荣可言。这本书为这个世界带来的改变可能是微不足道的，也可能是天翻地覆的，关键取决于你。

——吉姆·克利夫顿

盖洛普，首席执行官

想在未来生存和发展，《组织的未来》是一本必读著作。它是一部非凡的杰作。

——维杰伊·戈文达拉扬

达特茅斯大学塔克商学院，杰出教授

《精益创新》作者

创新对于人如何实现组织以及人所能创造的一切同等重要。《组织的未来》一书揭示了人们在组织中释放热情、创造潜能的新路径，能帮助我们抓住奋力一搏的机会，成功地解决现今时代最大的挑战。

——蒂姆·布朗

艾迪欧公司，董事长

《IDEO，设计改变一切》作者

《组织的未来》阐释了如何用激情和创造力取代官僚体制，释放人类的潜能。每个立志创建以人为本的高效组织的人都应该读一读这本书。

——施杰翰

西门子公司，董事长；马士基集团，董事长

《梦想与细节》（*Dreams and Details*）作者

为什么说组织抛弃官僚主义路线，让人性重回职场的时代已经到来？《组织的未来》一书为我们详细周密地描绘了答案。我多次发现，自己一边阅读此书一边点头称是，或是在心中呼喊着：“高！实在是高！这就是我们几十年来上下求索而未得的新型管理范式。如今哈默和贾尼尼做到了！”

——吉姆·怀特赫斯特

国际商业机器公司，总裁

《开放式组织》作者

在这个崭新的、以目标为导向的时代里，《组织的未来》堪称最具洞察力和指导意义的著作之一，它应该成为所有正在寻求生存和发展的组织的必读书；更重要的是，很多组织中的很多团队都在渴望形成人的影响力，《组织的未来》也应该成为这些组织的必读书。

——安吉拉·阿伦茨

博柏利，原首席执行官

苹果公司，原高级副总裁

实质上，所有企业都在不同方面经受着创新的颠覆。官僚主义的层级结构决策缓慢、创新不足，无法在 21 世纪第三个 10 年的激烈竞争中取胜。《组织的未来》为组织指出了降低官僚主义、提高创新力和人性光辉的道路。

——约翰·麦基

全食超市，联合创始人兼首席执行官

《伟大企业的四个关键原则》合著者

官僚主义让太多人的日常工作充满了挫败感，加里·哈默和米凯尔·贾尼尼有力地提出了冲破官僚主义桎梏的出路。《组织的未来》形成的运动将为人类带来更具人性光辉的组织！

——霍斯·德·布洛克

博组客，创始人

官僚主义令人窒息，它降低了组织的整体才智，使之远低于应有的水平。哈默和贾尼尼对此提出了深刻的见解。不仅如此，关于如何建立新型组织，提高创新和适应能力，更好地实现组织中人的抱负，两位作者还提出了令人着迷的实例和鼓舞人心的出路。

——托马斯·马隆

麻省理工学院斯隆管理学院，帕特里克·麦戈文管理学教授

麻省理工学院集体智能中心，负责人

十余年来，加里·哈默一直呼吁人们要深入领导和组织方式的内部。在这本书中，哈默和米凯尔·贾尼尼提出了具体办法，阐释了如何拆分官僚主义企业，将其重建为敏捷组织，让组织中每位员工的热情和才智得到释放和发挥，与顾客共同创造产品和服务，产生积极的影响力。

——琳达·希尔

哈佛商学院华莱士·布雷特·唐纳姆工商管理教授

《如何领导天才团队》合著者

这本书详尽透彻地分析了科层制及官僚主义失能的后果。两位作者列举了很多企业尝试新路线的实例，提出了一种以人为本的替代模式。这里的“人”指的是全身心投入、积极解决问题的人，而不是为了实现组织目标而成为“资源”的人。作者证明了，这一替代模式比所有传统管理职能单位都更有效。

——埃德加·沙因

麻省理工学院斯隆管理学院，终身荣誉教授

《谦逊领导力》作者

为了建立富有韧性的企业，每个人都应该像主人翁那样思考和行动。《组织的未来》一书为人们在组织内部建立企业家精神指明了方向。

——谢家华

美捷步，首席执行官

《纽约时报》畅销书《三双鞋》作者

目 录

第三部分　人本主义原则

以人为中心的组织具有怎样的基因？

第四部分　通向人本主义之路

如何抵达？

推荐序

加里·哈默先生是我的老朋友了，我们的结识缘于他的一本书——《管理的未来》。“将人类束缚在地球上的不是地球的引力，而是缺乏创造力”，他对管理创新的极大热忱，以及颠覆传统、重启变革的先锋意识，与海尔随时代之变，永远“自以为非”、御“变易”之势的管理信条不谋而合，我与他相见恨晚。

十几年后，这本他与米凯尔·贾尼尼先生携手著成的新作，让“管理的未来”成了现在进行时。

它是一本优秀的实用指南，正如书中所说，它崇尚“释放人类精神”“以人为中心的新价值观和原则”。

然而，这只是这本书的“形”与“理”，我认为这本书的“神”与“心”在于颠覆性地提出了一种以人为本、以人为目的的新管理原则，一种以人为中心建立起来的管理价值观。这本书是一份管理界“人本主义运动”的宣言。

在这场以人为名的管理变革中，海尔是一名见证者、参与者、先行者，因此有幸成为本书重点阐述的“管理先锋公司”。

我在成为管理者之前，也做过多年的普通工人，是纯粹的被管理者，亲身体会过在科层制中无法充分发挥应有的个人价值的感受。成为管理者后，我见证了海尔经历改革开放、企业出海、中国入世等多个时代风口，看到许多抓住一个风口便不求突破的企业逐渐走向消亡。面对一直在变的用户、行业、时代，只有打破牢固的科层组织，解放被禁锢的创造力，人活了，企业才能活。

不平凡的2020年，让我们每个人都深切意识到，自己身处一个“百年未有之大变局”中，亲历着一个VUCA[①]时代。这个时代可套用《易经》的“三易”原则，唯一的“不易”就是“变易”。而“简易”则是大家迫切呼唤的新管理模式，在海尔，它就是员工与用户零距离的人单合一。

这就是这本书所希望的“能激发并满足人类所能给予的最好的东西的组织”。物联网时代的用户进化了，他们需要被视为单独的个体，定制个性化的体验。个人需求虽小，但经由物联网链接起的万亿个个性化需求为企业提供了无限商机，也给组织带来了转型难题。

2017年，加里·哈默先生来青岛参加首届“人单合一”模式国际论坛并发表演讲，他说，许多大公司的员工面对庞大的公司组织都有深深的无力感，最后只能安慰自己：公司的好坏与自己无关，因为自己不是CEO。但他又举了甘地、曼德拉、马丁·路德·金等人的例子，他们在职业生涯的早期也没有足够高的职务与权力，但还是改

① VUCA是四个英文单词的首字母，分别指“易变性”（volatility）、“不确定性”（uncertainty）、“复杂性”（complexity）和“模糊性”（ambiguity）。

变了世界。显然，加里·哈默先生希望“让组织和身在其中的人一样出色”。

在全球经历了新冠肺炎疫情的“黑天鹅”冲击后，不少分歧与不和于混乱中滋生，但正因如此，世界比以往任何时候都更强调共生与协同。

现代管理学之父彼得·德鲁克在2000年说过，“未来25年公司将不再幸存”。现在是时候将传统的科层制颠覆为网络化的自组织了，而这本书则为实现这一目标提供了可行的方案。

张瑞敏

海尔集团董事局主席、首席执行官

序言

如果以下情况发生在工作中，你会有何感想？

你有权规划和设计自己的工作。

你的团队可以自由设定工作目标和方法。

你可以提升自身技能、承担新挑战——这是受到鼓励的。

工作中的伙伴更像是家人，而不是同事。

没有毫无意义的规章制度和繁文缛节妨碍你的工作。

无论在什么情况下，人们都信任你、相信你能做出最好的判断。

在同事眼里，你不仅是上司，更是值得信赖的人。

用不着花时间奉迎领导，更用不着玩政治游戏。

你有机会参与制定组织战略和大政方针。

影响力和薪酬由能力决定，而不是由级别决定。

从不会感觉自己比上司低一等。

如果它们在工作中变成现实，那该多好！我想这甚至会好到让你不敢相信自己是在工作。令人遗憾的是，对绝大多数员工来说，这一切很难成真。通常的大中型企业使员工幼儿化，强调刻板的遵从，打压创业精神。这些企业把人们塞进狭隘的职务角色中，妨害个人成长，把人当成毫无生气的资源来对待。

因此，和组织中的人相比，组织常常缺乏活力、韧性和创造力。其罪魁祸首是官僚主义和它的专制主义权力结构，令人窒息的条条框框和有毒的职场政治。也许有些人认为，官僚主义早已日薄西山，就像有线电话、燃料汽车和一次性塑料制品一样。他们把“官僚主义”和“马力”归为同一类陈旧的表达方式，认为它们同样属于一个早已远去的时代。从很多方面来说，情况确实如此。但是，令人遗憾的是，官僚主义依然广泛存在于我们的生活中。实际上，我们会在第 3 章中看到，官僚主义是在不断发展的，而不是日渐衰落的。我们认为，这一事实与人们对全球生产力下降的担忧不无关联。官僚主义抬头的现象被视为生活水准下降、经济机会减少的凶兆。

官僚主义式的组织是陈陈相因的、增量发展的、令人意志消沉的。在官僚组织中，发起变革的力量牢牢控制在少数几位高层领导者手里。这些高高在上的人一旦沦为否定、傲慢或恋旧的奴仆，组织就会陷入衰退。实际上，领导者常常是这样的。这也是官僚组织的深层变革通常姗姗来迟或者引发“痉挛”反应的原因。官僚组织同样畏惧创新。它们天生畏惧风险，不会给勇于挑战现状的人们任何激励。在官僚组织中，特立独行属于高风险行为。最糟糕的是，官僚主义是摧人心智的。如果员工被剥夺了实际的影响能力，他们只能与自己的工作离心离德。企业在创新经济中成功的一切先决条件——例如主观能动性、创造力和勇气——都会在工作中消失不见。

谢天谢地，官僚主义并非人类组织规模化活动的唯一选择。放眼全球，一群为数不多但一直在增长的后官僚主义先驱者正在通过他们的行动证明，我们既可以捕获官僚主义的种种益处，例如可控性、一致性和协同性等，又能扬弃官僚主义的种种弊病，例如缺乏弹性、庸碌无为和冷漠无情等等。相较于那些处于传统管理方式之下的同行，先驱企业往往更加积极主动，善于创新，盈利能力更强。本书会介绍很多这样的企业。

这些企业的建立，或者在某些情况下的重建都有一个目标——最大化人类的贡献。它启发了我们创作《组织的未来》一书，它与控制成癖的官僚主义形成鲜明对比。二者的目标无疑都是重要的。但是，在多数组织中，用于确保顺从的努力常常是用于提高人的影响力的努力的许多倍。对组织而言，这种总量失衡的情况极为危险。它会拖累经济发展，令组织陷入道德困境。

官僚主义的害处在大型企业里尤其突出。随着企业的发展壮大，科层数量逐渐增加，员工队伍不断扩大，工作规则激增，合规成本与日俱增。企业一旦达到某一复杂性的临界点——根据我们的经验，当员工数量达到 200 至 300 人时，官僚主义的增长速度就会超过组织本身的成长速度。这就是为什么大型企业官僚程度会高于小型企业，为什么大型企业背负着管理规模不经济的重担。

大型企业如果能做到不那么控制一切，其规模与“官僚主义僵化”之间的联系就会变得不那么令人忧心。尽管人们都在谈论零工经济，但为大型企业工作的美国劳动力的比例比以往任何时候都要高。1987 年，28.8% 的美国员工在员工超过 5 000 人的企业工作。2017 年，这一比例是 33.8%。如今，在大型企业（员工人数超过 1 万）就业的员工人数已经超过了在小型企业（人数小于等于 50）就业的员工人数。

安于现状的人会告诉你，官僚主义是复杂性带来的必然结果。然而，我们的研究证明，情况并非如此。先驱企业的事例告诉我们，建立既庞大又迅捷，既富有纪律又善于赋能，既高效又富有创业精神，既大胆自信又明智审慎的组织是可以做到的。

如果你对此心存疑惑，请先看个简短的例子，它说明当秉持“人高于官僚体制”这一理念时，组织会带来怎样的不同。“人高于官僚体制”是博组客公司的座右铭。它是一家荷兰家庭健康护理服务提供商。这家企业拥有 1.1 万名护士和 4 000 名家庭护工，他们被分为 1 200 多个自我管理团队。每个医护团队包括 12 名护理员，负责某一特定区域。区域内的居民通常为 1 万人左右。这些小型团队负责发现客户，租赁办公场所，招募新的团队成员，管理预算，安排人员的排班调度，实现更具雄心的工作目标，持续提升工作品质和护理效率，等等。

在绝大多数组织里，这些职责是由分区经理或大区经理承担的。在博组客，它们被分配到各个本地团队成员的身上。每个团队有一位“管家兼出纳”、一位“绩效监督员”、一位“规划者”、一位“开拓者”和一位“导师”。团队还包括一部分兼职人员，主要由护士充当，她们每天大多数时间都与患者打交道。

为了支持这样一个超级赋能的团队，博组客为每位员工提供有关全体决策、积极倾听、冲突消解和同侪互助等方面的培训。这些团队通过一个名为 Welink 的社交平台紧密联系。护士们可以在那里提出问题，发布工作中的小窍门。博组客没有自上而下地强制规定家庭护理工作规程，而是鼓励各个团队在实际工作中发现机会，有效提高技术水平，通过集体智慧实现操作实践的最优化。在整个博组客公司，每个团队的详细绩效指标都是公开可见的。这种透明度带来了强有力的激励，有利于推动同侪学习和工作的持续改进。

博组客公司的行政管理人员包括 52 名区域及总部导师，50 位后台员工（主要集中在信息技术，即 IT 部门）和两名高级总裁，包括公司的创始人霍斯·德·布洛克在内。这足够称得上“精益”二字：一家 1.5 万人的企业，只有两名直线经理和一个刚刚超过 100 人的管理团队。

博组客为每个业绩领域设立了基准点（详见图 0–1）。和竞争对手相比，这家公司的极度精益并不是自上而下的战略带来的结果，也不是刻板执行运营规则或者大量数据支持下的某种算法的结果。它是新型组织模式带来的结果。这种组织模式赋权并培育每位员工，激励他们成为问题解决者和有商业头脑的决策者。

博组客先后 5 次被评为荷兰年度雇主，对一家成立于 2006 年的企业来说，这是个相当不错的成绩，但它并不是唯一一家懂得如何驾驭平凡人的天赋和才能的企业。我们会在后文看到更多这样的例子。

那么，为什么没有更多的企业跟进学习？在本质上，这是一种对人类努力的盘剥，可是为什么现有企业会心甘情愿地、不必要地给

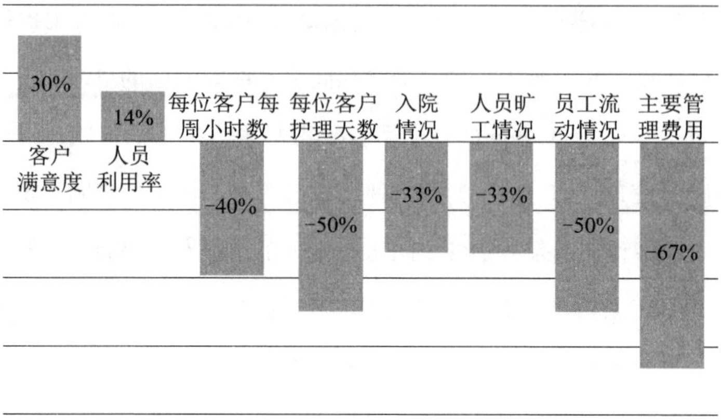

图 0-1　博组客公司与竞争对手情况比较

资料来源：Stefan Ćirković, “Buurtzorg: Revolutionizing Home Care in the Netherlands”, Center for Public Impact Case Study, November 15, 2018。

自己增加负担？直白点儿说，这是因为拆毁官僚主义意味着打破传统的权力结构。我们可能早已注意到，有权力的人通常是不甘心交出权柄的，他们会想方设法维系自身的权力。这形成一种严重的障碍。如果不能改革权力的金字塔，建立以人为本的组织就无从谈起。

首席执行官们通常不会挑起解决官僚体制政治难题的重担，而是会通过寻求市场支配地位和监管优势地位来抵消成本。2015 年至 2019 年，全球范围的并购价值高达 20 万亿美元，约等于纽约证券交易所上市企业的总市值。根据经济学家古斯塔沃·格鲁利翁、叶连娜·拉尔金和罗尼·迈凯利的估算，1972 年至 2014 年，美国有 75% 以上的行业变得更集中了。[1]

当创造性颠覆的风暴横扫一家大型企业，船体开始进水时，首席执行官的第一反应并不是抛弃压在舱底的官僚主义，而是忙不迭地跳到另一艘巨轮上去——那艘巨轮也在下沉。这样的情况太常见了。

首席执行官们常常许诺提高运营效率，以此证明大举并购行为的正当性。研究表明，并购的真正益处并不在于规模经济的实现，更多在于寡头优势的形成。[2]一项由扬·德·洛克尔、扬·埃克豪特和加布里尔·昂格尔联合开展的关于美国经济的全面研究发现，在过去的几十年里，价格加成（Markups）急剧攀升，该指标衡量的是公司层面的市场价格与边际成本之间的差值，反映的是市场的力量。1980年，平均的企业加价为边际成本的21%。到了2016年，平均加价达到61%。这一趋势不仅出现在美国，还出现在其他发达经济体中。[3]

规模的增大还能提高企业的政治权力。一家市值1 000亿美元的公司会开展与之匹配的游说活动，无论是在华盛顿特区、布鲁塞尔，还是在其他权力中心，其势力和影响之大，足以令体量只有它1/10的企业望洋兴叹。近年来，最著名的巨额游说案例包括美国汽车厂商阻击特斯拉开设自营门店的行动，制药行业通过游说取得了美国政府不打压药品价格的承诺，以及美国医院抵制政府提出的更高医保价格透明度的要求，等等。

尽管首席执行官们对政府的监管抱怨不断，但波士顿大学詹姆斯·贝森最近的一项研究显示，特定行业的监管政策会带来行业利润的上涨，二者之间存在强有力的关联性。[4]贝森通过计算指出，近年来，来自监管层面的寻租行为增加了2万亿美元的企业估值，每年有4 000亿美元从消费者手中转移到企业。首席执行官们禁不住想，明明可以通过政治权力操控比赛，获得有利于自己的结果，为什么还要上场比赛，搞得自己满身尘土?

许多企业发现，与其为一个庞大帝国去官僚化，不如再做上一笔交易或者聘请更多的说客，这样要简单得多。但是，对消费者和公众来说，这是不折不扣的坏消息。随便一位经济学家都可以告诉你，过高的市场权力会压抑投资，扼杀创新，减少就业机会，加剧收入不公平。

假如充满进取力量的年轻初创企业能让这些垄断寡头为自己的行为负起责任来，那当然再好不过了，这样的例子也发生过。但是，总体而言，创业群体的影响力实在有限。截至本书写作时，全球共有433家“独角兽”企业，也就是依靠创投资金支持的、市值达到或超过10亿美元的企业。尽管这些企业获得了大量的关注，但它们只在各自所在国家的经济中占据相对较小的比例。2020年初，美国独角兽企业的总市值为6 500亿美元。这个数字看上去也许足够惊人，但是它当时只占标准普尔500指数企业总市值的区区2%。虽然像硅谷这样的创业飞地非常重要，但是，更重要的是，我们要找到办法，让创业精神的星星之火在每个组织里燃成燎原之势。

看上去领导者尚未得出这样的结论。实际上，他们是在打赌，赌市场力量和政治力量的优势地位将消解官僚主义造成的拖累和它的种种弊端。实际上，单纯地依赖不断并购来无限扩展企业的权力，这种做法充满了风险。美国白宫经济顾问委员会早已呼吁“对滥用市场权力做出强有力的回应”。[5]法律学者埃里克·波斯纳和格伦·韦尔认为，美国“一些大型企业……需要被拆分”，而且“监管者需要对技术垄断企业采取更强硬的措施，阻止这些企业强行吞并竞争对手”。[6]高盛集团是无数场企业联姻的证婚人。就连高盛也曾提出，愈演愈烈的企业集中化趋势如果继续下去，就意味着“资本主义效能的问题会变得更宽泛”。[7] 可以确信的是，如果连高盛都在质疑企业合并是不是太过火了，那么，它一定是太过火了。

忍无可忍的不仅仅是专家，普通民众同样如此。一份皮尤研究中心 2019 年的民意测验显示，82% 的美国人明言，大型企业在国民经济中的权力和影响力过于集中。曾经“大即是美”的判断让人越来越难以接受。随着公众情绪开始转向不利的一面，政府也开始更积极地挑战垄断势力，首席执行官们亟须找到盈利和发展的新途径。而他们最好的选择就是，全心全意地创造新的组织环境，摆脱官僚主义的桎梏，帮助人们更好地完成工作。

更关键的是，对官僚主义宣战的原因不仅仅存在于社会层面，还存在于政治和经济层面。近年来，政策制定者和政治家不断表达对日益增长的收入不公的情况的担忧。1979 年至 2016 年，美国收入最高的 1/5 人群的薪酬增加了 27%，而收入最低的 1/5 人群的薪酬下降了 1%（如图 0–2 所示）。[8]

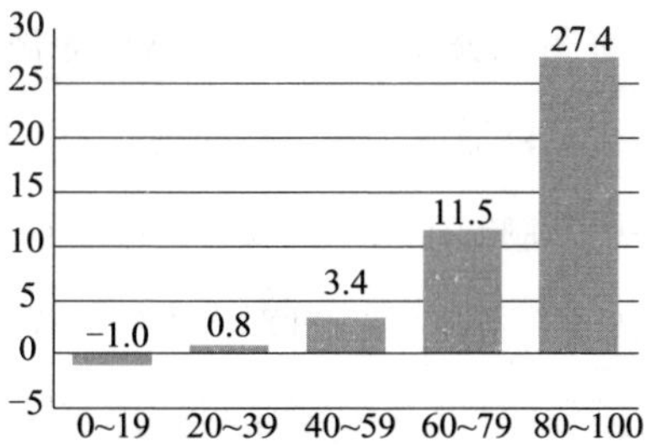

图 0–2　按分位数统计的实际工资变化情况（1979—2016 年）

资料来源：Jay Shambaugh, Ryan Nunn, Patrick Liu, and Greg Nantz, “Thirteen Facts about Wage Growth”, Brookings Institution report, September 2017。

造成这种差异的因素有很多，包括来自低工资国家的竞争、大型企业越来越倾向于合同工、工会力量的式微，以及技术对就业的替代效应，等等。这些力量给中低收入的工作岗位带来下行压力，这一压力被指责为美国铁锈地带民粹主义抬头的罪魁祸首。不仅如此，它甚至被认为是社会主义的吸引力在Z世代选民中日益增长的原因。他们担心自己永远无法像父母那样过上富足的生活。劳动力市场的两极分化将进一步腐蚀社会凝聚力和政治和睦，这一危险已经暴露无遗。

此外，还有对机器人技术和人工智能的恐惧，人们担心这些技术有一天终将取代大量的中低端工作岗位。布鲁金斯学会2019年的一项报告估计，美国有1/4的工作岗位极易受到自动化的影响，处于中度风险的岗位比例达到36%。[9]另一项覆盖32个经合组织（OECD）成员国的研究认为，有3亿个工作岗位正处于自动化威胁之下。作为特斯拉公司和太空探索技术公司的创始人，埃隆·马斯克早已告诫人类要做好准备，因为未来“机器人什么都比我们做得更好”。[10]这些可怕的预测，加上更多类似的预测，让一种针对机器人收税、保证每位公民享有固定收入的想法得到极大的传播。

愈发普遍的工资停滞或工资下降问题带来一连串的政策方案，包括在公司董事会中强制安排工人代表，部门级别的劳资集体谈判，零工经济工作者更好的福利待遇，针对人力资本投资的赋税减免，更多地重视中等教育阶段的科学和数学学科教育，等等。

尽管这些想法不无价值，但它们无一切中要害，相反，它们是毫无根据的有害假设，因为它们认为，大量的工作岗位不仅天生就是低技能的，而且是不可改变的。通常情况下，如果一项工作不需要大学教育或高级培训，它就会被视为低技能工作。因为这些工作岗位只需要极为有限的专业技能，所以，这些岗位的工资通常都比较低。最近的一项研究表明，美国劳动力的 44%，也就是 5 300 万人，正在从事低薪工作。[11] 这是事实，但是经济学家和政策制定者一旦认定这个事实是无法改变的，他们就会犯错。

我们的观点无法与传统观点苟同。我们认为，造成某个工作岗位低技能情况的原因并不在于工作的自身属性，也不在于它需要的学历，而在于从事该工作的人有没有机会提高自己的能力以解决新的问题。如果有人问我们从后官僚主义先驱身上学到的最重要的经验是什么，那就是原本被视为低技能工作岗位的员工的技能可以得到大幅提升——比如操作叉车，把行李运上飞机，或者从事农产品包装，等等。雇主如果能做到以下几个方面，就有可能在工作中点石成金——把毫无前途的劳动变成技能不断进步的工作：

教会一线员工商业思维

组织员工交叉培训，把员工纳入小规模多职能团队

让这些小型团队自负盈亏

为新员工搭配有经验的导师——师父带徒弟

鼓励员工发现自我提升的机会，并且抓住这些机会

为员工提供时间和资源，在公司内部实施创新试验

给予员工薪酬激励，鼓励他们探索工作职责以外的世界

把每个人、每个岗位当作整体成功不可或缺的一部分

先驱企业的工资都是高于平均水平的，这并不是因为它们更慷慨，而是因为它们的员工创造出了非比寻常的价值。这些企业深信，只要给予“普通”员工学习、成长和贡献的机会，他们就会做出不平凡的成绩。随着时间的流逝，这种信念造就了一支知识渊博、创造力无穷、以用户为中心的员工队伍。后官僚主义反叛者的经验证明了一个简单至极的道理：只要让组织充满自我管理的“小微创业者”，我们就根本不需要畏惧未来，更不需要为竞争担忧。

官僚主义者错误地假定，作为商品的工作岗位就应该由同样作为商品的人来填充。让人倍感遗憾的是，这种偏见似乎具有一种自我验证的能力。人们如果得不到发挥想象力的机会，就很少有创造力。而没有创造力又证明普通员工有一点儿呆傻。

关注自动化对就业影响的研究者经常会犯同样的错误。举例来说，在详细研究了美国劳工统计局（BLS）编撰的 702 个职业的工作任务描述之后，牛津大学的研究者卡尔·弗雷和迈克尔·奥斯本估计：足有 47% 的美国工作岗位处于自动化的高度威胁之下。[12] 这一结论丝毫不令人惊讶，这是因为，根据我们对 BLS 数据的分析，70% 的美国雇员的工作根本不需要或者只需要少许独创性。这一事实与从事这些工作的人的想象力毫无关系，它更多地说明了官僚主义模式是如何在工作场所剥夺人的主观能动性和创造力的。

弗雷和奥斯本有一点是正确的。他们指出，面对自动化的冲击，那些涉及“复杂的认知和操作任务、创造性智力任务以及社会智能任务”的岗位具有较强的韧性。尽管如此，认为一国经济中的绝大多数工作岗位只能极为有限地容纳那些把人和机器区分开来的独特的人类能力的假定，仍然是一种思维上的错误。同样执迷不悟的还有，认为这些能力仅仅局限于很小一类人群的看法。想象一下，我们能在 YouTube 视频或者广阔的博客空间看到怎样无边无际的人类创造力。这是因为如今的创造者天生就比自己的前辈更有才华吗？当然不是。真正发生变化的是，在新的数字工具和平台的帮助下，几十亿普通人终于有机会培养自己蛰伏已久的创造力。每一位员工如果在工作中都能获得类似的权力和工具，何愁不能创造出毫不逊色的壮观景象？

真正迟钝愚笨的是被官僚主义坚硬外壳层层包裹的组织，而不是身在其中的人。这并非臆想，而是鲜活的经验之谈。十余年前，本书的作者之一曾在美国中西部的一家制造企业领导一个大型培训项目。在为期一年的培训里，共有 3 000 多名员工学会了如何像商业创新者那样思考问题，他们大多数是作为工会会员的蓝领工人。这次培训激发了几千条足以改变游戏规则的创意。其中一条算不上标新立异，却足以令人难忘：一位工作多年的装配线工人的创意最终为企业带来了数百万美元的回报。在漫长的工作生涯中，这位装配女工第一次有机会对大局做出思考。当机会到来时，她抓住了。令人遗憾的是，许许多多的员工并没有这样的机会。他们并没有被视为发明者或创造者，他们仅仅被视为“肉件”——一种昂贵的、机器的替代品，而且无法升级。

本书的一大初衷是绘制一幅新的蓝图，帮助人们把每份平常的工作变成更好的工作。我们反对工作的去技能化，提倡想方设法地提升员工的技能。我们反对低价值工作的外包，提倡努力提升每个工作岗位的创造性内容。我们反对中层工作岗位终将全球化和自动化的假设，提倡工作环境的重新设计，以激发每个普通人的天赋。需要我们完成的常规工作是有限的，而值得我们去解决、亟待我们去解决的问题是无限的。从这一有利角度来看，自动化对就业构成的威胁主要取决于我们是否继续把员工当作机器看待。

向以人为本转变绝非易事。2019 年，盖洛普“好工作的模样”调查显示，只有不到 1/3 的美国员工非常同意这个说法：“我每天都有机会做我最擅长的事。”不到 1/4 的人表示，他们的工作要求他们具备创新能力，只有 1/5 的人觉得自己的意见在工作中很重要。[13] 从这些数据中我们不难推断出，许多组织更多是在浪费人的能力，而不是在运用它们。

要矫正这种令人惋惜的现实，我们面对的不仅是现实障碍、思想障碍，还有政治障碍。在从事咨询工作的过程中，我们多次与这些障碍正面交锋，我们遍体的伤疤足以证明这一点。但我们依旧心存希望，这并不是因为我们太过天真，而是因为我们学到了足够的教训。官僚主义不是什么宇宙常数。我们的组织非要如此笨拙、压抑和麻木不仁并不是上天注定的。官僚主义是人发明的，如今要不要发明更好的东西来取代它，这同样取决于我们。

我们的首要任务是为根除官僚主义确立无懈可击的证据，这是本书第一部分“为人本主义辩护”的主要内容。读者可以在第 1 章了解到，为什么绝大多数企业最大的负累不是笨拙的运营模式，也不是失效的商业模式，而是僵硬的管理模式。也许我们的组织过去负担得起官僚主义的成本，但如今的情况早已不同以往。在第 2 章里，读者可以近距离审视官僚主义的各项特征——层级化、专门化、形式化和程式化——是如何损害适应性、创新性和工作积极性的。读者还会在这一章初步认识一些“异端”组织，了解它们是如何挑战官僚主义常规的。第 3 章会为读者展示如何计算组织自身的官僚主义隐性成本——这是投身全面管理变革至关重要的一步。

从诊断到行动，你必须相信有一种替代方案，它足以取现状而代之。也就是说，以人为本的组织并不是一种乌托邦式的空想。在本书的第二部分“实践中的人本主义”里，我们会走进两家鼓舞人心的企业，它们成功地驾驭了人本主义的力量。第 4 章是对世界上最具创新力的钢铁公司——纽柯的近距离观察。读者可以了解纽柯极致精益的管理模式是如何解放创造力、鼓励每位员工像公司的主人一样思考和行动的。接下来，我们会在第 5 章走进全球家电企业海尔。海尔也许是全球运行方式最为创新的企业，我们会揭开它的面纱。在过去的几十年里，海尔始终致力于实现员工与顾客之间的“零距离”。为了做到这一点，海尔把 5.6 万人的企业划分为 4 000 个小微，一线员工到首席执行官只隔着两个层级。这种结构更接近一种网络，而不是层级制度。海尔因此提出了一种既足够惊人又现实可行的模式，大规模实现了创业精神。

本书的第三部分名为“人本主义原则”，它介绍了人本主义的 7 项核心主旨：自主性、市场、英才机制、社群、开放性、试验和矛盾。我们会在第 6 章提到，管理的再造不仅需要新的工具和方法，更离不开全新的原则。从第 7 章到第 13 章，我们会提供详细的案例，逐个说明如何实施上述原则，最终让我们的组织变得更有韧性、创造力和胆识。

很多人会对此心存疑虑——仅凭一种新思想的提出是不可能清除官僚主义的。官僚主义是世界上最普遍的社会技术，它为人所熟知，壁垒森严，固若金汤。想要取得胜利，就必须绕开旧有的权力结构，鼓励那些变革的支持者发起多种大胆冒险的组织试验。这就是我们在第四部分“通向人本主义之路”中要解决的问题。在第 14 章里，读者会走近米其林公司的劳资关系经理贝特朗·巴拉兰，了解他是如何通过催化自下而上的努力，极大地赋能一线员工的。巴拉兰的故事会帮助读者深入洞察，如何运用演进的方式实现革命性的目标。第 15 章提出了逐步深入的教程，帮助读者在自己所在的团队里把工作开展起来。我们会详细说明如何去除官僚式的思维方式，如何让同事加入你的队伍，如何把自己的团队变成大胆管理创新的实验室。最后，本书的第 16 章会说明如何实现规模化。我们会着重介绍管理黑客和激进分子的经验，介绍如何组织全公司范围的活动，让每个人参与到重塑管理的事业中来。我们还会论证，实现人本主义离不开通向大规模变革的新路径。有了这种路径作为保障，变革将愈演愈烈，而不是愈摊愈薄。

本书既是一部重启变革的作品，也是一本战术指南，其目的是把人的精神从官僚主义的镣铐中解放出来，这必将为个人、组织、经济和社会带来深远的益处。希望我们的论述具有足够的说服力。本书还会为现行管理模式的背离者带来实用的策略，帮助他们与非凡的“海盗”组织开展合作，发现机会，更好地推进人本主义。这些“海盗”组织教会我们，只要拥有勇气、悲悯之心和逆向思维，不管职位或头衔是什么，每个人都能改变一个大型组织。因此，如果你**准备**建立一个更符合人性、面向未来的组织，我们邀请你一同出发。从这里出发，现在就出发！

第一部分

为人本主义辩护

重新审视官僚主义

— 1 —

完全的人

我们是谁？这是由我们投身的事业决定的。我们的身份是在我们拥抱的挑战中逐渐显露出来的。无论我们的收入多么微薄，能力多么有限，我们都能投身崇高的追求，并把由此收获的喝彩当作送给自己的礼物。令人心存感激的是，这世上有那么多值得解决的问题——发明会思考的机器，减少二氧化碳排放，克服种族之间的不和谐，战胜耐药性超级病菌，终止人口贩卖，在其他星球建立栖息地，等等。

我们内心深知人生苦短，不应该在无关紧要的问题上兜兜转转。我们明白，先哲们称赞“少有人走的路”是对的。解决新的问题，开辟新的道路——这本是我们生来要做的事。可悲的是，我们中有那么多人在怯懦无能、令人沮丧的组织中工作。如果你试着向上司建言，提出前所未有的大胆创意，那么你很可能遭到一连串的驳斥:“那根本不符合我们的战略。”“没有那份预算。”“法务绝对不会通过的。”“这不是我们的文化。”“不切实际！”“这个想法的问题太多了。”问题并不出在上司身上，他（她）和你一样无能为力。问题出在你的组织和其他大多数类似的组织身上，它们有着与生俱来的刻板、压抑和懦弱。

花点儿时间，在以下几方面给你所在的组织打打分：

目标：	勇于进取的	←○——○——○→	胆小怯懦的
风险承担：	拥抱风险的	←○——○——○→	回避风险的
速度：	快马加鞭的	←○——○——○→	老牛破车的
创造力：	恣意奔放的	←○——○——○→	压抑克制的
自主权：	开放广阔的	←○——○——○→	狭促难辨的
投入程度：	热情洋溢的	←○——○——○→	不温不火的
对不守成规的态度：	积极鼓励的	←○——○——○→	严令责罚的

除非你的组织规模很小，或者罕见地卓越，否则，它的得分恐怕要倒向天平的右侧。你会因此感觉深陷困境。你会失去勇气，悲叹道："这可真是个史诗般的征程，可是我只希望能熬过这个季度。"

说得没错。可是，你有没有想过，我们的组织怎么会沦落得如此缺乏勇气、创造力和激情？同样重要的是，我们是怎样变得如此屈从于现实的？答案非常简单：因为它是我们熟识的一切。或多或少，每个组织都是不同的，也都有教条主义的成分，即使是世界一流的企业也未能幸免。

以英特尔公司为例。把 1 亿个晶体管装在 1 平方毫米的硅片上，这项工作需要成千上万非常聪明的人。英特尔在这一点上表现卓越。

然而，作为一家企业，英特尔把一件本该极为简单的工作搞得一塌糊涂：为数十亿台移动设备供应芯片。这家公司没有预料到智能手机市场的爆发式增长。为了收复失地，英特尔花了10年的时间，投入了超过100亿美元的资金。最终，该公司在2016年承认失败，关闭了移动通信部门。其他科技巨头，如微软、IBM（国际商业机器公司）、惠普和戴尔同样在移动通信革命面前表现拙劣。怎么会这样？这些公司的研发投入动辄几十亿美元，拥有明星级的首席执行官，背靠全球顶尖的咨询公司，它们怎会认不清未来？

毫无疑问，组织在很多方面比个人强。如果你能到佛罗里达州弗里蒙特的特斯拉生产线上参观一次，你一定会惊奇不已。这所占地500万平方英尺①的厂房是该州最大的生产基地。数百个巨型机器人执行着复杂的、芭蕾舞般的动作，无人驾驶的小车装满了零件，在各个工作站之间穿梭，巨大的升降机在空中旋转着轿架，一个7层楼高的冲压机制造着车身板件，一群工人奔忙着，他们在确保整个生产线平稳运行。这一切组成了一首同步交响曲，透着单纯的美感。我们禁不住感叹，人竟然可以通过协同合作达到如此的成就。

组织能做到个人单打独斗不可能做到的事。没有人能凭一己之力组装出一辆汽车，发射一颗卫星，建成一套操作系统，培训出一名医生，盖好一座大楼，或者发起一项运动。

然而，即便达成了如此的成就，我们的组织也是不够活泼的、增量发展的、枯燥沉闷的。这些都是大型企业最致命的机能不足问

---

① 1英尺=0.304 8米。——编者注

题，这些问题的存在太普遍了，以至认定它们不可补救的人反而能得到众人的谅解。我们会告诉自己，脆弱和保守本来就是大型企业的本性，凡是希望反其道而行之的人都是幼稚无知的。这种悲观主义似乎是成立的，但我们无法对一个极为显著的事实视而不见。那就是作为人类，我们本身是充满韧性、善于创新、生气勃勃的。组织在这些方面不如身在其中的人，这个事实说明，从很多重要的方面来说，组织远远不够富有人性。而颇具讽刺意味的是，由人类一手创造的组织似乎缺少了那些恰恰使得我们成为无毛两足生物的特性，例如勇气、直觉、爱、游戏性和艺术性等等。如果说我们的组织缺乏人性，那是因为我们就是这样设计它的，无论是有心还是无意，都是我们让它缺乏人性的。说到底，每个机构都是为了最好地组织人、实现某一特定目标而做出的选择的集合。本书的基本假定是，大多数选择可以而且必须被重新审视。

我们不应该满足于专制和无趣的组织。遗产不是命运。曾几何时，世界上大部分地区都被暴君统治着，但是今天，数十亿人生活在自由之中。这种从独裁到民主的转变不是自然发生的，也不是由上层领导的。相反，这是一个由哲学家、抗议者和爱国者组成的庞大的联盟的工作，他们为自治的承诺所鼓舞。

在重新思考人性化组织的基础时，我们的决心和彻底性不能有半点儿逊色。我们必须像先哲那样发扬解放全人类的精神。要建立新型组织，为每个人创造发展壮大的机会，这是一项值得为之奋斗终生的事业。

如果你也认为人类值得拥有工作以外的更多收获，如果你也认为更具活力和创造力的机构能更好地为我们服务，那么，你可以做很多事情来推动世界前进。我们会看到很多足以取代现状的、引人入胜的、行之有效的全新选择。尽管难免要逢山开路、遇水搭桥，但这终究是由此岸到达彼岸的一条出路。毫无疑问，你如果能秉持正确的原则出发，学会像活动家那样思考，就能为身边的同伴做出决定性的贡献，让他们的生活变得更加丰富多彩，就能为你所在的组织带来取之不尽的良机，帮助它变得更加繁荣兴盛，尽管这个世界令人感到不安。

在着手解决问题时，我们还要提醒自己，当认为某个问题棘手难解时，人们就会共同谋求把它变成永久的难题。想想那些生活富足的城市居民，他们选择对无家可归者视而不见，而不是去收容所做义工。还有那些海滩上的游客，他们宁愿在遍地的塑料垃圾中蜿蜒穿行，也不愿弯腰拾起它们。在勇气和坚毅面前，无论多么令人生畏的难题，哪怕是天下最顽固的问题都会败下阵来。我们不能畏惧退缩，也不能转移视线。相反，我们必须面对这个早已明确的问题——因为缺乏人性，我们的组织早已无能为力。我们会在第 1 章的后半部分详细阐述这一事实，在第 2 章分析这个问题的根本原因，在第 3 章说明管理变革的必要性。并在随后的章节里为建立完全人性化和胜任的组织绘制蓝图。

人是充满韧性的，但组织不是

我们生活在一个加速变革的世界里，未来不再是过去的简单延伸。变革是冷酷无情的，有时甚至是骇人的（想象一下，如果拉斯韦加斯的钢管舞娘换成了机器舞姬，那会是怎样一幅画面？是的，她们已经在这样做了）。欢迎来到动荡狂躁的剧变时代。

有人会说，自宇宙大爆炸以来，变革一直在加速。[1] 从古至今，物质组织成更复杂的结构和系统的速度已经在不知不觉中逐渐加快。如今，140 亿年过去了，变革的脚步已经达到超临界水平。我们可真够幸运的！

这种突然到来的加速来自计算能力和网络容量的突飞猛进和它带来的彻底改变。相较于 20 世纪 80 年代末个人计算机 i486 芯片的晶体管数目，最新一代苹果手机的晶体管数量几乎高出了 6 000 倍。2017 年，全球互联网总流量达到每秒 46 600 吉字节，是 1992 年的近 4 000 万倍。[2]

这一指数级增长开辟了令人眼花缭乱的新天地。借助计算生物学的力量，我们开始理解人类细胞复杂的生化过程。更强大的计算能力意味着能力彻底提高的机器。DRIVE AGX Pegasus 双芯片系统是英伟达公司专为自动驾驶汽车而设计的，每秒运行高达 320 万亿次。[3] 随着贷款成本的直线下降，全新的行业纷纷涌现，社交媒体就是一个突出的例子。强有力的网络帮助人们通过前所未有的方式协同合作。例如，宣布发现希格斯玻色子的那篇论文拥有 5 000 多位共同作者。

这种计算与通信爆发的冲击波正在我们周围回荡：电子商务、共享经济、合成生物学、区块链、增强现实、机器学习、3D 打印、物联网等等。一波冲击尚未消散，新的冲击便电闪雷鸣般划过天空，你方唱罢我登场。在未来的短短几年里，将会有 2 000 亿到 1 万亿件物品实现联网，它们中的大多数都带有传感器。[4] 不妨想象这样一个世界，每一次状态的改变，包括每一次移动、流动、交易和扰动都会产生数据。地球终将拥有自己的知觉。

同处在这个巨型旋涡之中，无论对哪个组织而言，最重要的问题都是：我们是不是和周遭世界同样快速地变化着？对绝大多数组织来说，答案是否定的。

首席执行官们倾向于将这种适应性的缺乏归咎于人性。他们沉痛而缓慢地长叹一声："人哪，终究是站在变革的对立面的。"和数不胜数的陈腐的管理主义一样，这同样是一句废话。想想你认识的人，在过去的 3 年里，他们中有多少人至少做过以下事情中的一项：

搬去新的城市

开始一份新工作

结束一段感情，或者开始一段新感情

学习一项课程

采用一种新的锻炼方法

开始一项新的爱好

减掉 10 磅[①] 体重

重新装修房间

去一个新的度假目的地旅行

培养一段新的友情

① 1 磅≈ 0.45 千克。——编者注

也许你认识的每个人至少都完成了这些变化中的一项。实际上，人类是求变成瘾的。我们对新鲜事物有着贪得无厌的嗜好。所有变化叠加在一起，推动着我们的世界向前发展，它们都是我们的作为。我们就是动荡剧变的代言人。

组织与人不同。组织经常在面对变革时表现得很差劲。这也是在职者总是发现自己处于不利境地的原因。如今，我们会期待新来者击败“老家伙”。我们本能地知道，在一个快速变化的世界里，资源再也无法替代才智——即便最聪明的企业也是脆弱不堪的。

无论谷歌公司在搜索引擎方面取得了怎样一骑绝尘的领导地位，它依然错过了成为社交媒体领域先驱者的大好机会。等到谷歌发布 Google+ 时，脸书早已建立了无法超越的领先地位。当苹果公司的 iTunes（音乐软件）在提供流媒体内容方面进展缓慢时，它只能向新兴企业声田和网飞敞开大门。在线交友先驱者 eHarmony 在应对智能手机革命时表现迟缓，结果被 Tinder（手机交友软件）迅速补位。

如果你认为未来在本质上是不可知的，那么你也许会认为，今日被大肆颂扬的离经叛道者不过是幸运罢了，他们不过是偶然猜对了未来。这个结论是错的，它错在两个方面。首先，未来并不像人们通常设想的那样隐晦。只要留心正在发生的变化——那些潜滋暗长的、日益加速的趋势，我们常常可以提前很长时间看到未来的样貌。

目前，美国的有线电视企业已经失去了视频内容分发的垄断地位，它们还在手忙脚乱地适应这个新的江湖。截至 2019 年底，4 000 多万美国家庭关停了有线电视，转而选择新型线上服务。[5] 同年，流媒体订阅用户数量首次超过有线电视用户数量。[6] 这一转变是完全可以预见的。20 世纪 90 年代初，美国电话电报公司（AT&T）的技术专家预测，视频流媒体服务将在 2005 年实现商用，他们的预测是完全准确的。YouTube 视频正是在 2005 年上线的，苹果公司 Apple TV 的首次迭代发生在 2006 年，网飞公司在 2007 年上线了它的第一部电影。

其次，我们即使恰好发现了有利于未来的战略，也是运气好罢了。人们总是要解释清楚，为什么保守派的不幸总是如此不出所料。如果你连续几个小时观看一个人玩 21 点，他（她）一直在输钱，一把都没赢过，那么你也许不会觉得他（她）的赌运太差，你会认为他（她）是个不够格的赌客。

数据证明，制度惰性是一种痼疾，而且代价高昂。想想看：

- 1955 年名列《财富》500 强的企业，如今仅剩下 11%
- 标准普尔 500 指数企业的平均寿命从 20 世纪 50 年代的 60 年下降到了现在的不到 20 年
- 2010 年至 2019 年，美国上市公司上报的重组成本为 5 500 亿美元，这是迟来的或拙劣的战略更新的代价

这一切证明了一个简单的事实：世界正在变得日益动荡，这个速度快过绝大多数公司适应能力的增长速度。

实际上，组织的变革趋势呈现出两种极端，要么乏善可陈，要么令人痛苦不堪。企业每天都在更新自己的产品，改善自己的流

程，但是毫无惊喜可言。相比之下，战略转型往往带来动荡不安，就像偶尔会撼动治理不善的独裁政权的起义一样。大型企业想要废除陈腐有害的政策，唯一的办法就是更换最高领导者。

考虑到这些机制，落后的企业更有可能持续落后。1990 年至今，通用汽车公司的国内市场份额一直在下跌，其中只有 5 年例外。[7] 这家企业之所以仍然存在，完全得益于 2008 年金融危机之后美国政府的紧急援助。

可悲的是，衰老不堪的企业不可能被安乐死。恰恰相反，尽管处于半昏迷状态，这些企业依然赖在那里，关停工厂，扼杀品牌，限制研发，开除员工，并购毫无生气的竞争对手，通过游说获取监管机构的支持。这种“跑步机式企业”的数量之多，超出你的想象。

2020 年 1 月，标准普尔 500 指数中共有 454 家上市至少 10 年的公司。其中 124 家未能在一年内带来高于过去 10 年的高水平回报。这份落后者名单包括伯克希尔 – 哈撒韦公司、可口可乐、康卡斯特、埃克森美孚、福特汽车、英特尔、默克公司、甲骨文公司、百事公司、宝洁公司、UPS 快递、威瑞森电信、维亚康姆集团、沃尔玛和富国银行等等。2009 年至 2019 年，这些企业和其他原地踏步的企业的累计回报为 172%，处于中位水平——在我们的数据库里，其他老牌企业获得的收益率中位数为 388%。前者甚至未能达到后者的一半。

当一家企业身陷泥淖时，股东并不是唯一的输家。变革缓慢的组织会拖累人才和资本，使之无法在别处得到更好的施展。这压低了整体经济的工资和回报水平。惫怠的组织还会拖慢走向未来的脚步。

在特斯拉的刺激之下，如今所有大型汽车厂商都在筹划推出全系列电动汽车产品。[8] 这是有利于环境的好事。但是，如果当时的在任者能够早几年开始这样的追求，岂不更好？何必等到新来者为他们上了一课，让他们感到切肤之痛才行动起来？

我们需要的是具有“进化优势”的组织——要具备与变革并驾齐驱、以变驭变的能力。

真正有韧性的组织应当：

从不把否定和拒绝当作挡箭牌

迅猛主动地迎接未来

主动求变

不断重新定义用户的期待

不满足于新机会的平均份额

不会遭受意料之外的业绩冲击

在吸引全球最有活力的人才方面具备优势

我特别喜欢《纽约客》的一幅漫画。漫画画的是两只恐龙，一只懒洋洋地靠在一块巨石上，另一只笔直地坐着，一边挥动它短粗的前肢一边说着：“我想说的是，我们现在就应该动手开发改变小行星轨道的技术。”和那些注定要灭绝的恐龙比起来，人类拥有体积更大的前额皮质，拥有食指以及（与其他四指）相对的拇指。我们足够聪明，能够预见未来；我们足够灵巧，能够主动应对未来。人类不是恐龙，我们的组织也不应该成为恐龙。

人类富有创造力，但是组织（大多）不是

创新是发展的动力，首席执行官们都明白这一点。波士顿咨询公司的一项调查显示，79% 的领导者把创新当作第一要务。他们明白，创新是应对落伍的唯一良药。但是，另一项由麦肯锡公司发起的调查显示，94% 的高管对所在组织现有的创新业绩表示失望。

尽管如此，创新能力依然是人类这一物种的标志性特征。我们生来就具有创造能力——无论是为自家花园设计景观、写博客、自拍美图、创作一道新菜、开发一项应用程序，还是创办一家公司。最近一项针对美国千禧一代（年龄在 30 岁到 39 岁之间的美国人）的研究发现，55% 的人利用在线视频训练自己的创造能力，相当数量的人在线上售卖自己制作的手工艺品。[9]

数字技术实现了创意工具的大众化，并为创造者提供了全球受众。每天……

- 有超过 70 万小时的新内容被上传到 YouTube 视频上
- 有 300 万个博客在 WordPress（博客系统）上被创建
- 有 9 500 万张新照片被发布到 Instagram（照片墙）上
- 谷歌应用商店会增加 1 300 个新应用，它原本已经有 300 多万种应用了
- 类似 Kickstarter、Wefunder、Indiegogo 和 Crowdcube 的众筹网站会发布数千个新项目

科技创新同样突飞猛进。1985 年以来，美国专利及商标局授予的专利数量以每年 400% 的增速迅猛飙升。我们的世界从不缺乏创造力。既然如此，为什么成立已久的大型组织在改变游戏规则的创新方面会表现得如此糟糕？

《快公司》杂志的编辑们每年都会发布一份全球最具创新力的企业榜单。最近一期的前 15 名是：

1. 美团点评
2. Grab（东南亚网约车和送餐平台公司）
3. NBA（美国男子篮球职业联赛）
4. 华特·迪士尼
5. Stitch Fix（个性化定制时尚电商）
6. Sweet Green（沙拉店）
7. Apeel Sciences（食物保鲜公司）
8. Square（美国移动支付公司）
9. Oatly（瑞典燕麦奶公司）
10. Twitch（实时流媒体视频平台）
11. 美国塔吉特公司
12. Shopify（加拿大电子商务软件开发商）
13. AnchorFree（软件开发公司）
14. Peloton（美国互动健身平台）
15. 阿里巴巴

值得注意的是，除了两家公司，其他的历史都没有超过 30 年，其中 2/3 的公司从创办之日起就是数字型企业。历史悠久的实体企业似乎注定会失败。然而，事实证明，许多被冠以“最具创新力”的企业是被高估的，是不长久的。2012 年，当吉尔特公司登上《快公司》的全球最具创新力企业榜单时，这家线上零售企业当时的估值高达 10 亿美元。不幸的是，事实证明，这家公司围绕高端时尚单品的“闪购”商业模式只是昙花一现。在几轮精简之后，2016 年，吉尔特公司被哈德逊湾公司以 2.5 亿美元收购。15 个月后，哈德逊湾折损了收购价值的一半。还有很多名噪一时的创新企业也经历过类似的大滑坡，包括 Zynga（社交游戏公司）、高朋、太阳能公司和 GoPro（美国运动相机厂商）等等。开发出杀手级的商业模式是非常困难的，而商业模式的再开发难上加难，能持续创新的企业更是凤毛麟角。

苹果公司和亚马逊公司可以作为反证说明这一规律。尽管体量巨大，但这两家公司曾多次创造出足以定义品类的产品和服务，例如 iPhone 智能手机和 iPad 平板电脑，再如 Kindle 电子阅读器和 Echo 智能音箱，等等。它们还开创了全新的商业模式，例如苹果公司的应用商店和亚马逊公司的云计算服务平台等等。苹果和亚马逊连续 13 年同时出现在波士顿咨询公司全球最具创新力企业榜单上，每一次苹果公司都高居榜首，这实属罕见。由此可见，大型组织是有可能做到不断创新的——但大多数都做不到，如果创新仅仅依靠像乔布斯和贝索斯这样的创意天才才能存在，也许大多数组织永远都不可能做到创新。

很多企业希望克服与生俱来的渐进主义思想，纷纷成立了专门的创新“孵化器”和“加速器”。据估计，全球共有 580 家创意实验室，仅仅两年前，这一数字还是 300 家。无论它们受到怎样的热捧，几乎都没有证据可以证明，这些创新前哨带来过可观的回报。请几位创意红人在加速器的房间里悠游，并不等于拥有不断重塑核心业务的深层次能力。

并购也是弥补创新乏力的常用策略。不幸的是，就像打烊时还不肯离开酒吧的孤客一样，长期落后的企业常常沦为过度狂热、饥不择食的追求者。为了转型成为IT（互联网技术）服务重镇，惠普公司——曾经的创新巨擘——从2008年到2016年斥资370多亿美元，专门用于并购，其中多笔交易最终竹篮打水一场空。在撰写本书时，惠普企业集团的市值已经不足其疯狂并购支出的一半。

揭秘创新奥义的书籍如汗牛充栋，可是大型组织似乎依然无力释放其员工的创造力。有些管理专家断言，大型企业注定无法做出改变游戏规则的创新，这是它们的基因决定的。他们就像19世纪的怀疑论者一样，那些人曾经断言，人类永远无法飞上天空。我们能理解他们的悲观，但是我们抱有更多的希望。此时此刻，全球有100万人正在学习飞行。只要我们志存高远，我们的组织没有理由做不到一飞冲天。

人类充满激情，我们的组织（大多）不是

毫无疑问，生活中总会有种事物能点燃你的热情，吸引你，为你带来百倍的力量。它也许是你的家人、你的信仰、社会事业、运动团队或爱好。当然，当人们误入歧途或者腐化堕落时，激情也许会表现出黑暗的一面。幸好人类的大多数激情都是积极向上的。

在健康的激情的推动下，我们会感受到奋斗和喜悦的奇妙融合。令人却步的阻碍变成了引人入胜的谜题，为我们戴上微小的胜利和成就的徽章。当工作令人深深着迷时，我们才会活力满满。可悲的是，多数人的工作是枯燥无味的。

盖洛普 2018 年的一项研究发现，如果把敬业定义为"积极地参与工作，热情地投入工作"，只有不到 1/3 的美国员工是完全投入工作的。53% 的员工"不够投入"，还有 13% 的员工"恶意服从"，他们实际是在"消极怠工"。[10] 从全球范围看，情况变得更糟糕，完全敬业的员工比例只有 15%，67% 的人不够投入，18% 的人消极怠工。

为什么这如此重要？我们来看看工作能力的层次结构，有点儿像马斯洛的需求层次理论（如图 1–1 所示）。

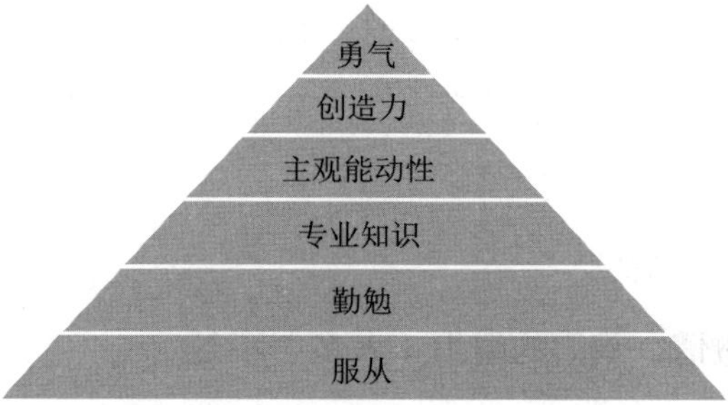

图 1–1　工作能力层次结构

金字塔的最底层是服从。每个组织都依赖于员工服从基本规范的能力，包括安全、财务纪律和客户服务等多方面的基本要求。它的上一层是勤勉。组织需要员工主动积极地工作，并对工作的结果负责。第三层是专业知识。为了高效完成工作，团队成员需要掌握必备的技能。虽然这些能力——服从、勤勉和专业技能——是必不可少的，但它们很少能创造高价值。为了在创新经济中取胜，组织需要更多的其他能力。组织需要具备主观能动性的人——积极主动、有主见、不等不靠的人，他们不会坐等指令，也不会被岗位职责捆住手脚。同样关键的还有创造力。组织需要人们有能力重构问题，并带来新的解决方案。最后一项——也是最顶端的一项——是勇气，它指的是人们为了某种值得追求的事业做出自己最大的努力，甘冒风险。

这几项更高层次的能力都是激情的产物。到底是什么在启发和激励着我们，当投身其中时，我们就会产生这些能力？为了获得这些能力，我们需要也值得成为最好的自己。主观能动性、创造力和勇气是无法通过强制命令获得的。它们是一种天赋。每个员工都要想清楚："要不要把这些天赋用在工作上？"盖洛普的数据表明，很多人的答案是"不要"，有些人的答案是"绝对不"。

如果没有创新优势，公司就不可能拥有进化优势。同样的道理，如果没有激励优势，创新优势就不可能被建立起来。如果我们的目标是建立自我更新的组织，大踏步地走向未来，勇敢地搏击风浪，那么，归根结底，一切都取决于人们积极主动、充满热情、乐在其中的工作投入度。

工作积极性的驱动因素广为人知。从道格拉斯·麦格雷戈的《企业的人事》，到丹尼尔·平克的《驱动力》，这个60年来的准则从未改变：使命、自治、共同掌权和成长的机会。不幸的是，在这漫长的60年里，人们的工作投入度同样没有改变。仿佛每一代人都重新发现了一次人类投入的关键要素，但是每一代人都没有为此做过什么。

也许你会说，不投入是不可避免的。毕竟很多工作并没有那么吸引人。我们每天都会遇到不喜欢自己所从事的工作的人，也许是售货员、服务中心的客服代表、快餐厨师、快递小哥、园丁或酒店保洁员等等。我们很难指望他们对自己的工作充满激情，对吗？真的不对。皮尤研究中心的一项调查指出，89% 的员工对日常工作感到“非常满意”或者“比较满意”。

工作投入度不够，重点不在于人们在上班时做了什么，而在于他们是怎样被管理的。根据盖洛普的研究，70% 的员工投入度偏差可以归因于上司的态度和行为的差异。[11] 例如，那些感觉自己能够知无不言地向上司提出任何类型的问题的员工，会比无法做到这一点的员工更投入地工作。你也许会说：“稍等一下，如果有 2/3 的员工不敬业，那是不是说他们的上司很糟糕？”也许是，但这里的重点在于：管理者不会比自己的员工更投入。盖洛普的研究证明，51% 的美国管理人员在工作中不够投入，14% 的人消极怠工。[12] 换句话说，你的老板可能和你一样三心二意。我的老天爷！沿着组织架构拾级而上，一路遇到的也许都是混球。当然，也许不是。

官僚主义的遗患

我们的组织缺乏人性，如果这是深层痼疾的表征，与某位经理或某个组织毫无关系，那该当如何？难道这听起来不可能发生吗？如果地球上的每个组织都在遭受同样的折磨——惰怠、渐进主义、情感失范，也许原因正是这些普遍存在的、潜在的发病机理。乳腺癌易感基因的突变会加大女性罹患乳腺癌的风险，无论她们生活在中国还是法国。高碳水化合物饮食会加大人们罹患糖尿病的风险，无论他们生活在墨西哥还是澳大利亚。

按照这一逻辑，我们不禁要问，组织之间的相似性体现在哪些方面？索尼公司、西班牙电话公司、联合国儿童基金会（UNICEF）、甲骨文公司、大众汽车、汇丰银行、英国国家卫生服务局、加州大学、力拓集团、家乐福、西门子、辉瑞公司和数以百万计不太知名的其他组织，它们存在哪些共同特征？

答案是，它们都是官僚主义的堡垒。它们遵循的是同样的官僚主义蓝图：

建有正规的层级结构

职务高低决定权力大小

自上而下的权威

大领导任命小领导

战略和预算由顶层决定

核心团队制定政策，确保落实

严格界定各项工作规则

通过监督、规章制度和奖惩实现控制

由管理者委派工作、评估业绩

人们为了晋升而竞争

薪酬与职位挂钩

这些组织特性似乎无伤大雅，但是，我们会看到，正是这种看似寻常的官僚主义场景包藏着制度失能的祸根。我们的组织之所以缺乏人性，是因为它们本来就是如此设计的。20世纪初，德国社会学先驱马克斯·韦伯写道：“纯粹个人的、非理性的、与情绪有关的因素是无法纳入计算的，越是成功地消灭这些因素，越是去人性化，官僚主义就会发展得越完美。”[13]当时和现在一样，官僚主义的目标都是把人变成可以半编程化的工作机器。

“官僚制”一词是法国政府官员德古尔内（Jean-Claude Marie Vincent de Gournay）在18世纪早期创造的。它的含义是“桌子的规则”，这一标签并不是用来恭维人的。德古尔内认为，法国庞大臃肿的行政管理机构是对企业精神的威胁。（法国的一句谚语说得好，万变不离其宗。）一个世纪之后，1837年，英国哲学家穆勒把官僚主义描述为一张僵化的巨网。

180年过去了，穆勒的这一描述依然恰如其分。既然如此，我们为什么没有奋起反抗呢？我们为什么任由组织如此蹂躏自己呢？简单地说，那是因为我们没有更好的选择，或者我们自以为不存在更好的选择。

与之前专制、混乱失序的组织相比，后来出现的官僚主义堪称天赐之福。在官僚主义出现之前的组织中，领导者任性善变，决策全凭主观臆测；计划无章可循，工作反复无常；监管参差不齐，工薪脱节，员工流失率通常每年超过300%。是官僚主义改变了这一切，带来了生产率的急剧增长。

1890年至2016年，单位劳动时间创造的价值在美国增加了13倍，在德国增加了16倍，在英国增加了8倍。这一繁荣局面当然离不开其他因素的作用，例如资本积累、教育普及、科学发明等。但是，最主要的推动力量来自官僚主义管理方式的发展，包括工作流程优化、生产规划、差异报表、绩效薪酬和资本预算等等。

无论官僚主义如何去人性化，正如韦伯指出的，它“在各个方面强于其他所有（组织）形式，无论是精确性、稳定性，还是纪律的严整和可靠性”。[14] 全球10亿人拥有汽车、40亿人拥有手机，当我们需要旅行时，每天超过10万次的商业航班可供我们选择。当我们进行买卖时，覆盖全球的金融系统每分钟可以处理100多万笔交易。这一切都要归功于大型官僚主义组织。不管官僚主义有什么缺点，它已经在人类发明的万神殿中占据了一席之地。

然而，和其他的进步工具——火器、化石燃料、内燃机、大规模农业、抗生素、塑料和社交媒体——一样，官僚主义也带来了不菲的代价。它增加了我们的购买力，却使我们的灵魂变得枯萎。

这并不是个别管理者的过错，而是整个管理制度的问题。它牺牲多数人的利益，赋予少数人权力；它鼓励整齐划一，打压奇思妙想；它把活生生的人强塞到狭隘的岗位职责里，剥夺人的主观能动性，把人仅仅视为资源。

和所有技术一样，官僚主义也是时代的产物。自19世纪诞生之日起，官僚主义的面貌发生了很大的变化。如今的员工不再目不识丁，他们的技能更加娴熟；如今的竞争优势来自创新，而不仅仅是规模；如今的沟通是即时性的，而不是迂回曲折的；如今的变革速度一日千里，不再是原来极度缓慢的模样。尽管如此，管理的基础依然深深植根于官僚主义。这一点必须改变。

在最近几十年里，我们在运营模式和商业模式上看到了颠覆性的创新。Ocado 是英国领先的家庭日用品送货上门服务公司，在这家公司的仓库里，几十台机器人在一个巨大的顶部开放的网格中穿梭，挑选出人们订购的商品，送到负责打包的人的手上。这真是不同凡响。YouTube 视频、网飞和亚马逊尊享视频服务真正为观看者提供了无限的点播选择。对只能记住六七个地面电视频道的人来说，这真的是彻头彻尾的大变化。

失能问题正在荼毒我们的组织，只有对官僚主义的管理模式做出同样彻底的重构才能解决这个问题。想要构建拥有无限韧性、非凡创造力和洋溢激情的组织，需要全新的方法去动员和协调人类的能力。我们必须想象出一种全新的管理模式，它与官僚主义模式有着本质的区别，就像视频通话和固定电话的区别，或者支付宝和一沓钞票的区别一样。

我们要把人放在组织的核心地位，而不是以组织结构、流程或方法为中心。旧的管理模式追求管控的最大化，以此提高组织效率，我们要摒弃这种模式，追求人的贡献的最大化，以此提高影响力。我们要用人本主义取代官僚主义。我们会通过本书的大部分篇幅探讨两种模式之间的不同，但它们本质上的区别是这样的：在官僚主义模式中，人是工具，组织雇用人来制造产品或服务；在人本主义的模式中，组织成为工具，它是人们用来改善自己和为之服务的人们的生活的工具（如图 1–2 所示）。官僚主义的核心问题是：“如何让人更好地服务于组织？”而人本主义的核心问题是：“哪种类型的组织能够激发人，值得人全情投入？”我们会看到，这种视角的转变会带来至深至远的启示。

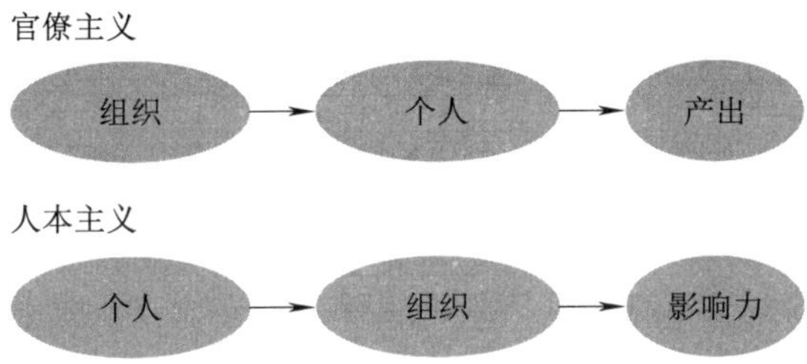

图 1–2 官僚主义 vs 人本主义

为了摆脱旧模式，我们必须精确理解官僚主义是如何让我们的组织失能的，必须正视官僚主义弊病带来的代价。我们必须向管理先驱虚心学习，向那些已经展现出后官僚主义实践可行性与价值的进步组织学习。我们必须拥抱新的、人本主义的原则，把它们有效落实到自己的组织中。我们必须摒弃官僚主义的心智模式，重新思考对“领导力”和“变革管理”的核心假设。我们会在接下来的章节中解决这个问题和其他若干问题。

我们在此明确指出：要坚决摒弃官僚主义。我们再也承受不起它致命的副作用了。官僚主义是人类最根深蒂固的社会技术，想要根除它谈何容易！但是没关系。我们来到世间，就是为了创造有意义的事业，为人类建功立德。试问，有什么事业是比最终创造出完全人性化的组织更能让人流芳百世的呢？

— 2 —

官僚主义的弊病

废除官僚主义，这是个难于上青天的可怕挑战。在开始之前，我们必须确信一点：实际上，第 1 章提到的各种组织失能都是官僚主义的罪愆。我们将在这一章历数官僚主义的罪状。官僚主义的典型特征——层级化的决策权、形式化的单位边界、专门化分工和标准化的操作规程——究竟是怎样破坏适应性、创新和工作积极性的？为什么必须废弃官僚主义？为什么说这是一场值得投身其中的事业？

层级鲜明，目光短浅

随便找一个人，请他（她）画出所在组织的架构图。你准会看到似曾相识的、由线条和方框组成的金字塔。固定的指挥链是人类最经久不衰的社会结构之一。它简单、可扩展，似乎可以超脱时间而永久存在。

人们很容易相信一点：如果没有自上而下的权力结构，大规模的人类活动就不可能出现。统一的指挥确保了清晰的方向。明确的权力系统把模糊性降到了最低。层级分布的决策权实现了权力和能力的一致性。如果没有了正式的等级制度，天下大乱的无政府状态就会出现。不是吗？也许不是。

以 ATLAS 项目为例，它是组成“大型强子对撞机”的 4 个研究项目之一。该项目致力于揭开宇宙最深层的奥秘，它开始于 1992 年，共有来自 180 个国家的 3 000 多名科学家参与其中。ATLAS 团队为此搭建了人类历史上最复杂精妙的机器设备——一架高 45 米、长 25 米的巨型粒子探测器，这台机器由 1 000 多万个零件组成，安装在一个风光旖旎的瑞士村庄的地下。

项目一开始，如何建立恰当的组织设计让 ATLAS 联盟大伤脑筋。一方面，考虑到工作的独特性，设计和开发工作不得不细分为多个适合小团队的子项目。另一方面，必须保证几百个子系统无缝对接。这确实让人进退两难。尽管自主式团队会在创造性解决问题方面表现出色，但是它们很难做到高水平的协作。相比之下，集中化的组织也许在系统集成方面表现优异，但会被大量需要解决的、前所未见的问题压垮。而自上而下的组织结构势必遭到思想自由、精神独立的科学家的抵制。项目的成功须臾离不开这些科学家的专业知识。

联盟最终采用了一种自下而上的结构，它主要依赖于同侪协作，而不是由高级项目经理组成的领导者队伍。每个子系统都建有自己的委员会，它们由参与该方面项目工作的所有科学家组成。这些委员会的协商工作是公开的、合议式的，但也可能是非常激烈的。如果出现僵局，意见相左的两个团队会在同事的见证下展开辩论，并由同事为他们心中的最佳选择投票。在出现跨系统问题时，人们会召集临时工作组，讨论解决方案。例如，当主探测磁体需要更大的空间，从而挤占了其他设备的空间时，一个特别的工作组被召集起来，以研究应变方法。在整个项目进行期间，子系统的各个委员会会实时发布进展信息，鼓励相关专家在线提出意见。战略层面的工作由协作委员会负责重大决策。每个参与项目的机构在委员会里有一个席位，决策需要得到 2/3 的多数人同意才能通过。

ATLAS 探测器的建成需要无与伦比的领导力和创造力。它最不需要的就是权力金字塔。ATLAS 联盟中的任何人都没有权力发号施令。这里只有同事，没有上下级。尽管如此，ATLAS 探测器还是在预定时间和预算范围内被按时完成了。[1]

在组织遇到大量新问题时，自上而下式的结构就可能成为一个瓶颈。随着问题的升级，越来越多的问题会堆积在高层领导者的门口，而高层领导者通常缺乏足够的经验和能力做出明智而迅速的决策。久而久之，积压的问题越来越多，决策的速度就会越来越慢。由此可见，层级化是速度的大敌。

集权化的另一个受害者是积极主动的变革。在正式的层级结构中，发起变革的权力往往集中在顶层，重大转型需要顶层领导签字同意。问题在于，首席执行官日理万机，等到问题大到足以引起他们的关注时，组织往往已经落在别人的后面了。领导者往往在组织、文化和地理上与形成新趋势的边缘地带隔离开来。唯命是从的下属加剧了这种隔离状态，因为他们只愿报喜，不肯报忧。最危险的是高管们墨守成规，昏庸颟顸。指望这样的人捕获未来，希望太过渺茫了。

仍以微软为例。20 世纪 80 年代，在以个人计算机为中心的商业模式的强劲推动下，这家企业一跃成为超级明星。然而，在接下来的几十年里，微软不断地扮演着追赶者的角色（如表 2–1 所示）。

表 2–1　微软操作系统模仿苹果 Mac 的功能

产品	先驱		微软	
图形用户界面	苹果 Mac 电脑	1984 年	Windows2.0 [a]	1987 年
拨号上网	美国在线	1989 年	MSN	1995 年
网络浏览器	网景	1994 年	IE 浏览器	1995 年
搜索	谷歌	1998 年	必应	2009 年
数字音乐	苹果 iPod	2001 年	Zune 音乐	2006 年
在线视频	YouTube	2005 年	SoapBox 视频	2006 年
云应用程序	谷歌文档	2006 年	Office365（办公软件）	2011 年
云基础设施	亚马逊 EC2 [b]	2006 年	Windows Azure（云服务）	2010 年
智能手机	苹果手机	2007 年	Windows Phone（手机操作系统）	2010 年

a.Windows 2.0 是微软公司第一款模仿苹果 Mac 的操作系统。
b. 亚马逊 AWS 业务的前身。

和绝大多数的落伍者一样，微软的问题并不是缺乏专业知识。在很多领域的竞争中，微软并没有输在起跑线上，它很早就站在那里了。在这家企业的深处，年轻的团队集合各自的资源，建成了尖端的原型。然而，这些努力很少能得到高层领导的支持。大多数人被冷落在组织的边缘地带，无人注意。其他人的创新则被高管勒令禁止。

最典型的例子莫过于搜索引擎大战。直到 2003 年，也就是谷歌推出同名搜索引擎整整 5 年后，微软的高管团队才肯拨出 1 亿美元开发与谷歌竞争的业务。公司指派年轻的副总裁克里斯·佩恩领导这个代号为“Underdog”（意为“黑马”）的项目。佩恩在此前的几年里一直密切关注谷歌，不断试图向当时的董事长、首席软件架构师比尔·盖茨进言。令人遗憾的是，等到佩恩终于促成了盼望已久的会议时，谷歌早已建立了无法撼动的领先优势。[2]

除此之外，微软公司对 Windows 操作系统的执迷也妨碍了其成为未来的创新者。2009 年，也就是苹果公司发布 iPad 平板电脑的前一年，一支微软团队向史蒂夫·鲍尔默推荐一款平板电脑的原型机。鲍尔默在 2008 年从盖茨手中接任微软公司的首席执行官一职。这台原型机名为“信使”（Courier）。一位广受爱戴的博主有幸先睹为快，这位博主评价它是“对平板电脑的一次惊人的演绎”。可是，鲍尔默没那么重视它。他生气地质问这支团队，为什么不为这台新设备配备 Windows 操作系统。由于对团队给出的答复很不满，他竟然终结了这个项目。

2014 年，萨提亚·纳德拉接替鲍尔默，成了微软的第三任首席执行官。这家公司从此一飞冲天，股东的总回报率足足增长了 450%。首席执行官的地位让萨提亚·纳德拉终于有机会承认公司长久以来的错误，他公开声明，微软最大的错误之一就是“把个人计算机视为未来一切事物的中心”，而很多微软员工和观察家早就发现了这一点。确信了这一点之后，纳德拉裁减了 Windows 部门，并将投资转向 Azure 业务——微软公司快速增长的云业务。2018 年，微软公司重组，正式裁撤 Windows 部门，把员工分流到 Azure 团队和微软 Office 团队。[3]

选择一位敢于挑战微软令人窒息的个人计算机传统的后继者，盖茨和鲍尔默功不可没，但他们落伍的世界观同样在很长一段时间里让公司举步维艰。他们认为，赚钱的方式应该是销售软件许可，而不是把软件变成按月订购的服务。他们把公司的首席信息官看作自己的主要客户，而不是团队或员工。对他们两人来说，手机就是手机，而不是一台装在口袋里的计算机。2007 年，鲍尔默声称："iPhone 不可能拿到什么市场份额——根本不可能。" 12 年后，盖茨承认，如果不是目光短浅，微软本来有机会领先安卓系统一步——根据盖茨本人的估计，这次失误让微软公司损失了至少 4 000 亿美元的市场价值。[4]

把微软公司的过失归咎于盖茨和鲍尔默很容易，但这偏离了重点。官僚主义才是真正的罪魁祸首。在一个等级森严的组织中，确立战略和方向的责任被授予少数高级管理者。人们总是期望处于高层的领导者做到独树一帜，高瞻远瞩，敏而好学，充满创造力。实际的情况往往事与愿违。

首先，高层领导者往往把他们的大部分"情感资产"投向过去。标准普尔 500 指数成分股企业的首席执行官现在的平均年龄是 58 岁，比 2008 年增加了 3 岁。平均任期为 11 年，是 2002 年以来最长的。[5] 虽说资深领导者也许拥有丰富的经验，但他们更容易受到传统观念的拖累。他们对用户、技术和竞争环境的许多假设都是几年或几十年前形成的，这些假设反映的世界早已不复存在了。

其次，级别和谦逊常常是负相关的。卡尔·多伊奇生前曾洞若观火地指出，权力"是一种让人免于学习的能力"。我们可以从这一真知灼见中发现组织韧性的最大威胁：高层领导者需要勾销自身日益贬值的智力资本，但是他们不愿意这么做，或者做不到这一点。下属如果认为自己有权挑战高管层的教条，或许就能减少一些失败的危险。但是，绝大多数中层管理者受到纪律的严格管束，不能对提拔自己的人恩将仇报。于是，短浅的目光会随着权力一道，沿着组织架构逐级向下渗透。

组织的自我更新能力不应该依靠少数几位高层领导者的学习能力和去学习能力（capacity to unlearn）。但是，在官僚主义体系中，实际情况经常如此。美国是个反例。

美国这个国家的韧性从未过多地依赖椭圆办公桌的主人。恰恰相反，这个国家的运行机制是几条原则的产物，这些原则被奉为美国的立国之本：避免集权，相信人的能动性，向移民敞开大门，尊重宗教信仰和种族多样性，积极发展贸易。美国在不断重塑自我，因为亿万美国公民拥有不断重塑自我的自由。

有人开玩笑说，美国是一个由天才发明的、交给白痴来治理的国家——这个说法有时似乎很接近现实，让人不免心忧。相比之下，官僚主义正好相反，它似乎是由白痴设计、交给天才来运营的。如果每个首席执行官都能拥有乔布斯的创新天资、李光耀的政治手腕和特蕾莎修女的情商就好了。很可惜，这样的人太少了。

单从天价薪酬来看，首席执行官们似乎是全知全能的，可是他们明明是凡人。目前，美国最大的 350 家企业的首席执行官的平均薪酬为每年 1 720 万美元，是普通一线员工薪酬的 278 倍。[6] 就未来前景而言，我们不清楚，动辄百万美元是否物有所值。但是，很多研究反复证明，首席执行官的薪酬和股票业绩之间的相关性小到可以忽略不计，或者略呈负相关。[7] 无论发多少钱，都无法把一名高管变成钢铁侠或神奇女侠。

在动荡不安的时代里，管理大型组织所需的远见和独创性远大于任何一个人或者一个小型团队的能力——而且标准正在变得越来越高。简单地说，官僚主义结构对领导者的要求超出了他们的能力。就像印度互联网技术巨头 HCI 公司原首席执行官、我们的朋友维尼特·纳亚尔对我们说过的，“把首席执行官当船长的想法早就难以为继了”。不要再寻找超人式的领导者了，是时候改弦更张了。我们需要的不是无与伦比的领导者，而是能够调动“普通”员工的日常智慧，并将其变现的组织。

在这个复杂的世界里，组织需要灵活机动地调整思想，以解决问题。智慧和权力不同，它是大实若虚的，智慧有起有落，它依着眼前的问题而变化。因此，我们需要的是众多动态的层级结构，而不是固定不变的单一层级结构，并且根据需要解决的问题确定掌权人。在理想的组织里，每个人的观点都是可商榷的，人的影响力和追随者相互影响，庸碌无能的领导者会被人们以投票的方式赶下台。

那么，一致性的问题如何解决——怎样保证人们心往一处想、劲儿往一处使？如何在没有统一号令的情况下确保目标统一？首先，我们高估了一致性的作用。它确实很重要，但它的重要性并不是独一无二的。这个世界充满了难以预料的威胁和机会，组织需要尝试几十种，甚至上百种战略选择。在无关紧要的新尝试中浪费精力的风险总是难免的。但是更大的风险并不在此，而在于权力的鼠目寸光。其次，正如我们在 ATLAS 项目的例子中看到的，在没有高高在上、“法老”式的人物发号施令的情况下，人们完全有能力追求并实现共同的目标。

形式化，沉重呆板

官僚主义会在形式上把活动划分为正式定义的操作单元，并为每个单元确定目标、团队成员和预算。层级划分的目标是一致性，所以，形式化的目的必然是清晰性。每个人的角色和职责都是精确划定的，每个人都清楚自己需要对什么负责，自己有权做出什么决策，哪些资源归自己管控。如果少了正规的组织结构，我们很难想象一个组织要如何运转。但是，也许我们可以试试看。尽管有这些好处，但是形式化结构是次优的、狭隘的、拜占庭式的和死板僵化的。它造成的代价，正如层级化的其他代价一样，大部分是隐性的，却越来越难以维持下去。

次优的。每种形式结构都会强调某些目标，贬抑其他目标。比如，一个职能组织也许非常适合打造深厚的专业知识，发挥规模经济的力量，但它也许不擅长服务多样化的用户群体。相反，围绕细分市场建成的组织将更加以用户为中心，但它的职能可能过于分散，无法有效发挥上游效能。

组织工作离不开选择。虽然这些选择在一般情况下可能是对的，但并非在所有情况下都是正确的。也就是说，在全球规模的产品型组织中，固有的、对大一统的偏好可能会蒙蔽企业的双眼，使之错失机会，和趋势失之交臂，因为这些机会和趋势并不是身居庙堂的人轻易看得见的。这似乎就发生在德国的几家龙头汽车制造商身上，它们包括戴姆勒、宝马和大众等。这几家制造商的工程师团队集中在欧洲，其设在美国的组织充其量只能算是市场营销团队。因此，当特斯拉致力于重塑汽车，把它变成一个由电池驱动、软件定义的出行平台时，这几家老牌制造商迟迟没有意识到这一努力的重要性。

强调某一维度、轻视另一维度，无论是规模还是敏捷性、一致性还是响应能力，或者效率还是创新，都是形式化做出关键权衡的主要方式。从定义上看，形式化是一种次优选择。因此，每当公司重组时，它们常常是用一堆新问题取代旧问题。

狭隘的。你可能听过官僚主义者这样说："这不是我分内的工作。"在高度形式化的组织里，每个人往往高度专注于自己的、条块分割的目标。其他的工作都是干扰。很遗憾，未来并不会向组织架构图看齐。狭隘主义不仅会加大发现机会的难度，还会阻碍"机会"获得应有的资源。各个条块的领导者常常感觉资源不足，无法实现自身的抱负，更不用说帮助他人实现抱负了。一旦分享了自己的资源，你就要承担错失自身目标的风险。

拜占庭式的。在官僚主义组织中，每当出现新的挑战时，新的领地便会随之而来。这些领地的负责人通常由各种首席官担任。在如今的公司里，首席合规官、首席数字官、首席多元官、首席环境官和首席转型官等头衔并不罕见。每个新上任的首席官都会成立新的委员会，颁行新政策，搜集新数据。这会带来更多的流程、更多的签字，它意味着更多的势力斗争，庙小佛多，神灵的能力不一定变大。结果带来了更高的管理费用、更低的责任能力和越来越长的决策周期。

死板僵化的。形式化结构刻板僵硬，难以改变。大规模的重组往往需要为数百个新角色重新编写新的职位描述、考核指标和决策制度。各种体系必须被推倒、重新设计。数以千计的员工需要重新接受培训。这样的消耗是惊人的，它把人们的注意力转向内部，造成一浪高过一浪的不确定性和焦虑感。更糟糕的是，动辄耗时两三年的大规模重组意味着，等到所有转型终于尘埃落定时，一系列全新的挑战已经近在眼前。

尽管重组的代价居高不下，而且通常姗姗来迟，但是人们普遍认为，重组是帮助组织适应新环境的唯一途径。正如波士顿咨询公司的一份报告指出的："飞速的变革要求企业以更快的速度完成重组。"[8]祝它们好运！

企业需要的是弱化形式化结构的全新的组织模式。在这个剧烈变革的时代里，权衡需要尽可能贴近第一线。各种边界必须具有延展性。各类资源必须毫无阻滞地流向更有前景的机会，而不是被囤积起来。部门之间的协作必须是敏捷、自组织式的社群和类似市场交易的产物，而不是笼统的政策或烦琐的委员会产生的结果。简而言之，我们需要更加鲜活生动的组织，就像生物圈、互联网或者一座充满活力的城市，它们更多是自主涌现而不是被设计出来的。

专门化，局限性

亚当·斯密的《国富论》一开始就对专门化分工大加赞扬，"劳动分工带来了生产力的最大提升"。斯密回忆自己访问一家图钉工厂的经历，那家工厂的生产工艺被分为 18 道工序，每名工人只负责一两道工序。一个 10 人团队合作，每天可以生产 4.8 万枚图钉，约等于分工前产量的 400 倍。

高端智能手机 iPhone 的售价是 1 000 美元，而不是 1 万美元，这也是专门化分工的结果。组装一台 iPhone 需要 400 道工序，其中的一道工序是用螺丝把扬声器固定在机身上。[9] 负责这一工序的工人要在 12 小时的轮班期内拧好 1 800 个扬声器。[10] 这类岗位唯一的要求是：熟练。

这样，人就成了“螺丝钉”，无论才华和兴趣怎样多姿多彩，他们根本没有机会重塑他们所填补的官僚主义“钉孔”。人们在欧洲和美国平行开展了一组职场调查，如表 2–2 所示。[11] 只有少数非管理阶层员工能够参与工作目标的设定，在影响自身工作的决策过程中参与讨论，在选择同事时拥有发言权。在另一项调查中，英国的非管理岗员工被问到是否有机会影响改变其工作性质的决策，86% 的被调查者回答“没有”或者“只有一点儿”。普通员工可能没有像机器人那样被严格编程，但这并不是因为缺乏尝试。

表 2–2　塑造工作的能力

	欧盟		美国	
	总是如此	多数时间如此	总是如此	多数时间如此
在确定工作目标之前，人们会不会征求你的意见？	16	21	11	21
你能否影响那些对你的工作至关重要的决策？	12	23	11	25
你是否在选择同事时拥有发言权？	7	10	6	11

资料来源：Authors' analysis of data from the 2015 European Working Conditions Survey (European Foundation for the Improvement of Living and Working Conditions, March 2018) and the 2015 American Working Conditions Survey (RAND Corporation, November 2019)。

尽管专门化带来了经济效益，但是它也降低了主观能动性，削弱了创新。从事过于专门化工作的人几乎没有即兴发挥或者增加更多价值的空间。就算有七十二般变化，人们的贡献也跑不出岗位设计者想象力的手掌心。这就像买一把功能繁多的大号瑞士军刀，却只把它用作开瓶器一样。我们的朋友、圣公会主教德鲁·威廉姆斯说得很好："割裂的角色只能带来割裂的贡献。"

过于专门化必将付出代价。如果不太相信这一点，你可以思考一个反例。晨星公司是美国最大、盈利能力最强的西红柿加工企业，这家公司坐落在加利福尼亚州萨克拉门托北部郁郁葱葱的圣华金河谷。每逢旺季，这家公司的3所庞大的工厂每小时要处理1 000吨西红柿。这是一个复杂的、资本密集型的行业，有几十个关键流程需要被精确校准。尽管如此，但是最令晨星自豪的是它实施了全球最新的组织模式。这家公司没有管理者，也不设职务。它只有500名全职"同事"，这些人要像"自我管理的专业人士"那样工作。[12]

晨星的同事们分布在20多个业务单元中，他们组成团队，彼此签订协议，罗列各自的工作职责。例如，某位同事可能签下协议规定自己负责卸车和分拣西红柿，另一位负责操作锅炉，第三位负责会计工作。每位同事都要对同伴负责，但是没人对上司负责。出众的工作效率帮助晨星淘汰了众多竞争对手。这家公司的成本优势来自不同凡响的工作环境，它鼓励团队成员对自身的作用和贡献展开创造性发散性的思考。

在考取哈佛商学院的博士项目之前，保罗·格林负责这家公司的员工培训和发展工作。格林解释说："我们认为，人们应当做自己擅长的事，所以，不能把人们强行塞到工作岗位上去。作为同事，这里的每个人都有权参与任何一项工作，只要他们认为自己的技能能够增加更多的价值。因此，和其他公司的员工比起来，我们的员工往往能发挥更广泛、更复杂的作用。”

克里斯·鲁弗是晨星公司的创始人兼总裁，他长期秉持的经营理念是：“组织理念必须以人为出发点，创造条件，让人们对工作产生更高的创造力和热情。给人自由，让他们有机会释放这些创造力和热情。如果每个人都能自由地追求各自的发展，那么每个人都能更好地完成工作。只要人们是自由的，他们就会被自己真正喜爱的事物吸引，而不是被推着走向别人认为他们应当喜爱的东西。这样一来，人们自然能做得更好，他们会更热情，更有动力去做事。”

鲁弗指出：“在与他人合作的过程中，每个人的工作方式都存在很多细微差别。越是能自由地探究这些差别，越是可以自由地围绕自身的特有能力量身打造各种关系，这样人们的贡献越能更好地彼此契合。这是一种自发秩序，它会带来更多的流畅和灵活。我们不会自上而下地固化各种关系，它们因此可以更加灵活地变换形式。”

我们问一名晨星的工厂技师：“是什么推动团队成员积极主动地帮助同事的？”他回答：“我们的组织是依靠声誉资本驱动的。只要能为公司的任何业务做出贡献，例如提出有价值的建议，我一定会做的，因为那样可以提高我们的声誉资本。”果然如此，只要职位的定义更宽泛，鼓励人们积极帮助同伴，工作的积极性就会蓬勃发展。

在一家企业中，能够被有效解决的问题的数量是没有上限的，同样没有上限的还有工作者的创造力。官僚主义体制所限制的是个人发展和发挥才能的机会。我们要去除这种限制，把每份工作都变成好工作——让每份工作都充满挑战、机会和成就，把每位团队成员都变成创意经济的一分子。

我们必须像晨星公司那样扩展每份工作中的创造性内容，不能走非技能化路线。不仅如此，还要提升人们的技能。这不仅是为了让个人收获潜在能力，还是帮助人们体面地做好工作的方法。

在我们生活的这个时代，信仰的力量日益衰退，旧有的社区支离破碎。这让工作在人类身份认同中变得更加重要。我们可能对此倍感遗憾，但我们不能推卸我们的责任。我们必须在工作中培养每个人与生俱来的解决问题的能力，创造更有弹性的角色，以适应人们日新月异的能力。我们必须努力让工作和爱好更好地统一起来。常规工作当然需要照常完成，并不是每项工作任务都具有内在的启发性，尽管如此，我们依然要想方设法把人的天分和工作任务匹配起来，而不是把包罗万象的、百花齐放的人类能力人为地割裂成呆板乏味、整齐划一的豆腐块。

标准化的，愚昧昏聩的

1911 年，标准化的守护圣徒弗雷德里克·泰勒发表了他的著作《科学管理原理》。他在此书的序言中提出了工作系统化问题，并为之辩护：

> 原材料的浪费，我们都看得见，也感受得到。但是，工人

们笨拙低效的，甚至南辕北辙的工作不会留下一丁点儿看得见、摸得到的痕迹。他们的领悟需要刻意的记忆和费力的想象。因此，即使人的工作每天造成的损失远大于原材料浪费的损失，我们依然受到后者深深的困扰，对前者反而毫不在意。

泰勒认为，通过认真细致的观察和测量，人们可以找到完成任何一项工作的“更好的办法”。身处20世纪早期，泰勒的目标是让人变得像他们为之服务的机器那样可靠和高效。正如他经常对客户说的那样：“放在过去，人是第一位的。到了将来，机器必然是第一位的。”[13]

标准化固然是制造工程的一大胜利，但它更是社会工程的胜利。泰勒主义在全球工业化经济体中被广泛传播，它把数百万喧闹失控、偶尔懒散的劳动者变成了遵守规则、打卡上下班的员工。如今，人们早已习惯于视自己为员工，以至这场革命如何让18世纪的农民、商人和手工业者魂飞胆丧，人们几乎没有什么概念了。对很多人来说，在经济上依赖一位远在天边的老板是令人憎恶的——它把人变成了薪酬的奴隶。但是，对大量贫穷和半文盲的工人来说，一份稳定的工作，无论它多么卑微，都是一种进步。

泰勒主义还强化了“劳动者”和“管理者”之间的区别。在科学管理下，劳动者，即工人，不再需要对工具的挑选、方法的设计、计划的制订和问题的解决负责。在泰勒看来，平庸的工人过于愚昧无知，无力胜任这些工作。泰勒甚至在某个令人反感的段落里这样描写典型的钢铁工人：“（他们是）如此愚钝，根本不明白‘百分比’为何物。”[14] 照此理解，工作的标准化不仅是必需的，就连任何需要判断力的工作也要把工人早早剥离为妙。泰勒对这一点始终态度坚决："想要更快地完成工作，只能强制实施标准化的工作方法，强制采用最佳实践和最好的工作环境，强制人们合作。”[15] 那么，谁来执行强制措施呢？当然是管理者。

在实现工作标准化的过程中，泰勒为新兴的职场沙皇们创造了需求函数和职位描述。管理者的职责是确保人们遵守规章制度，把偏差降到最低，保证指标被如期完成，惩罚消极怠工者。时至今日，情形依然如是。随便翻开一本词典，查一查“管理”（manage）一词的动词形式，你看到的第一个同义词很有可能是“控制”（control）。也许你以为，如今的组织早已摆脱了这种对控制的痴迷，毕竟已经21世纪了，但你大错特错了。

思爱普公司联席首席执行官施杰翰在任期即将结束时发现，这家德国软件巨头居然积累了5万多个关键绩效指标（KPI），它们覆盖了公司的每个岗位。施杰翰被吓坏了，他说：“我们是在遥控这家企业。我们有那么多了不起的人才，却白白浪费了他们的才华。”[16]

施杰翰一定会毫不犹豫地肯定标准的重要意义，但是，能够做到规范化的事务毕竟是有限的。想确立标准，人们必须预先说明希望达到的最终状态，以及为了达到这一状态必须完成的步骤。这样的假定前提是，工作目标必须是明确的、不变的。它还会进一步假定，实现目标的任务并不取决于具体情况。最后一点，人们必须对周围其他人的任务足够熟悉，才能确保自己的标准不会在无意间妨害他人追求别的同样重要的目标。一旦傲慢和控制癖——经常同时出现的病症——

让官僚主义者忽视了上述限制，标准化就会变得有毒有害。

多年来，美国的航空旅客一直对西南航空公司的友善服务和乘客至上的态度赞赏有加。西南航空的飞机并不比别的飞机漂亮，也不比别的飞机快。真正的不同源于员工获得的自由，员工拥有服务乘客、改善业务的自由。这种自由的体现方式五花八门：机组人员会用幽默风趣的形式演示美国联邦航空管理局（FAA）规定观看的客舱安全须知；飞行员会想出别出心裁的办法，在滑行期间节约燃油；一位士兵即将奔赴前线，空乘人员带着他的孩子们登上飞机，让孩子们在爸爸出发前送上一个大大的拥抱。

无论规章制度如何周密，它们永远无法创造非凡的用户体验。科琳·巴雷特在西南航空公司工作了47年，主要负责市场营销、乘客服务、人事和运营工作。她这样描述公司的方法："规章制度只能发挥指导原则的作用。我不可能远在得克萨斯州的达拉斯运筹帷幄地写出具体而细微的工作制度，匹配你遇到的每一种情况。你身在一线，你是面对公众的人，你有能力根据具体情况判定什么时候应该改变或打破规则。你得做出判断，因为这就是你在面对具体问题时应该做的正确的事。"[17]

这种自由的背后是一种齐心协力的努力，它能确保每位团队成员获得必要的信息，像主人翁那样思考和行动。西南航空公司的培训项目覆盖产业经济、财务比率、盈利能力驱动因素等等。西南航空下大力气培育员工的判断能力，创造出了更有智慧、更有创新性、更赚钱的业务。

与之形成鲜明对比的是美国联合航空公司（以下简称"美联

航”）。这家航空公司不止一次因为乘客服务的恐怖故事登上头条，其中，堪称公关灾难的事件发生在 2017 年 4 月 9 日。当日，一趟飞往路易斯维尔的航班超售，69 岁的医生陶大卫被暴力拖下飞机。一段上传的视频显示，陶医生被人暴力拖到机舱过道，血流满面。这段视频瞬间获得数百万点击量。在针对此事的正式审查文件中，美联航的结论是，员工“没有获得独立处理此事的授权。今后将授予一线员工为乘客提供更高经济补偿或者提供其他交通方式的更高裁量权”，并且表示，公司“没有为员工提供足够的培训和授权来处理此类事件”。[18]

即便如此，迷恋控制的积习依然很难被改掉。有一次，一位电视记者问美联航从这次事件中学到了什么，时任美联航首席执行官奥斯卡·穆诺兹回答：“我们没有为一线管理者、经理和员工提供适当的工具、政策和流程，帮助他们有效地运用常识。”[19] 你也发现了穆诺兹这段话的可笑之处，对吗？常识从来就不是工具、政策和流程的产物，恰恰相反，它们是用来取代常识的。根据我们的经验，如果有人说组织的命运取决于团队成员运用自身最佳判断的能力，那么这样的想法会让很多像穆诺兹那样的领导者寝食难安。即使这一想法的替代方案是让全体员工变成制度化的白痴，穆诺兹们依然会觉得甘之如饴。

为什么在私人生活中，员工可以放心地买房买车，到了工作中，他们连申请一张 300 美元的椅子都需要领导签字批准？只要略加思忖，我们就会发觉，这简直太愚蠢了。自主权直接关系到工作积极性和创新性。限制一个人的自由，就等于降低了他的工作热情和创造力。

令人遗憾的是，员工没有能力做出判断，这样的假定往往会自我验证。首先，有趣的认知部分被剥夺的工作不可能吸引人们发挥解决问题的能力。其次，过分照本宣科的工作让员工没有机会证明官僚主义“级别越高越精明”这一假设是错的。再次，只要在规则多如牛毛的地方待上几个月，多数人会选择离职，留下来的人也是身在曹营心在汉。

我们和泰勒不同，我们不会诋毁一线团队成员的智商，也不会限制他们的空间，妨碍他们独特能力的成长和施展。尽管很少有人愿意承认，但是很多人仍然抱着官僚主义式的自负，固执地认为劳心者治人、劳力者治于人。这带来的是智力层面的种姓制度——智识意义上的种族隔离。

如果你觉得这是在夸大其词，可以看一看数据。美国劳工统计局对几百份工作所需的创造性思维程度做出了分级，按照 0 到 100 分打分。其中，首席执行官岗位的评分为 72 分，销售主管为 66 分，人力资源主管为 60 分。相比之下，客服代表需要的创造性得分为 44 分，航空乘务员为 41 分，银行柜台服务人员为 31 分。总体而言，按照创造性来评价，70% 美国雇员的岗位得分低于 50 分。也就是说，人们认为，1 亿多人不需要在工作中发挥创造性。这真是巨大的浪费！（如图 2-1 所示）

如果我们的目标是创造非凡的用户体验，解决新问题，或者只是在这个动荡不安的世界里生存下去，那么我们应该更少地通过规章制度实现控制，更多地立足于原则、范式和共同责任——更少地告诉人们该做什么，更多地支持人们做出睿智的决定。我们可以引用奥地

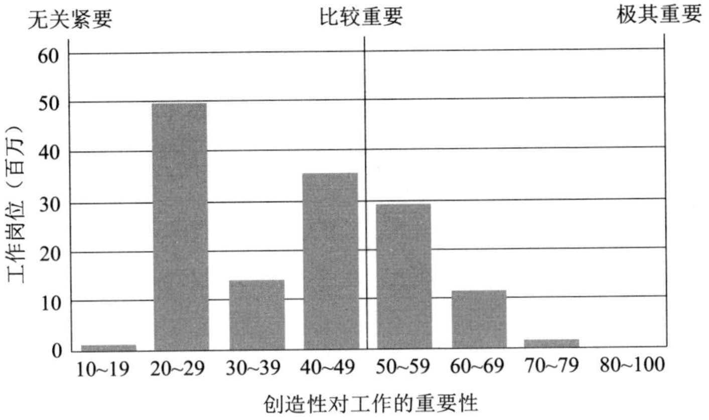

注：美国职业信息网O*NET关于创造性对个人职业重要性的数据，配合职业就业调查数据。
资料来源：作者基于O*NET和美国劳工统计局就业调查数据做出的分析。

图 2-1　基于创造性对工作绩效的重要性的美国职业就业情况

利经济学家哈耶克在诺贝尔奖获奖致辞中的一段话来解释这一点：

在提高组织业绩的过程中，如果管理者更多地为善，而不是作恶，他们一定会明白，在这个复杂的世界里，他们是不可能获得充分的知识，策划出他们想要的结果的。相反，他们必须运用自己所知的一切，不是用它来锻造成果，就像匠人制作一件手工艺品那样，而是用它来建立适宜的环境，培养组织的发展，就像园丁培养花木那样。

我们正是如此在生活中发挥控制作用的。比如，为了营造美满的关系，你的配偶或另一半制定了一个事无巨细的制度规则，你会如何反应？其中的条款包括：

永远不准把衣服扔在地上

不许把马桶垫圈放在“错误的”位置上

晚回家必须打电话请示

不许夸耀自己是一名理想的对象

当我妈妈打来电话时不许翻白眼

不可以批评我的朋友

不许翻旧账，半年前的事都算旧账

不要总是觉得我“有那份心情”

不准到我盘子里夹菜

汽车要经常加满油

永远不要叫我“先冷静一下”

如果我不问，不准对我的穿着打扮提建议

不许在气急败坏时假装不生气

没问我“今天过得怎么样？”就不许睡觉

除了数之不尽的“不许、不准”，还会有更多的“必须、一定”等着你，包括买花、约会之夜、家务劳动、各种周年纪念、足疗、恭维、道歉等等。你真的会照单全收吗？就算你不被累死，也会羞愧至死。不仅如此，你尊贵的另一半永远不会知道你是在真心遵守还是在应付差事。

想想看，这一对儿如果抛弃了上面的条条框框，尽其所能地遵循几条简单的原则，会怎么样？例如《哥林多前书》第 13 章中的几条原则：

爱是恒久忍耐，又有恩慈。

爱是不嫉妒。爱是不自夸。不张狂。

不求自己的益处。

不轻易发怒。不计算人的恶。

凡事包容。凡事相信。

凡事盼望。凡事忍耐。

和遵守规则比起来，实践这些价值观要困难得多，但它也会给人带来更大的力量。一方面，人们要面对更高目标的挑战，另一方面，他们会拥有更宽广的天地，可以即兴发挥，自由成长。标准化固然确立了可以接受的行为的最低要求，但它同时也会设定一个上限。让做什么就做什么，那是机器。如果不抛弃“控制癖”，组织就不可能拥有完全的能力。

官僚主义的诅咒

无怪乎我们的组织会如此充满惰性，不思进取，乏善可陈。若官僚主义做出以下“壮举”，人们还能怎么办？

对凡事因循旧例的领导者寄予过高的信任

打压逆向思维

造成感知和反应之间长时间的滞后

造成组织结构的僵化

让领导者身处孤岛，看不见新机会

权衡取舍的次优化

阻碍资源的快速重新部署

不鼓励冒险精神

决策政治化

建立冗长繁复的审批流程

造成权力与领导能力的错配

限制个人的贡献机会

破坏一线员工的责任心

有组织、有预谋地贬损创造力

官僚主义令人沮丧，使人疲弱，但它仍然顽固地存在着。人们不但没有努力建立由人塑造的组织，反而在锤炼由官僚主义浇筑而成的人。我们如果沦为这一做法的同谋，就等于放弃了自身的责任，听凭组织在病态化的缺陷中沉沦下去，这一切只因为我们没有算清自己的得失。我们将在下一章看到，击败官僚主义的第一步就是细算得失。

— 3 —

细算得失

官僚主义就像色情作品：我们很难找到谁在为它辩护，实际上却大有人在。所谓空山不见人，但闻人语响。沃尔玛首席执行官董明伦把官僚主义称为“恶棍”。摩根大通董事长兼首席执行官杰米·戴蒙为官僚主义贴上了“痼疾”的标签。伯克希尔－哈撒韦公司的副董事长查理·芒格则认为，应当把官僚主义的触角看作“癌症一般的事物，二者是如此相似”。

面对如此重量级的对手，你一定以为官僚主义早已落荒而逃了，事实并非如此。1983 年以来，美国员工中的管理人员和行政人员的数量增加了一倍多，而其他职业的就业率仅增加了 44%（如图 3–1 所示）。

这确实很出人意料。彼得·德鲁克在 1988 年预测，20 年之内，组织中的管理人员平均数量会减少一半，管理职位会缩减 2/3。但是，德鲁克错了，目前看来，官僚主义活得十分硬朗，看上去和过去一样坚不可摧。要想击败官僚主义，我们就必须搞清楚是什么让它变得如此顽强。

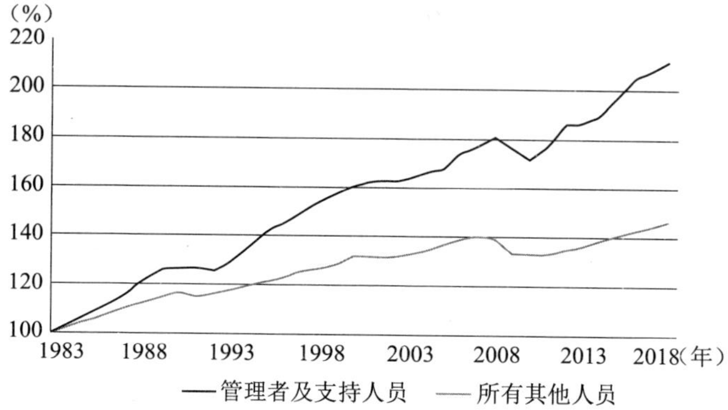

图 3-1　按照工作类型划分的美国就业增长率（1983=100%）

注：数据基于当前人口调查（CPS），包含管理岗位数据（其中不包括一线主管）和所有商业及金融岗位。如需了解更多细节，请参阅本书附录 B。

资料来源：美国劳工统计局，两位作者的分析。

可怕的敌人

第一点，也是最明显的一点，官僚主义无处不在。如何根除无处不在的东西？考虑到它的普遍存在，人们很容易认为，官僚主义植根于不可改变的永恒原理——就像管理世界里的开普勒行星运动定律，或者伯努利的流体力学定律。

第二点，官僚主义的结构和惯例形成了一套社会规范。要挑战任何一种社会规范，人们必须表现得像个小丑，而正面对抗官僚主义的社会规范也是一样。只要你透露出打碎官僚主义枷锁的意思——打碎叠床架屋的管理层级，击败权势熏天的管理团队，同事们就会嘲笑你是无知者无畏。接下来呢？让人们设计自己的工作，选择自己的同事，批准自己的预算？好的，如果你真的走到这一步，准会闹出大乱子。

官僚主义规范之所以强大，是因为它们得到了全球同盟者的支持。四海之内皆官僚。每个组织都是一种制度关系网络的组成部分，这张网络的基础是“官僚主义必不可少”这一信念。咨询公司会告诉自己的客户，如果缺少了首席执行官的加持，深层次的变革是不可能实现的，这进一步加强了“变革始于顶层”这一官僚主义的假定。政府机构要求提供合规的证据，只有当官僚主义控制的产物——首席合规官、强制培训——出现时，它们才会得到满足。商学院也不例外，为了证明高昂学费的合理性，商学院承诺学员们会在企业中获得快速晋升的通道。官僚主义联盟的凝聚力形成了一道令人生畏的铜墙铁壁，让潜在的管理反叛者望而却步。他们的命运和在英国租车旅行的美国游客很相似。如果你愿意，可以靠右行驶，但是，你会遇到层出不穷的障碍。

第三点，官僚主义就像核电站或航天火箭，它们都是极其复杂、综合集成的庞大体系。每一道流程都与其他流程紧密相连。由于缺乏模块性，它很难在不改动其他要素的情况下实现任何一个要素的改动，总是会牵一发而动全身。那我们该从哪里做起？这就是官僚主义变革的悖论：看似行得通的没有变革性，具有变革性的似乎又行不通。结果是：无休止的微调永远不可能从根本上提高组织的能力。

第四点，官僚主义倾向于维持现状。官僚主义就像一个大型的多玩家游戏，游戏的大奖是升职加薪，数百万人为此你争我夺，斗得不亦乐乎。这样的斗争属于零和博弈。为了晋升，你必须成为一系列技能的大师，包括推卸责任、捍卫地盘、向上管理、买卖人情、对工作指标讨价还价、聚敛资源、逃避审查等等。任何一个花了数年时间打磨这些技能的人，都不可能热衷于彻底改变规则。要求一位资深官僚从管理者变为导师是十分困难的，这就像要求洛杉矶湖人队的明星前锋勒布朗·詹姆斯放弃篮球改打排球一样困难。

第五点，官僚主义管用——它在某种程度上行之有效。所有的管理主义结构和体系都是为某一目标服务的，暂且不论这些目标有多糟糕。生硬地切断官僚主义势必引发混乱。举例来说，如果一个组织在没有首先为员工提供自我管理的技能、激励和信息的情况下，悍然裁撤所有的中层管理者，这会造成可怕的混乱局面。官僚主义是防止混乱无序的堡垒。摒弃官僚主义意味着混乱失序的风险——至少大多数领导者是这样认为的。

最后一点，官僚主义就像电影《黑客帝国：重装上阵》里的特工史密斯一样，它会自我复制。它还像电影《异形》里的怪物那样残酷无情。在大型组织工作过的人对这一机制一定不会感到陌生。

· 身在官僚主义体制中，你的权力和薪酬是员工人数和预算的产物。没有人会主动缩小自己王国的地盘。

· 为了证明自身存在的合理性，管理团队会颁布很多规章制度和强制命令，这些制度和命令很少带有日落条款。结果，繁文缛节就会越积越多，造成越来越严重的阻塞。不仅如此，内部服务的提供者不可能被他们所谓的客户解雇。

· 每一次新挑战都会带来一位新的首席某某官或某个总部新设机构。它们很快就会成为常设岗位或机构。

· 组织层级会随着规模的壮大而增加，管理者与一线员工之间的比例也会越升越高。

· 每次危机都会造成权力的进一步集中，而且会一直集中下去。

· 伴随着官僚主义的日益强大，有可能奋起反抗的人群的力量会越来越弱小。

我们不要装出一副“官僚主义就像一匹脱缰的野马，和人的主观意图毫无关系”的无辜模样。官僚主义赖以发展壮大的动力正是人对个人权力的追求。权力能带来生存优势，人天生就是寻求权力的。把控人生的力量当然是必不可少的，但是对权力的过度渴慕，一如对食物、酒精和性的贪求，只能把我们变成奴隶。这也是古往今来的哲学家和德育者常常会警诫我们，提醒我们注意其中危险的原因。

集中化的工作就像棘轮，只会进，不会退，因为拥有权力的人通常不会放弃它。不仅如此，这些人所处的有利地位往往能帮助他们攫取更多的权力。我们为《哈佛商业评论》做的一项调查显示，63%的受访者认为，削弱官僚主义的重大障碍在于，领导者不愿意交出手中的权力。形式权力是官僚主义的货币，它是权力游戏的彩头。官僚主义点燃了我们对权力的原始欲望，有时让它达到夸张的程度。因此，官僚主义常常会带出人性中最丑恶的一面，无论是微不足道的小职员得意忘形地拿着鸡毛当令箭，还是首席执行官无比受用地接受来自孝子贤孙般的下属的阿谀奉承。换句话说，官僚主义并不是单纯的组织问题——它是人的问题。

上述原因说明，撼山易，撼官僚主义难。一代又一代的仁人志士试图驯服官僚主义，结果都在官僚主义的反击中败下阵来。

20 世纪 60 年代，上万名来自 IBM、通用电气和孟山都等大型企业的管理者接受了敏感性培训。这一培训立足于库尔特·勒温提出的方法论。培训师把学员分成 5 到 10 人的小组，也就是人们熟知的“T 小组”（T-group）。管理者通过角色扮演和同侪反馈的方式接受挑战，成为更真诚、更以人为本的领导者。T 小组的培训持续数天，通常温情脉脉，学员之间充满了丰沛的感情。很多学员发现，这次经历似乎让他们变了个人，但是，对绝大多数人来说，这场蜕变是极为短暂的。一旦回到官僚主义的茶会里，这些经理就会故态复萌。正如阿特·克莱纳在《管理的异端》一书中描述的：“惯于恃强凌弱的管理者原本学会了如何敞开心扉去倾听，如今重新开始了霸凌。那些终于懂得了如何在会议上畅所欲言的经理，曾学会把公司的未来作为一个整体来关心，现在又故态复萌，显现出消极反抗的官僚主义者的原形。”[1] 也就是说，尽管 T 小组的培训帮助经理们建立了自我意识，但是，重整官僚主义结构和体系是件艰难繁重的苦差事，T 小组并没有帮助学员做好充足的能力准备。

随着 T 小组热情的消退，进步主义领导者开始求助于其他办法来解决机械刻板、令人沮丧的工作环境问题。当时，英国心理学家埃里克·特里斯特提出了社会技术系统（STS）。STS 被广泛看好，除了它的命名稍显拙劣。STS 的基本前提是，工作中的技术面和人性面是可以得到共同优化的。为了实现这一优化融合，必须把员工编成自我管理的小型团队。

20 世纪六七十年代，众多企业发起了以 STS 为主题的行动，包括宝洁公司、壳牌和沃尔沃等等，但是最深入推进 STS 的是两位工厂经理——莱曼·凯彻姆和埃德·杜尔沃思，他们的工厂是生产狗粮的。1969 年，凯彻姆和杜尔沃思受命为自己的雇主通用食品公司在堪萨斯州的托皮卡建立一家工厂。凯彻姆和杜尔沃思都是老兵，来自该公司位于伊利诺伊州坎卡基的兄弟工厂，多年来，那家工厂一直饱受冲突的困扰。他们下定决心，要在 STS 的原则上建立全新的工厂。“下一代”业务实践的支持者一定不会对这些原则感到陌生，它们包括：

- 设定团队工作目标，而不是个人工作目标
- 确保所有工作岗位同时包括管理工作和技术工作
- 把用人权和薪酬的决定权交给团队
- 团队成员需要轮岗，更换不同的岗位
- 把支持职能整合到各团队中
- 地位差异最小化
- 财务信息可以公开获取

把这些准则付诸实施，离不开耐心和试验，但是托皮卡工厂很快就成功地为工作业绩的方方面面建立了基准。

托皮卡体系受到外界人士的广泛研究和钦佩，但是它并没有

延伸到通用食品公司的其他工厂。多年来，随着这家工厂的不断易手（先后属于通用食品公司、亨氏公司、德尔蒙食品、某私募股权公司，如今归盛美家食品所有），其独树一帜的业务实践特色不断遭到稀释——尽管多年的实践早已证明，它的低层级管理模式带来了非同凡响的业绩。

哈佛商学院教授理查德·沃尔顿是托皮卡工厂的早期顾问。他把这种屡犯现象归咎于敌对立场的管理者们：

> 其他管理者的领导风格建立在对立原则的基础上，对他们来说，托皮卡的成功无疑是一种威胁。除此之外，在某些领域，工厂管理层对自主权的要求，以及他们在公司流程中寻求例外的努力，统统遭到管理团队的憎恶。很多公司高管完全无法理解托皮卡体系。[2]

1977 年，一位托皮卡团队成员在一次采访中指出："压力一直都有，它几乎从建厂的第一天就存在。这并不是由于我们的体系行不通。根本原因在于权力。"[3]

那些怀着好奇心来到托皮卡考察学习的人呢？他们大多遭遇了挫败。与凯彻姆和杜尔沃思不同，他们没有机会新建一座工厂。他们想知道，在身陷官僚主义泥淖、淤泥及腰的时候，他们要怎样才能成功地发起一场管理革命。

从 1993 年埃里克·特里斯特去世至今，立志重塑职场的运动不断出现，其背后的指导思想包括工作丰富化、全面质量管理、参与式管理、高绩效工作团队等等。它们大多与STS相似，最终难逃被阉割、隔绝或中止的命运。那么，今天的流行思想表现如何呢？例如正念、敏捷、精益创业等等。实践会不会证明它们同样无关紧要？会的。除非我们诚实地看待为什么官僚主义如此难以撼动，并且相应地调整战术，否则就会一直这样下去。

让我们面对现实。

官僚主义更令人熟悉。除非相信一定存在替代方案，否则没人敢推翻官僚主义。我们必须遍寻各个组织，找到挑战正统管理的成功案例。

官僚主义是复杂的、系统性的。因此，支离破碎、三心二意的尝试不可能伤到官僚主义分毫。我们必须移走官僚主义的整个大厦——一砖一瓦地移走它。

官僚主义固若金汤。官僚主义一定会负隅顽抗，所以，反对官僚主义的人们要联合起来。兵合一处，将打一家。我们必须为此发起草根运动，只有群众的力量才能压倒现状的卫道士，或者绕开他们。

官僚主义是有用的，无论它表现得多么糟糕。我们的目标是破拆官僚主义，而不是简单省事地炸毁它。我们需要变革的策略，既胆大无畏，又稳健精明，有勇有谋。

官僚主义是可自我复制的。不可能毕其功于一役。官僚主义一定会反扑。为了打好持久战，我们需要培养使命感——无论道路多曲折，我们始终都要坚信前途是光明的。

有些人认为，类似Slack、Yammer和微软的Microsoft Team等协

同工具很快就会把组织从层级结构变成网络结构。当团队能够无缝地协调其工作时，谁还需要管理者呢？其实不然，虽然即时通信工具和群组软件让员工之间的同步合作变得更容易，但这些技术并没有减少管理层级，撤销自上而下的强制命令，削减合规成本，也没有增加一线员工的决策权。尽管协作工具能够用于战略开发、资产配置、领导者遴选和变革管理的众包，但这一情况很少发生。截至目前，这些工具主要被用来促进项目工作。对团队而言，它们的作用与30多年前Office软件对个人的作用非常相似。

与其说技术会取代自上而下的结构，倒不如说它巩固了这些结构。数字技术有助于把工作进一步切割成更小的条块，外包给出价最低的竞价者，让工作本身变得更简单。实时分析技术可以把工作业绩的评估细化到每一分钟——这真是控制成癖的管理者的福音。两位学者布雷特·弗里施曼和埃文·塞兰热称其为“服用了兴奋剂的考勤卡片”。他们正确地指出：“技术创新帮助管理者越来越轻松地、多快好省地搜集、处理和评估海量信息，并据此展开行动。”[4]考虑到官僚层级的疯狂增长，加上他们对“控制癖”的易感性，你认为这会导致什么？

我们不要再自我欺骗了。数字技术的扩张只能让我们更多而不是更少地担心官僚主义的疯狂蔓延，让我们有更多的理由与之斗争。

摒弃官僚主义？谈何容易！但我们有理由满怀希望。人类不止一次解决过其他更复杂的问题。我们并不是无能为力的。但首先要觉醒。在过去的几十年里，很多人见惯了官僚主义造成的人员成本和经济代价，早已变得麻木不仁。我们必须改变这一点。

搜集证据

一个令人不安的事实可能在我们的视野中蛰伏了数年，却没有刺激我们采取任何行动。只有当有人费心地把一个问题维度化时，我们才会对它的规模和重要性有所了解。

20 世纪 90 年代末，美国医学研究所开展了一次关于患者安全的综合元研究。随后，1999 年发表的研究报告《人非圣贤，孰能无过》估计，每年死于医疗差错的人数高达 9.8 万。报告发表几天之后，时任美国总统克林顿签署了《医疗研究与质量法案》。该法案为安全导向的研究增加了资金投入，并强制建立年报制度，听取医疗差错改进的工作进展情况。从那时起，美国的医疗服务机构付出了巨大的努力，降低可预防的差错造成的死亡及并发症，并取得了令人注目的成就。例如，2008 年至 2014 年，美国医院与中心静脉导管相关的感染数量下降了一半。

技术行业缺乏性别及种族多样性，这也是一个被长期忽视的问题。随着数据驱动意识的提升，这个问题开始受到关注。2008 年，圣荷西《水星报》记者迈克·斯威夫特开始研究分析硅谷 15 家大企业的性别及种族多样性情况。斯威夫特的分析显示，尽管人员编制不断增加，但是非洲裔、西班牙裔和女性却处于越来越不利的地位。这一分析促使技术精英们极为罕见地做出了深刻反思。[5] 谷歌公司最初拒绝为斯威夫特提供相关数据，这家公司在 2014 年公布了自己的多样性统计数字。谷歌坦承，公司只有 17% 的技术人员为女性、2% 为西班牙裔，而非洲裔只有 1%。[6] 伴随这一披露的还有一份致歉声明：

“一直以来，我们不愿公布谷歌工作者的多样性数据。如今，我们意识到自己做错了。”[7]

官僚主义程度指数（BMI）

在搜集证据、反对官僚主义的过程中，我们需要的不只是理论和故事，还需要全面有力的数据来证明官僚主义负累的普遍存在，及其造成的损失。为了做到这一点，我们建立了一种简单的工具——官僚主义程度指数。这一指标涉及官僚主义负累的7种类别，共计10个问题（详见后面的“官僚主义程度指数调查问题”）。

浪费：耗费在低价值官僚主义工作中的时间和组织层级的数量

阻力：官僚主义对快速决策的妨碍

封闭：用于内部事务和外部事务的时间比例

专制：限制一线人员自主权

因循：怀疑和敌视非常规想法

怯懦：对试验和冒险的百般限制

政治：政治行为的普遍程度，这些行为在决定个人升迁中发挥的作用

为了建立跨行业的基准线，我们开展了一次线上调查。这次调查是在《哈佛商业评论》的帮助下完成的，吸引了1万多人参与（如需了解更多调查对象情况，请参阅表3-1）。下面是我们的发现。

浪费。平均而言，调查对象所在的组织有6个管理层级。在大

型组织中（员工人数大于等于 5 000 的组织），一线人员背负着至少 8 个管理层级（如表 3–2 所示）。

表 3–1　BMI 调查：调查对象统计数据

组织规模（员工数量）	调查对象占比（%）	职务	调查对象占比（%）
<100	14.7	首席执行官 / 高级副总裁	11.2
100~1 000	29.6	总监	24.3
1 001~5 000	20.1	经理	36.4
>5 000	35.6	一线员工	28.1
	100.0		100.0

表 3–2　BMI 调查：按照企业规模划分的组织层级数量

组织规模（员工数量）	平均组织层级数量
<100	3.5
100~1 000	5.4
1 001~5 000	6.9
>5 000	8.1

除此之外，调查对象说，他们 27% 的时间都花在与官僚主义相关的事务上，例如撰写报告、记录合规情况、与职能部门打交道等等。人们认为，这些工作的很大一部分是没有价值或者价值极低的。例如，只有不到 1/3 的调查对象认为，编制预算、目标设定和绩效评估是“非常有价值的”。

官僚主义程度指数调查问题

1. 你的组织有多少个管理层级（从一线员工到首席执行官或总经理）？

2. 你要在“官僚冗务”（例如准备报告、找领导签字、履行员工守则、出席总结会议等等）中投入多少时间？

3. 在你的组织里，官僚主义在多大程度上延缓了决策和行动的速度？

4. 你与主管和其他领导者的互动，有多大比例用于解决内部问题（例如解决争议、争取资源、获得审批等）？

5. 在规划工作、解决问题和验证新创意等工作中，一线团队拥有多大的自主权？

6. 一线团队成员多久参与一次变革项目的设计和开发？

7. 在你的组织中，人们对非常规创新有何反应？

8. 一般来说，一名员工想要推进一个只需要一支小团队和少量种子资金的新项目，此事难度如何？

9. 在你的组织中，政治化行为有多普遍？

10. 在你所在的组织中，人们通过玩弄政治手腕而不是展现能力取得更高职位的情况是否普遍存在？

阻力。来自大型组织的 79% 的调查对象指出，官僚主义流程“严重地”或“实质上”妨害了快速的决策。速度不是官僚主义的特征。

封闭。受调查者 42% 的时间花在内部事务上——解决争议、争抢资源、出席会议、就工作目标讨价还价等等。最封闭的群体是大型企业的高管，他们几乎把一半的时间都用在内部事务上。高管们如此忙碌，怪不得总是对新兴趋势视而不见。

专制。超过 2/3 的大型组织非管理人员提出，对自己的工作方式和优先级别，他们“没有”控制权，或者只有“一般的”控制权。除此之外，认为一线员工“总是”或“经常”参与重大变革项目设计的被调查者不足 1/4。自主权的不足损害了工作积极性，限制了创造力的发挥。

因循。75% 的调查对象指出，组织中的新创意会遭遇漠视、怀疑或者直截了当的反对——考虑到新创意是每个组织的生命线，这一发现确实令人担忧。

怯懦。同样令人心忧的还有缺乏支持的试验工作。就职于千人以上规模的组织的调查对象，有 95% 的人表示，一线员工发起一个新项目“不容易”或“非常难”。虽然亚马逊和财捷等公司已经意识到自下而上创新的价值，但绝大多数企业并没有做到这一点。

政治。62% 的调查对象认为，政治手腕“经常”或“几乎总是”决定着谁会晋升。在大型组织中，这一数字上升到 75%。当被问到公开的政治行为的普遍程度时，68% 的大型组织调查对象表示，这样的行为“很常见”。在官僚主义体系中，登上最高位置的往往是最擅长内斗的人，而不是最有创造力的人，也不是最有能力的人。

我们为每一道 BMI 问题设置的分值区间为 0 到 10，其中，0 代表完全不存在与官僚主义有关的特征，10 代表最严重的官僚主义负累。每题得分相加，就可以得到每个调查对象的 BMI 总分，它的分值区间是 0 到 100。整个调查的平均分为 65 分（图 3–2 表明了 BMI 调查得分的分布情况）。

这个简单的调查引起了人们对官僚主义代价的关注。长久以来，大型组织一直对这些代价视而不见，也许这是因为大家认定了这些代价是不可避免的。但是，我们早已指出，官僚主义并不是必然的。我

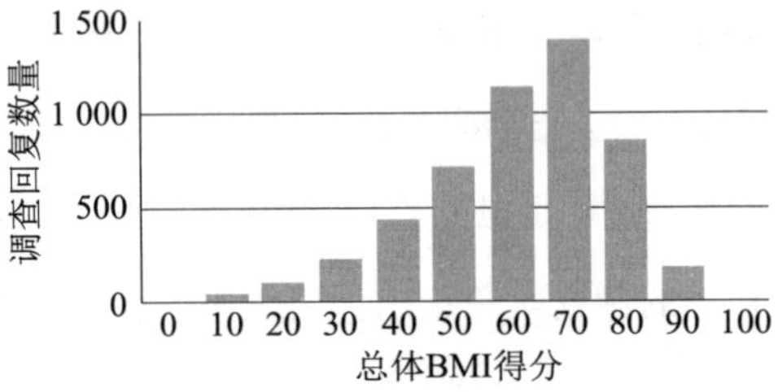

图 3-2　BMI 调查得分的分布情况

们会在接下来的几章里介绍几种令人惊喜的、以人为本的替代方案。在此之前，我们首先要承认我们存在问题。这和治疗酗酒一样。想要抓住你所在组织的问题，可以先请你的同事完成 BMI 调查，调查表见本书附录 A，也可以点击下面的链接在线完成（www.humanoracy.com/BMI）。

官僚主义的经济影响

要树立与官僚主义斗争的坚强意志，就要正确面对和认识它的影响。不仅要认识官僚主义对单个组织的影响，还要认识它对经济的整体影响。

2018 年，美国的劳动力人数为 1.46 亿（不包括农业及在家工作者，也不包括个体经营者）。其中，2 050 万人是经理和主管。不仅如此，从事行政支持工作的就业者有 640 万人——包括人力资源、财务、会计、合规等等（但不包括信息技术部门）。这样算下来，官僚层级的总人数高达 2 690 万人，占美国劳动力的 18.4%。这个层级领取的薪酬高达 3.2 万亿美元，几乎占美国工资总额的 1/3（关于官僚层级规模的具体计算方式，详见附录 B）。

这个巨额价格标签，还要加上官僚主义者带来的低价值杂务的成本。2014 年，德勤经济研究所在澳大利亚专门调查了官僚主义式穷忙造成的成本。这项调查发现，非管理岗位的员工平均每个星期要为遵循内部规章制度花费 6.5 小时，约占总工作时间的 16%。这与 BMI 调查结果遥相呼应。BMI 的调查对象称，他们需要投入 27% 的时间应对内部和外部合规事务。如果把德勤的数据放在美国——如果美国的 1.19 亿非管理岗位员工把 16% 的时间耗在内部官僚冗务上，这相当于额外增加了 1 900 万名全职等效官僚（如图 3-3 所示）。

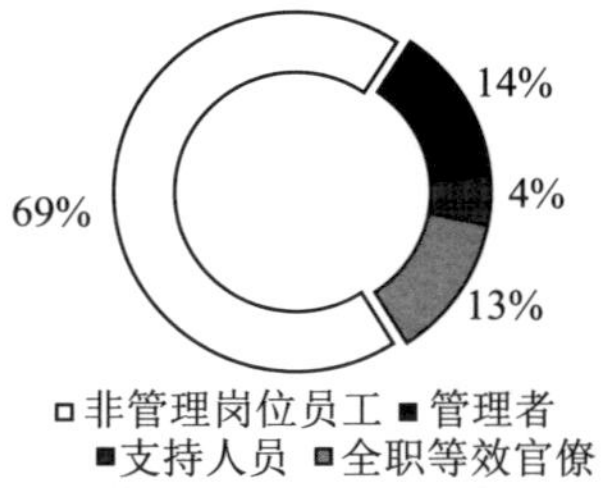

资料来源：美国劳工统计局，德勤经济研究所，两位作者的估算。

图 3-3　官僚主义者和官僚主义工作在美国劳动力中的占比

关键在于度的把握。在保证不牺牲组织业绩的前提下，去除多少官僚主义为宜？答案是：比你想象的多。众多后官僚主义先驱的经验证明，运用超级扁平的组织结构和精兵简政的管理团队来管理大型复杂组织是完全行得通的。这些先驱包括博组客、海尔、晨星、纽柯、声田、瑞典商业银行、万喜、戈尔公司等等。平均而言，这些组织的管理跨度是美国组织平均水平的两倍多。

尽管通用电气在近年来表现欠佳，但它在北卡罗来纳州达勒姆的装配工厂堪称这方面的杰出典范。那是一家巨大的、空旷的、极其整洁的工厂，300 多名技师在那里装配世界上最大的喷气式发动机。这里的员工被编成自主管理的小团队，整个工厂只有一名管理者。1 比 300 的管理跨度也许有些极端，但是，在这种模式下，通用电气达勒姆工厂的生产能力达到了传统管理模式下工厂的两倍。

让我们暂且把目标定得低一些。假设把经理和主管的数量减少一半——从 2 690 万减少到 1 345 万。这样一来，官僚和员工的比例就从 1 ∶ 4.3（1.46 亿减去 2 690 万，结果除以 2 690 万）变成了 1 ∶ 10（1.46 亿减去 1 345 万，结果除以 1 345 万）。这样还可以把 32 万亿美元的官僚工资减少一半。官僚主义式穷忙能否随之减少一半？这几乎是肯定的。

数不清的调查让我们有理由质疑很多官僚主义惯例的价值。尽管人力预算达到了历史新高（从 1997 年不到运营成本的 1% 上升到 2017 年的超过 3%），但是，从 1995 年至今，认为人力资源在组织中发挥战略性作用的高管比例一直停留在 25%。类似年度绩效评估的众多人力资源流程被广泛地视为低效的做法。[8] 很多其他流程也一样。只有近 11% 的高管认为战略规划能够创造价值，只有 17% 的管理者认为预算流程是有用的，认为本企业的资本配置流程“非常”或“极其”有效的人还不到 1/3。[9]

我们可以合理地估计，假如一家平常的组织卸去一半的合规负荷，并不会引发混乱。这样每年可以节约 950 万工龄和 5 800 亿美元的酬薪成本。

毫无必要的臃肿机构加上没有意义的穷忙，这让美国的组织每年背负了2.2万亿美元以上的额外工资和薪酬成本。除此之外，还要算上用来支持官僚层级的辅助成本——差旅、培训、办公场所、设备、信息技术支持等等。假设这些开销占薪酬成本的20%，那就是4 300亿美元，这样总成本约为2.6万亿美元。放在具体情景中讨论，在过去的12个月里，罗素3 000指数（它囊括了美国98%的可投资股权）所有企业的净收入不过1.3万亿美元，相比之下，后者相形见绌。其中的含义很清楚：摧毁官僚主义也许是所有组织能做的最赚钱的事。我们会在下面的章节提到一些后官僚主义组织。平均而言，这些组织的盈利能力远远大于其他组织。[10]这一事实同样支持了这个结论。

10万亿美元大奖

降低官僚主义的浪费同样有助于提高生产能力。在过去10年里，美国的非农生产年增长率只有1.3%，即使从1970年算起，也只有可怜的1.62%。[11]相比之下，1909年至1969年的平均增长率为2.82%。[12]生产率的增长放缓并不单单发生在美国。在《经合组织2015年生产率指标汇编》列出的35个国家里，有23个国家的生产率增长水平（1995年至2015年）比美国还要低。高于美国的国家，多数属于后发型经济体，如匈牙利、波兰和爱沙尼亚等。[13]截至本书写作时，美国的经济运转良好，生产率正在缓步提升。尽管如此，以目前的速度计算，想要逆转过去几十年生产能力放缓的情况，至少需要数年时间。

经济学家如此执着于生产率的增长是有原因的。因为，生活水平会随着生产率的下降而下降。随之而来的经济衰退会为民粹主义、保护主义和社会分裂打开大门。因此，英国前财政大臣乔治·奥斯本把生产率增长的重振工作称为“吾辈的时代挑战”。[14]

包括麻省理工学院的埃里克·布莱恩约弗森在内的技术乐观主义者认为，新技术的浪潮将会扭转生产率低下的困境。在他们看来，在物联网、机器人技术、人工智能和基因组学的推波助澜之下，整个世界正在进入“第二次机器时代”。这真的能重振生产率增长吗？也许吧。但是，出现这一情况的前提是，目前正在兴起的各种技术带来的影响力必须大于个人计算机、GPS（全球定位系统）、万维网、电子商务、智能手机和社交网络等技术在过去 40 年带来的进步。

新兴技术也许真能带来生产率的意外收获，但是，我们相信，推翻官僚主义能够带来更光明、更确实的产量提高路径。我们认为，官僚主义的勃兴和生产率增长的萎缩同时发生，这绝非巧合。

回到之前的计算。根据我们的估计，美国经济中有 1 345 万名管理者没有创造价值，或者只创造了微不足道的价值，这相当于 950 万职工一年之内无所事事。这说明，在劳动力减少 14% 的情况下，美国依然能够达到目前的经济产出水平（2 295 万除以 1.46 亿名员工和 1 600 万个体经营者组成的总劳动力）。卸下现有的官僚主义累赘，美国每位从业人员的人均 GDP（国内生产总值）将会从 12.7 万美元（2018 年的数据）上升到 14.8 万美元。当然，我们的目标并不是让 2 300 万人下岗，而是把他们的才华发挥好，用在富有成效的地方。假如他们每人为国民经济贡献 14.8 万美元，而不是 0 美元，美国的

GDP 会增加大约 3.4 万亿美元。如果这一收益能在未来 10 年里等量递增，美国的生产率年增长率将提高近 1.6%，达到 2007 年至 2018 年实际生产率增长率（1.3%）的两倍以上。如果在整个经合组织范围内实现类似的成果，全球经济产出将会足足增加 10 万亿美元。据我们所知，没有哪个政策方案能够带来如此大规模的生产率红利，就连接近它的例子都没有。[15]

除了这些效率收益，劳动者再也不会被傲慢的规章制度视为黄口小儿，不会被沉重的流程压得抬不起头来。这些益处极为重大，但也极难量化。更多的自由和责任感意味着更高的积极主动性、创新和韧性。这些益处可能蕴藏着巨大的价值。例如，来自制药行业的几位广受尊重的领导者提出，为了提高研发产出，降低不断暴涨的新药成本，唯一的办法就是实施"官僚切除术"。默克实验室总裁罗杰·珀尔马特建议说，一个好的开始应该是"取缔最高层的 5 级管理者，包括我自己在内"。[16]

道德责任

官僚主义的堡垒似乎坚不可摧，但是，想想 300 年前的君主专制政体，它或许也得到过同样的评语。在 18 世纪之前，绝大多数人被不负责任的领导人统治着，而他们的唯一资格要求就是王室血统。两个世纪之前，畜养奴隶曾被视为天经地义，是不可更改的事实。那些可怜人似乎注定要成为别人的财产。100 年前，父权制被视为天命——至少当时的男人都是这样认为的。无论是在社会层面，还是在经济层面，女性被系统化地置于劣势地位。时至今日，我们认为独裁专制是难以立足的，奴隶制度是邪恶的，父权制是有害的。尽管这些幽灵的鬼影仍然存在，但它们早已被持续不断地，甚至是极为有力地击溃了。这些社会的痈疮曾经无比根深蒂固，和如今的官僚主义一样。

这些比喻是不是有些过头了？也许吧。怎么可以把特易购的零售店员、安赛乐米塔尔的技工，或者机动车辆管理局服务代表的生活和农奴或大种植园奴隶的生活相比较呢？对大多数人来说，如今的工作环境比几百年前好太多了，简直是天壤之别。这没错。但是，这一反对意见中隐藏着这样一种假定前提：在某种程度上，我们应当知足，并向现状屈膝投降——但是，请问，在什么程度上呢？

在维多利亚时代的英国，有些农民被吸引到“撒旦的磨坊”里。他们的生计通常比仍然留在土地上的农民要好一些——他们的工钱更高，居住条件更好。尽管如此，他们依然要为更安全的工作条件、为终止使用童工以及劳资关系谈判权而斗争。正是因为他们的不懈斗争，我们今天才会有比他们更好的工作条件。但是，这就够了吗？当然不。我们有责任沿着这条路继续走下去。基本生活工资、同工同酬、对多样性的尊重、产假、弹性工作时间、医疗保险等等——都是值得我们为之奋斗的目标。但是，我们是不是应该志存高远一些？是的，应该！

亚里士多德说过，一个人如果没有自我导向，就不可能获得真正的幸福。我们如果相信在一个公平正义的社会里，每个人都应当有机会、有自由成为最好的自己，就不应容忍数以百万计的普通员工在日复一日的工作中面对“软暴政”——口述历史学家斯塔兹·特克尔称其为“每个星期一到星期五的缓慢死亡”。[17]

与其质疑自己彻底消灭官僚主义的能力，还不如从爱国者、废奴主义者和妇女参政权论者身上汲取勇气。是他们在几百年前率先开启了为人类尊严而斗争的伟大事业。他们的成功教会了我们，纯粹的实用主义论辩不足以动摇根深蒂固的社会体系。这一社会体系是为少数人而不是绝大多数人的利益服务的。尽管数据可以在官僚主义的坚冰上敲出裂缝，但是真正的进步只有在人心开始融化时才有可能出现。

托马斯·克拉克森是英国废奴运动的领导人之一。克拉克森用毕生精力收集奴隶贸易的目击者证词。他骑马走过了 3.5 万英里①，走访了 2 万名贩奴船上的水手。他的如椽之笔点燃了整个英国的反对奴隶制团体。尽管如此，克拉克森认为，物证比言语更有说服力。每当受邀发表演说时，他都会展示自己从贩奴船上取得的镣铐和拇指夹。除此之外，他还展示了非洲手工艺人制作的精美雕塑和织物。就这样，他把残忍野蛮和美放在一起，这种极致的冲突把他想说的一切表达得淋漓尽致：贩奴船上悲惨的囚徒同样是人，是和坐在台下的听众一样的人。为此，克拉克森不知疲倦地鼓与呼，和他站在一起的还有众多废奴运动活动家，如约翰·牛顿，他曾经从事奴隶贸易，后来幡然悔悟，转而支持废奴运动，并写下了著名的歌曲《奇异恩典》。他们的奔走呼号促使年轻的国会议员威廉·威伯福斯向整个大英帝国

① 1 英里≈1.61 千米。——编者注

的奴隶制度发起了挑战，立志将其连根拔起。1833 年，废奴伟业终告成功。

勿以恶小而为之，勿以善小而不为。如果我们没有感受到官僚主义非人性的、日复一日的打击，那是因为我们的愤怒早已被时间消磨得麻木不堪，我们早就习以为常了。托马斯·潘恩在 1776 年对君主制的评价同样可以用来评价今天的官僚主义："如果长期习惯错误的事物，不去质疑它，就会让它看起来是正确的。"

纵观社会进步的漫长历史，关于变革的最有力论证是，人人都有权获得最大可能的机会，去培养和运用自己的天赋，并从中获益，所有人为的、毫无必要的妨害都是不公平的。这就是我们反对官僚主义的原因：我们是人，官僚主义配不上我们。

所以，去搜集你能获得的所有数据吧。在你的组织里搜集官僚主义的罪证。同时要清楚地记得，只有被人们清晰感受、广泛接受的道德责任感，才有足够的力量打破长期以来守卫着官僚主义堡垒的冷漠无情、自私和怯懦。

第二部分

实践中的人本主义

真的能做到无官僚主义吗？

— 4 —

纽柯

打造人，而非钢材

让我们坦诚一些：如果有机会和哥伦布一起远航，我们中的大多数人会犹豫不决。我们会问："嗨，克里斯[①]，你说的那个'新大陆'在猫途鹰上的评分高吗？"同样的道理，人们也会在踏上人本主义的征程时大加踌躇。数据和道德勇气也许能带领你的同事来到港口，但多数人会在登船之前犹疑不定，除非你能清晰地描绘出目的地的模样。问题在于，凭空勾勒出超级扁平、彻底去中心化组织的可信样貌并非易事。人都是既定事实的囚徒——几乎没有什么比官僚主义更让人感到熟悉的了。

幸运的是，后官僚主义的未来并不完全是未知的。有些先驱组织已经勾勒出它的轮廓，它们的努力值得我们学习。在这一章和下一章里，我们会分别探究两个这样的先驱组织，它们早已扬帆出海，远远驶离了官僚主义正统观念的海岸。纽柯是全球最具创新性、

① 哥伦布全名为克里斯托弗·哥伦布。在英语中，相熟的人会用昵称"克里斯"来代替大名"克里斯托弗"。——译者注

持续保持盈利的钢铁企业。纽柯的案例会告诉我们，当我们倒转层级结构的金字塔，释放出一线员工的能力时，什么事情可能会发生。海尔是一家位于中国青岛的家电制造企业。这家企业的独特文化鼓励每个人像创业者那样思考和行动。尽管两家企业的方法不尽相同，但是它们都推翻了被奉为圭臬的传统管理信条。这帮助它们建起了极其成功的组织，同时也为我们带来十足的信心，激励我们扬帆起航，驶向人本主义的彼岸。

认识纽柯

你参观过炼钢厂吗？如果参观过，你就会明白为什么炼钢工人被视为蓝领中的蓝领。操作工人裹着隔热服，戴着防护面罩，小心翼翼地操作着高达 40 英尺[①]的高炉，里面装满了熔融的金属——那是几百吨含铁废料在 175 兆瓦的电弧炉中被加工 30 分钟的结果。不远处是铸造机，它的大小相当于一辆校车。铸造机把熔融金属浇入不同的模具里——班组人员专心凝视着灼热的橙色铁流，定时调整和润滑管口，确保金属稳定顺畅地流动。

在观察这些操作庞大机器的炼钢工人之后，你可能会认为，他们的工作更多需要气力，而不是头脑。美国劳工统计局的数据支持了这种看法。人们认为，对炼钢工人来说，体力和熟练度远比创造和分析能力重要（如表 4–1 所示）。这在某些炼钢厂也许说得通，但是它

1　1 英尺 =0.304 8 米。——编者注

绝对不适用于纽柯——美国最大的钢铁企业。

表 4-1　部分金属加工岗位具体技能的重要性排序

0= 不重要，100= **极其重要**

	铸造机操作员	**高炉操作员**
操纵和移动物体	86	71
控制的精准度	63	72
善于手工操作	63	72
分析数据或信息	37	36
建立目标和策略	29	26
独创性	25	25
客户服务	19	29
技术手段的起草和说明	16	19
财务资源管理	13	16

资料来源：美国劳动统计局，两位作者的分析。

纽柯的进步依靠的是一线工人的专业素养和自主权。纽柯在阿肯色州的布莱斯维尔设有一座工厂，这里的高炉操作团队打造出了支撑纽约世贸中心一号大楼的巨型工字钢梁。是一线团队的成员——而不是负责财务或工程的高管——完成了详尽的成本效益分析，决定适时淘汰老旧的高炉炉壳（巨大的碗状结构，把废旧金属加工成熔融金属的装置）。当决策被做出后，这支一线团队——而不是采购部门——完成了供应商招标工作。这支团队对收到的投标方案不满意，他们决定自主设计炉壳。他们为此选定了制造商，并为建造过程的每一步提供详尽的反馈。结果呢？纽柯造出了一台高效的新设备，它的造价只有 300 万美元——是最初投标价格的 1/10！

正是这样的主观能动性和创新帮助纽柯成为美国钢铁行业的领军企业。2018 年，纽柯的 2.6 万名员工——纽柯内部互称队友——生产了2 790万吨钢材，销售额达到250亿美元。纽柯还是北美地区产品最多样化的企业，产品包括钢梁、薄钢板、钢板、钢筋和钢格栅等钢材产品，客户范围极为广泛。纽柯的主要原材料是废旧钢材，它是西半球最大的钢材回收厂商。

炼钢生意并不好做。相较于其他行业，钢铁行业的资本收益率低得可怜，破产倒闭更是司空见惯。但是纽柯和一般的钢铁公司不同。1969年至今，这家企业仅在2008年受金融危机影响没有实现盈利，在其余的年份里它始终保持着笑傲整个行业的高收益率。纽柯不仅在盈利能力和资本收益率方面领先同行，它还在市值增长、销售额、收入和员工人均出货吨数等方面遥遥领先（见表4–2）。这家企业的人均资本收益率与竞争对手持平，但它的人均产量比行业平均水平高出近50%。这些成果来自纽柯非比寻常的公司文化：重贡献，轻级别；重创新，轻顺从。

纽柯在小型钢厂生产其产品，这些小钢厂的规模通常是综合高炉钢厂的一半。[1]小型钢厂比综合钢厂更灵活，资本成本更低。从历史上看，综合钢厂的优势在于生产轻薄的优质钢。然而，在过去的30年里，纽柯通过不懈的创新极大地缩小了这一差距。1989年，纽柯率先采用新技术，把钢板厚度降低到原有最低厚度的1/4（从4.8毫米降到了1.2毫米）。得益于更薄的厚度，钢板轧制成型的时间从几天缩短到几个小时（为了做到这一点，竞争对手用了足足8年时间）。2002年，纽柯引进了超薄铸钢，它的厚度不足一毫米。相较于传统的综合钢厂，超薄铸钢的轧制工艺可以节约95%的能源。在过去的10年里，这一突破和其他众多的突破一起，把纽柯在北美粗钢生产领域中的占比从 16% 提高到近 25%。[2]

表 4-2 纽柯与同业的业绩对比情况，5 年平均水平（2014—2018 年）

盈利能力与回报率指标	纽柯	同业群体[a]
资本收益率	8.3%	5.7%
利润率（息税前利润）	8.4%	5.2%
股东整体回报率（平均动态，5 年回报）	38.7%	1.4%
员工生产能力指标（单位：千美元）	**纽柯**	**同业群体[a]**
人均市值	697	324
人均销售收入	805	663
人均净收入	42	14
人均工厂、生产线及设备净值	210	233
人均钢材出货吨数（仅 2018 年）	1.06	0.67

a. 简单加权平均，包括美国 AK 钢铁控股、安赛乐米塔尔、美国工商五金公司（CMC）、巴西盖尔道钢铁公司、钢铁动力公司和美国钢铁公司。由于数据缺失，员工生产能力指标未包含美国工商五金公司和巴西盖尔道钢铁公司。

资料来源：资本智商，世界钢铁协会，公司报告，两位作者的分析。

纽柯员工主要生活在美国中西部和东南部的乡村地区，他们是公司的灵魂。纽柯员工直接分享公司的成功。从大萧条至今，钢铁行业的就业率下降了 15%，纽柯员工工资却逆势上涨了 30%。[3] 因此，这里的员工流失率远远低于行业平均水平就丝毫不令人感到惊讶了。

纽柯傲人业绩的背后，是它彻底的、自下而上的组织模式，这一模式反映了公司前董事长兼首席执行官肯·艾弗森的理念——平凡的人能成就不平凡的事业。这一信念始终是艾弗森世界观的基石。他在自己的著作《以小博大》中这样解释：

> 今天的大多数企业被视为指挥控制型组织。例如，综合钢厂的创造者明确地认为，组织的“天赋”几乎完全存在于管理

层……与此相反，我们建立纽柯的基本假设是，组织的绝大部分“天赋”存在于实际完成工作的人的身上。我们以这个起点塑造自身业务，帮助员工通过实际行动告诉管理者，曾经被视为不可能达到的目标是如何达到的。[4]

以自由和责任为基石

和我们心中预期的、鼓励人们创造性地解决问题的企业一样，纽柯是一家高度分权的企业。这家企业实质上相当于由 75 个分部组成的联合体，这些分部对内独立运营，对外一致竞争。每家分部管理着一到两家工厂，平均年收入为 3.3 亿美元。各分部对采购、产品和人员独立决策，还要负责赢得和留住客户，为自身产品创造需求。纽柯和其他钢铁企业不同，它的工厂不只是生产中心，还是从头到尾的完整业务单元。因此，各分部建有自己的部门损益表，完全独立于纽柯的整体成本分摊。

分权让纽柯的企业家精神根深叶茂。只要列席一次工厂会议，你就一定会听到团队成员在讨论新的商业机会。以阿肯色州的希克曼分部为例，多年来，这家工厂的大部分收入来自向石油和天然气企业出售钢管产品。乘着 21 世纪头十年兴起的水力压裂技术的东风，希克曼工厂成了纽柯最赚钱的分部。但是好景不长。2014 年底，油价暴跌，随之一同下跌的还有希克曼的钢管订单。短短几个星期，这家工厂经历了从高歌猛进到亏损赔钱的剧变。工厂紧急寻找新出路。如何实现产品种类和行业曝光的多样化？怎样造出不同于竞争对手和纽柯其他工厂的产品？工厂为此成立了临时工作小组，从同事和客户那里广泛征求意见。这一头脑风暴带来了两种颇具前景的机会：用于电机的特种钢，用于汽车配件的高强度钢。团队成员立即奔赴全球各地，寻找新产品制造所需的技术和设备。与此同时，其他团队成员提出了一套工厂扩建方案，扩建需要2.3亿美元，每年可以提高产能65万吨。2016年2月，希克曼工厂时任总经理玛丽·埃米莉·斯莱特向纽柯高管团队提出这一方案。短短几个月资金就到位了。

斯莱特后来回忆起自己的团队是如何挽回颓势的："最了不起的是，没有人高高在上地发号施令说，'你们要这样做，不许那样做'。我们的想法全部来自基层员工。大家认为我们应该做什么，并且为此完成了评估，这就是我们的立足点。我们都要对工厂的财务状况负责。"[5]

纽柯员工挂在嘴边的口号是，决策应该"下放到最基层"。无怪乎这家企业的总部如此袖珍——只有大约100人，工作在北卡罗来纳州夏洛特郊外一座貌不惊人的两层写字楼里。纽柯总部的作用相当于公司的银行，主要负责评审重大资金需求，此外还要制定一些基本规则，如各个分部的最低工资水平、保底业绩标准等等。

和大多数工业企业不同，纽柯的很多职能并没有实现集中管理，例如研发、销售、市场营销、战略、安全、工程、合规和采购等等。除了首席执行官，纽柯的高管层仅设一名职能型负责人：首席财务官。相形之下，位于匹兹堡的美国钢铁公司和纽柯的规模相当，但是这家公司至少把8项职能放在总部集中管理——包括业绩分析、战略规划、合规、供应链、卓越生产、IT、人力资源和财务。用来支持这些职能的总部管理团队大约有 1 000 人。

纽柯的精益管理理念同样适用于分部。以布莱斯维尔钢梁厂为例，这家工厂有 1 000 人，只有 7 名全职经理，包括厂长在内。整个纽柯公司的全职经理和高管（不包括团队主管在内）只占员工总数的 2%——是全美水平的 1/4。从营业收入占比来看，纽柯的一般及行政费用保持在 3% 的水平，大约是竞争对手的一半。

纽柯的后官僚主义秘方

纽柯始终对人满怀信心，由此而来的管理模式打碎了官僚主义的桎梏。主要体现在以下 5 个方面。

创造力：奖励突破式思维

纽柯通过薪酬体系把每个人的注意力聚焦在一个点上：创造性地实现资产生产力和公司发展的最大化。竞争对手认为，投资是提升产量的最快方式，而纽柯把宝押在人的想象力上。它是这样做的。

多产多得。纽柯团队的收入与生产率挂钩。一线员工的基本工资大约只有行业平均工资的 75%，但是，只要团队的产量超过某一水平——通常是工厂额定产能的 80%，团队成员就会得到奖金。奖金门槛保持不变，只有在资本投资提高了特定机械设备或整个工厂的额定产能的时候，奖金的门槛才会随之调整。团队成员清楚地知道，提高奖金的唯一办法是在给定资本的前提下生产尽可能多的钢材，这有力地激励着人们想方设法“发挥资产的最大价值”。在实际工作中，这意味着发挥聪明才智，降低成本，加快作业流程。每当新的生产设备安装到位之后，负责团队通常会在几个月的时间里打破额定产量。这在纽柯并不罕见。

最关键的是，奖金是发放到每支团队的，而不是个人。一般团队由20到30位工人组成，他们跨多个班次工作，并对一个特定的流程负有联合责任。团队奖金会激励所有成员协作解决问题，这是不可或缺的，因为流程作业中的各项工作任务是高度相互依赖的（如图4–1所示）。例如，高炉作业、铸造和维护团队都是一个连续过程的组成部分，这些团队拥有共同的生产目标。一位希克曼分部的铸造工人说：“只要一处出现问题，所有人就都会受到连累。一个人的问题就是大家的问题，每个人都会跳出来帮助解决它。”

钢铁是通过环环相扣的工艺流程炼成的，流程的主人是多支作业团队，共同的生产目标使其成为一个有机整体。

图4–1 小型钢厂的制钢流程

每家工厂的每个人都可以随时查看自身业绩的实时信息，因此可以随时了解自己的薪酬情况。这样做的预期是，一支运行良好的团队会因此超越工作目标，获得大笔的周奖金——很多时候，实际情况正是如此。就像我们预期的那样，团队成员容不下磨洋工的懒鬼。

一位布莱斯维尔的高炉操作员说:“来自同伴的压力是绝妙的工作动力。”

对一线工人来说，高度差异化的薪资并不多见，但是纽柯的成功说明了激励每个人大胆创新的巨大价值。算上奖金，纽柯工厂的工人收入比同行高出 25%。

纽柯的薪酬模式还带来了其他益处。

对公司发展的共同责任。当需求疲软时，产能闲置的状态会反映在工资单上。团队会利用生产放缓的时机走访客户，推销新产品创意。留在工厂里的工人会改良和试验工艺流程，完成新产品创意的测试工作。例如，在需求放缓时，纽柯在亚拉巴马州塔斯卡卢萨的工人试制出装甲钢板产品——这家工厂从未做过这种产品。在产能不足的工厂里，人们还会向管理者施加压力。团队成员会追问工厂领导:“说到创新和寻找新客户，你帮大家做过些什么?”

在纽柯，没有人向总部要指示。相反，公司的战略通常来自基层，几十支团队和分部始终在留心寻找机会，发挥主观能动性，不断地吸引客户、招聘队友、试验新产品和新工艺。

更少的政治游戏。纽柯的最高管理团队相信，如果高管利用职权任意操控生产目标，结果必然是徇私偏袒、故意放水和信任度的降低。纽柯设计了清晰一致的工作目标,把政治手腕和花招儿降到最低。简明易懂的目标还减少了纽柯对详尽的、团队级别的关键业绩指标的需要。如果人们追求的是零碎的目标，而不是专注于整体业务的健康状况，那么 KPI 通常只能带来次优结果。

财务灵活性。纽柯与产量挂钩的薪酬模式帮助公司在需求放缓时快速削减了劳动力成本。得益于这样的灵活性，纽柯不需要在困难时期裁员。这样一来，当经济周期峰回路转时，纽柯立刻就能迎头赶上。

纽柯薪酬模式的各种要素共同传递了一个强劲的信号：打造更好的企业离不开每个人，每个人也将因此而受益。

能力：培养专业素养

无论是在技术层面，还是在商务层面，纽柯员工都比同行更加娴熟精专，这绝非偶然。纽柯的团队成员深知，要想实现更高的效率，产生更多的需求，就必须解决更困难的问题，这反过来又意味着，个人和集体会变得越来越聪明能干。因此，纽柯的用人方式有利于建立更深厚的专业知识，这一点儿都不奇怪。

挑剔的聘用。纽柯的理想招聘对象是把工作当成事业，而不是当成短期临时工作的人。纽柯期望团队成员随着职业生涯的上升曲线不断提高自身技能。因此，纽柯招聘流程的目标是找到渴望学习的人。它包括一场两小时的标准化测试，主要考察量化和口头解决问题的能力，随后由心理学家进行行为面试。最后是一小时的小组面试，并由小组成员做出是否录用的最终决定。小组面试的常见问题包括：

- 你有什么狂热的爱好吗？这种爱好是怎么帮助你在工作中激励自己的？
- 你自己动手修好过什么东西吗？
- 描述自己是怎样学习一项新技能的——你是怎样做的？
- 讲讲工作中犯过的错。你是怎样纠正这个错误的？

·假如有位同事总是和你过不去，你会怎么办？

从这些问题中我们不难看出，面试的重点并不在具体技能（员工在工作中可以慢慢掌握）上，而是在候选人自我管理的才智和能力上。纽柯公司挑剔的招聘流程还充满了象征价值：新员工清楚地知道，自己要加入的组织不大一样，它对业绩标准的要求极高，它关心自己的团队成员。

交叉训练。纽柯会训练自己的团队成员驾驭多个岗位，而不是专门从事一项单一的任务。以布莱斯维尔工厂为例，熔炼车间的新员工需要轮换多支团队，包括高炉团队和铸造团队等等。这会帮助新员工对整个生产过程形成整体认识，提高解决跨领域问题的能力。在纽柯的很多工厂里，员工可以在休息时间接受其他岗位的培训，公司会为此付给他们工资。在通常情况下，一年中会有20%的员工接受某种形式的跨领域培训。对初级岗位的员工来说，这个比例通常更高。

在纽柯，最快的晋升方法是轮岗——调到不同的部门，甚至调到不同的工厂。原来的销售人员在发货部门工作，或者高炉操作员在维护部门上班，这些都是极为常见的现象。仍然以布莱斯维尔工厂为例，工作5到6年的员工一半以上至少完成过一次部门轮岗。纽柯的内部人才市场为轮岗带来极大的便利，它能帮助人们看到公司内部每一个开放岗位。

向员工开放多种多样的技能和岗位，这是一种双赢的做法。对个人来说，节奏的变化、工作的不同和同事的变换让工作变得更加有趣。如此一来，纽柯收获的团队更有能力解决跨专业的复杂问题。

培养商业思维。多数企业只会在极为狭窄的技术课题上为蓝领工人提供培训，纽柯则不然。这家企业下大力气提高团队成员的商业思维。纽柯认为，要想改善员工的业务，首先要帮助员工理解业务。作为培训的一部分，纽柯的员工要参与一种名为“钞票与吨位”的游戏。这个游戏要进行一整天，类似于“大富翁”游戏。每5名学员组成一个小组，每个小组模拟一家纽柯工厂。各个小组决定以什么价格采购多少废铁，招聘多少员工，何时投资引进新设备，提高产能，等等。在游戏结束前，每个团队都要接受评估，主要指标包括盈利能力、资产回报率、营运资金管理和资产负债表的实力等等，这些都是事关工厂业绩的关键驱动因素。

纽柯在整个组织范围内提倡深入的商业思维，这让公司各级决策的质量达到了最优，缩小了一线员工和精通商务的管理者在认知上的差距。

鼓励个人发展。许多企业把一线员工当成可消耗资源，纽柯不会这样做。纽柯的每名员工都有自己的个人发展计划，并且勾画了5到10年职业发展目标的大致轮廓。一位部门经理指出：“我们总是努力寻找员工希望做得更好的事。有人希望快速成长，有人没有这样的期待。无论如何，我们都会努力让员工处于离成功最近的有利位置。”

协作：打造社交网络

在大多数组织里，跨部门协作是总部员工的事。他们负责发现机会，完成实践的标准化，分享资源，共同追求新举措。纽柯的跨部门协作是自下而上的，纽柯的一切都是自下而上的。在没有自上而下的指示或者指示极少的情况下，一张细密、横向连接的网络把天各一方的分部紧密联系在一起。

学习交流。每年，纽柯的团队成员都会走访兄弟工厂，完成数千次的“佳绩”之旅。走访期间，纽柯的同人会分享运营方面的专业经验，解决共同存在的问题。当希克曼工厂正式立项，减少其钢板产品厚度时，一位来自肯塔基州根特工厂的铸造工人特地赶到希克曼，分享根特工厂在设计类似变革时的成熟经验。大多数“佳绩”之旅只持续几天，如果技术难题特别突出，也有可能延长几个星期。

纽柯还会定期组织工厂间的活动。工厂经理每个月聚会一次，部门经理每半年聚会一次。除此之外，纽柯还会组织一线员工的年度聚会。这些活动需要投入相当多的时间，还要舟车劳顿，但是纽柯相信，这是传播专业技能、解决新问题的最佳途径。一位来自希克曼工厂铸造团队的员工这样形容它的益处：“我们与人打交道，并为此投入，我们建立关系、创造机会，这样做的目的是进步和提高。每次走访都会产生大量的创意。每当我回到工作岗位时，我都会充满力量，迫不及待地想尝试新的想法和做法。为此投入的时间是否值得？这根本不是问题。人们每次都会满载而归。”

自发式网络。一旦确定了持续协作的需求，分部就会自发为此组织团队。通常情况下，为了保证大客户的稳定供应，全美的定价安排由来自13个标杆工厂的销售经理共同决定。有些团队是特事特办的临时组织，有些是长期存在的。例如，一个由一线团队成员组成的原材料和零配件采购协调网络就是长期的。多数自发式网络一开始都是非正式的，其中能够创造价值的网络会慢慢变成半永久组织。

跨界融合。工厂经常共享机会线索，协同拓展新业务。其中最典型的例子是进军汽车市场时的一次联合行动。柔性高级钢是汽车厂商用在发动机配件和车身钣金上的原材料。10 年前，纽柯还没有能力生产这种产品。当时，纽柯有好几家工厂瞄准了汽车产业这个极具吸引力的市场，但是，单独来看，要实现如此巨大的飞跃式进步，每家工厂都不具备足够的技能。意识到这一点之后，纽柯几家工厂联合起来，共同攻关。

每家工厂为此都成立了跨部门团队，罗列出必要的技能和技术。团队聘请了冶金专家，并与当地的大专院校建立合作关系，共同探索新的生产方法。通过定期的跨团队会议和频繁的“佳绩”走访，汽车项目开始粗具规模。由各工厂团队组成的非正式团队解决了技术难题，建立了市场策略，分配了生产责任。如今，纽柯每年为汽车厂商输送超过 150 万吨钢材制品，这就是基层协作力量的绝佳证明！

高透明度。纽柯的协同作战能力建立在透明的基础上。公司政策鼓励团队成员“分享一切”。每名员工有权了解详细的绩效指标情况，包括生产吨数、每吨成本、作废吨数等等。商务数据同样向每个人公开，包括招投标情况、订单、库存、出货量、资本收益——所有可能与业务运营相关的数据应有尽有。这些数据大多是实时更新的，同时，每家工厂每个星期也会在大门口或食堂等显眼处张贴业绩数据。

纽柯公司彻底的透明度带来了分部之间的健康竞争，推动了工厂之间“友谊第一”的大比武，在兼顾安全和效率的前提下，各个工厂铆足了劲儿，力争第一个完成既定生产目标。这也让人们更容易发现表现卓越的工厂和做法，为它们戴上“佳绩”的桂冠。

投入：创造信任的环境

充满信任的环境能让人加倍投入。想要团队成员全力以赴地投入工作，首先要让他们感到自己是在一个崇尚公平、诚实和忠诚的组织里工作。可悲的是，大型企业中的信任常常是一种稀缺商品。安永2016年的一项全球调查显示，参与调查的1万名员工，只有不到一半的人对自己的同事或整个公司“足够信任”。[6]

与此形成鲜明对比的，是纽柯的团队成员把公司称为“集体”或“大家庭”。约翰·费里奥拉在2013年至2019年担任纽柯公司首席执行官。费里奥拉说过：“纽柯公司不存在指挥链条，相反，我们只有信任链条。”

我们在上文提到的许多做法都是提升信任度的：确保创新成果得到公平分享的薪酬制度；投资个人发展，创造互惠的忠诚度；彻底的透明度把人们紧密团结在目标周围。除此之外，纽柯还有很多重要的做法同样提高了信任度。

职业安全感。2000年至2018年，钢铁行业的裁员总数达到40%。[7]可是纽柯的工厂从来没有解雇过员工，一个都没有。这真是了不起的成绩。纽柯本来可以随行就市地裁员，但它没有那样做，因为那违背了公司长久以来对员工的承诺：“今天你善待工作，明天工作善待你。”每当订单量大幅下降时，公司都会选择减少每周的工作时间，而不是裁减工作人数。虽然这样会减少工人获得周奖金的机会，但是，对大多数员工来说，这远远好过下岗再就业。纽柯极少关停工厂或者缩小工厂的规模。即便发生了这样的罕见情况，工人们也会得到去其他工厂的工作机会。

费里奥拉说，公司历史上唯一亏损的一年是2008年。当时，公司如果选择裁掉一小部分员工，就完全可以避免亏损的发生。但是，他和其他公司高管根本没有考虑这个选择。他说得太好了，纽柯各地的团队帮助公司成为生产工艺自动化的领头羊，因为没人担心自己的工作会被人工智能取代。

不设身份象征。纽柯不设身份地位的象征，这和竞争对手的做法大不一样。竞争对手会为管理者准备特别颜色的安全帽（有家公司甚至为首席执行官准备了镀金安全帽）。和其他公司的高管不同，纽柯的高管放弃了优渥的特殊待遇。他们不享受公车、乡村俱乐部的高尔夫会员待遇，更不可能乘坐公司专机游山玩水。

公司的许多福利都与高管无缘，例如分红计划、奖学金计划、员工持股计划和服务年资奖等等。因为不存在身份地位上的区别对待，人们之间的沟通往往坦率而直接。纽柯没有高高在上、指手画脚的领导者。

逆向责任制。尽管纽柯不设正式的层级制度，但它对反向责任制度的投入是其他大型企业里少有的。这反映了肯·艾弗森“权力应该向上渗透，而不是向下渗透”的理念：“管理者的权力是员工赋予的。我们看到，有的总经理不能有效地领导员工完成雄心勃勃的工作目标。每当发生这样的情况时，我们会说‘员工们炒了总经理的鱿鱼’。这和一支足球队不再信任主教练的道理十分相似。究竟应该解雇谁？一名教练，还是整支球队的球员？”[8]

纽柯的团队成员直接参与团队主管和经理的选择。纽柯还建立了下情上达的正式流程。希克曼工厂的一位团队主管说："如果你的调查评估分数很差，你就完蛋了。"总部管理者经常下工厂，召开群众大会。基层员工可以在这些晚餐大会上畅所欲言。一位工厂经理说："只要出席会议的员工没讲完，这些晚餐会议就不会结束。每当这时，我都觉得自己像是在过堂。我必须打起十二分精神，员工提出的问题是无法蒙混过关的。"

全员分红。纽柯的分红计划是提高投入度的另一项有效机制。公司每年至少为此投入 10% 的税前利润。2018 年，纽柯为此投入了 3.08 亿美元，相当于每位员工获得 1.2 万美元。分红的一小部分通过现金形式发放，其余部分存入退休金账户。对许多员工来说，退休金是他们最大的金融资产。

勇气：行动的自信

和竞争对手相比，纽柯的生产线工人拥有不可思议的权力。团队主管负责支持每个轮班团队，他们更像师父，而不是上司。但是，真正负责设定生产目标、分派工作任务、履行安全及质量标准、解决生产故障的，仍然是一线团队员工。这些决策的经济影响可能有几万甚至几十万美元。

除了对生产过程的把控，这些团队还有以下这些决定权。

人员计划和同伴支持。排班和出勤由生产团队负责管理。以布莱斯维尔工厂为例，工人们决定把（每星期）5 天 8 小时轮班制度改成 4 天 12 小时制，他们不需要取得管理层的批准。[9] 当同事的工作业绩出现下滑时，首先介入的也是团队伙伴。他们会找到业绩下滑的原因，解决其中的问题，通常不需要团队主管的帮助。

员工团队还负责个人的职业发展。团队成员会通过年度调查的形式相互提意见，这些年度调查主要关注绩效、安全、可靠性和领导能力等几个方面。虽然同伴评价不会直接影响每个人的薪酬，但是它能让每位员工清楚地认识到自己在团队中的声望，它还会成为轮岗、升迁和特别任务派遣的参考信息。成为同伴心中最可靠的人，这激励着每名员工做出最好的表现。一位布莱斯维尔工厂的高炉工人说："每天都需要抖擞精神。"

资本支出。纽柯的生产团队拥有一定程度的财务自主权，这是整个钢铁行业前所未有的。团队成员有权定期发出价值数万美元的采购订单，不需要工厂领导审批。在发出订单之前，团队成员大多会咨询同事，但是这样做的目的大都是征求参考意见，而不是获得批准。

采用新技术。纽柯始终不断地发挥技术优势，为自身经营创造竞争优势。负责一线操作的员工同样深入参与这一决策过程。

前文提到过希克曼分部价值 2.3 亿美元的扩建工作，这一举措的初衷是帮助工厂使用滚轧机设备，这种设备能在几种不同规格的产品之间切换，切换时间只需要几分钟，而不是几个小时。这个项目的负责人是杰伊·惠勒，他做过维护工程师。项目团队中既有操作工人又有管理者。在走访了欧洲和亚洲的几家设备供应商之后，他们来到维也纳，和当地一家厂商会谈。会谈期间，为了更好地理解纽柯的需求和限制条件，厂商的工程师们提出一些问题。惠勒后来回忆说，那几位奥地利工程师发现，他们提出的问题并不是由纽柯的管理者回答的，而是由一线员工回答的。这让他们感到大惑不解。

依靠操作者采购和部署新技术，这背后的逻辑在纽柯同人看来十分明显。毕竟，只有身处业务最前端的人才看得最清楚：想要成功，哪些事非做不可。

与客户互动。如果不是身处销售或技术支持岗位，大型工业企业的一线员工很少有机会和客户直接互动。纽柯是个例外。从吊机操作员到叉车司机，纽柯工厂里的每个人都非常熟悉自己的客户。生产团队会定期走访客户，这些走访被称为“从一线到一线”的会见。例如，纽柯工厂团队会用一天的时间走访汽车工厂，和负责把钢板加工成汽车零件的生产团队交流经验。来访团队会向东道主团队提出许多问题：你们的设备如何处理我们的钢板？和竞争对手的产品相比，我们的产品表现如何？我们有什么地方可以改进提高？这样的对话不仅激发了海量的想法，还在纽柯团队与客户之间建立了联系，以确保未来出现的问题能被快速解决。

不断试验。纽柯的员工不断试验新的生产技术，他们既有这样做的动力，也有这样做的自由空间。结果，纽柯成为一家人人创新的企业。在一个案例中，一位布莱斯维尔熔炼车间的员工用几年的时间完成了钢包的重新设计，钢包就是把钢水倒入铸造机的那个巨大容器。通过一系列试验，这位员工重新设计了炼钢炉衬壁，新的衬壁材料有更强的耐腐蚀性。这种新设计把钢包的可靠性提高了一倍，同时把故障停机时间和维护费用减少了一半。类似的试验遍布整个纽柯，它们是这家公司竞争优势的核心所在。

尽管纽柯被视为全球最有创新能力的钢铁公司之一，但它并没有中心研究机构，也没有首席技术官。但是，就像费里奥拉说的那样："说纽柯缺少研发部门是不完全正确的。我们确实有这个部门，人数多达 2.6 万。"

授权会带来一定程度的个人风险——万一你搞砸了怎么办？在规章制度至上的文化里，这样的风险当然没人肯碰，但是，纽柯公司对"动脑子"的失败容忍度极高。费里奥拉说："我们鼓励大家，不要害怕失败。如果害怕失败，我们就不可能扩展自身知识、想象力和技能的宽度。在纽柯，人们常常能听到一位经理或团队主管对新员工说，'你如果从未失败过，就证明你没有真正挑战过自身能力的极限'。"

人本主义精神

纽柯管理模式的宗旨是实现创造力、能力、协作、投入和勇气的最大化。这些人性化的特征与行为是它成就非凡业绩的关键，这一点绝非偶然。纽柯的模式并不是推动员工完成更多工作，而是创造机会让员工成为更好的自己——不要仅仅做一名蓝领工人、执行命令的木偶、操作员或员工。纽柯的一线团队成员是专家、创新者、冒险家和主人翁。

纽柯明白无误地证明了，无论是什么行业，每份工作都可以成为最好的工作。

我们在第 2 章揭示了官僚主义的基础：层级化、标准化、专门化和形式化。纽柯的模式挑战了这一管理正统的每个方面。

层级化。纽柯建有正式的层级体系，但是这家公司的层级化程度低于绝大多数同等规模组织——更少的级别、更少的管理者、更少自上而下的命令。纽柯的一线员工在选择自己的领导者时拥有足够的决定权，他们的意见足够重要。这样一来，纽柯相当于把管理工作交到了一线员工手上。纽柯没有阶级制度，更没有所谓劳心者与劳力者的分别。

标准化。强制实施的标准化会阻碍创新，把员工变成工作机器。因此，纽柯没有选择自上而下地强行执行标准化。每家工厂有权开发自己的流程和制度。纽柯不会为了整齐划一而强加一致性，也不会设计僵化呆板的政策，把公司变得更加同质化，更方便自上而下地进行管理。恰恰相反，业绩数据的透明度和成为更好的自己的共同热情，让最前沿的做法在纽柯公司迅速传播开来。纽柯的各种生产流程会在有意义时自然聚合，而在没有意义时则不会。

形式化。每个组织都离不开某种程度的结构化——团队、职能部门和运营单位之间的边界。尽管纽柯公司拥有近 100 家分部，但它并没有出现诸侯林立的局面。同样是获得协同效应，纽柯并没有运用公司制的分组法——规划部、市场营销部、销售部、研发部等等，而是选择依靠社交网络的力量。和标准化方面的情形一样，团队一旦找到共同目标，协同合作就会有机地发生。协同是合作的产物，而不是集权的结果。

专门化。纽柯的团队成员不仅技能娴熟，而且身怀多项本领。共同的目标、交叉培训和灵活的岗位有助于解决跨界难题，这些难题一旦被解决，就会带来巨大的生产力提升。纽柯不存在“孤岛”，因此，关于团队成员在哪里做出贡献、如何做出贡献，根本不存在人为的限制。

最后一点，纽柯的成功无法归结为某一种体系或做法，如果非要从中总结出一条最重要的经验，它应该是：无论你所在的组织做什么、销售什么，真正重要的是培养人。正如纽柯同人常说的那样：“我们打造的不是钢铁，而是人。”

— 5 —

海尔

人人都是创客

近年来，初创企业几乎颠覆了全球每个行业，结果常常是传统企业受到的冲击最大。[1] 为了反击，咨询公司建议反应迟缓的客户将新业务隔离在专门的加速器中。但问题在于，无论加速器多么成功，它都不可能产生足够的回报，挽救老旧业务辉煌不再、日薄西山的命运。无论是咨询顾问还是其客户，他们都很少想到，也许可以把整个企业变成一个创业平台。对那些对官僚主义教条执迷不悟的人来说，一家大型企业是不可能像初创企业那样行事的，那是因为他们从未走进全球最大的家电企业——海尔。

认识海尔

海尔总部位于中国青岛，与之比肩的竞争对手都是我们耳熟能详的品牌，包括惠而浦、LG 和伊莱克斯等等。目前，海尔约有员工 8.4 万人，其中包括 2.8 万名海外员工。很多海外员工是通过并购加入公司的。迄今为止，海尔规模最大的一次并购是2016年收购了通用电气的家电业务。

海尔的年营收超过380亿美元，业务发展迅猛。在过去的几十年里，海尔核心家电业务的毛利润每年增长22%，业务收入每年增长20%。同时，该公司在新业务的探索中创造了超过20亿美元的市场价值。无论是在国内还是国外市场，任何一个竞争对手都无法与之比肩。[2]

海尔的成功源自其对传统管理模式的全面改革。这场脱胎换骨式的改革由张瑞敏——海尔公司锐意进取的董事局主席兼首席执行官——亲自挂帅，主要聚焦于三大目标：

1. 人人都是创客。
2. 实现员工与用户之间的“零距离”。
3. 把公司变成不断扩展的、以网络为中心的生态系统中的动力节点。

海尔这一系列目标体现为“人单合一”模式，即将为用户创造的价值与员工获得的价值紧密联系起来。“人单合一”模式在以下7个关键方面区别于传统的科层制。

从业务大一统到小微

大企业通常由几个主导业务组成，且各自形成了战略、客户和技术系统。这些庞大而统一的实体及其一元文化不仅让企业极易遭受非传统竞争对手的冲击，而且让其看不到新的发展机会。为了避免这些风险，海尔把整个公司分成了 4 000 多个小微，每个小微由 10 到 15 名员工组成。

海尔的小微共有 3 种类型。第一种是转型小微，约有 200 个，来自海尔的传统家电业务。这些面向市场的业务单元肩负着为以用户为中心的网络世界重塑自我的重任。面向都市年轻人的电冰箱品牌智胜就是一个典型的例子。

第二种是孵化小微，有 50 多家。它们属于海尔内部的初创企业，例如雷神，就是专门制造超快游戏笔记本电脑的小微。还有心厨小微，它推出的智能冰箱能把用户与生鲜食品配送服务等第三方连接在一起。

最后是节点小微，大约有 3 800 个。它们向其他面向市场的小微提供组件和设计、制造、人力资源支持等服务。其他节点遍布全国，主要负责销售和市场营销。

小微是张瑞敏实现“建立全球首个真正的互联网时代企业”的关键。这意味着，海尔不仅要开发依托互联网的产品，也要开创一种与互联网架构类似的组织模式。网络的多样性虽然令人难以置信，但是它是由共同的技术标准连接在一起的，这些技术标准使得网络空间畅通无阻，从而实现数据等资源的交换。海尔的模块化结构与之类似，既灵活又连贯。小微的形成和演进不需要海尔总部的指令，但它们会运用同样的方法设定目标，签订内部契约，实现跨部门合作。

从渐进式指标到引领目标

胆大无畏是每个成功的初创企业的标志。初创企业总是灵感大于资源，所以，创新是弥合二者差距的唯一办法。相比之下，老牌资深企业并不存在这样的张力。它们只需要比上一年做得稍好一些，和同行保持一致的步伐就够了。

海尔的每个小微都在追求雄心勃勃的增长和转型目标，这种目标被称为“引领目标”。引领目标不会把上一年的业绩作为本年度工作的起点，而是“自外而内”地设定增长目标。专门的研究部门会依据各个产品在全球各地市场的增长率为小微设立发展目标。中国市场的目标来自对数千个区域特定用户细分市场和产品类别高度细化、自下而上的评估。

转型小微的收入和利润增长速度要比行业平均水平快 4 到 10 倍，具体指标取决于它们所处的竞争地位。对海尔相对落后的产品类别和地区而言，小微的市场份额增长空间更大，目标也会定得更高。在海尔领先的产品类别和地区中，目标没有那么高，但仍然处于市场基线水平的数倍之上。

小微的引领目标还包括转型。每个面向市场的小微都要努力成为“生态”企业。第一步是大规模定制化。海尔在先进制造领域投入重金，如今大多数工厂都可以做到按单定制。下一步是提供可以产生经常性收入流的服务，把客户变成用户。例如，销售商用热泵空调的小微可能会向客户提供实时监控服务，帮助他们实现办公区域能源效率的最大化。

海尔最终的目标是建立平台，把用户和第三方服务提供商连接起来。最有代表性的例子莫过于“社区洗”。海尔在中国的 1 000 所大学里安装和维护 4 万多台联网洗衣机，开发了智能手机 App，学生们可以轻松地完成宿舍洗衣设施的预约、使用和支付。同时，外部供应商也可以通过“社区洗”接触App上的1 000多万用户。如今,“社区洗”平台还承载着其他几十种业务，例如送餐、配送宿舍家具等等，小微也可以获得其收入分成。“社区洗”团队把这一模式扩展到经济型酒店行业，还启发了海尔在日本和印度的小微。

海尔认为，成功的互联网企业实现数倍估值的唯一途径是在降低边际成本的同时，稳步增加用户群。目标是业务轻资本化，可变成本接近零。

海尔通过“双赢增值表”跟进每一个小微，获取重要指标的详情，例如产品开发中的用户参与度，海尔为用户提供独特价值的程度，生态系统收入的利润占比，等等。

节点小微也有自己的引领目标，并与外部标杆挂钩。例如，从事生产制造的节点小微也需要降低成本，缩短交付时间，提高质量，进一步实现生产设备的自动化，等等。

大多数组织是不撞南墙不回头的，只有遭遇挫败，它们才肯挑战陈旧的习惯。它们的变革是应激式的，而不是先发制人的。海尔的引领目标鞭策小微不断审视其核心假设。就像在初创公司一样，每个人都知道，太多的一成不变是行不通的。

从内部垄断到内部契约

在初创企业中，每个人的“老板”都是他们的客户。多数员工的业务和自己的经济利益直接相关，他们明白，创造价值的唯一方式就是让客户满意。与此形成鲜明对比的是，大型组织的员工常常与市场规律绝缘。他们工作的部门本质上是内部垄断，例如人力资源、研发、制造、财务、IT 和法务等等。这意味着，即使这些内部服务提供者效率低，不称职，他们也不会被解雇。内部关系受到命令、企业内部调拨价格、间接费用分配以及等级关系的制约，而不是由自由协商的合同来管理。结果就是平庸、僵化、低效。

海尔再一次彰显了其独特之处。每个小微可以自由选择是否与其他小微签订合同。通常，用户小微会与十几个或更多的节点小微签订合同。如果认为自己的需求可以通过外部供应商得到更好的解决，它们就可以选择与外部供应商签约。无论选择内部还是外部，协议的谈判都不会受到高层的干涉。

每个小微都会根据其目标考虑需要哪些设计、技术、生产和营销支持，随后让节点小微竞标，通常会有 2 到 3 个节点小微反馈，提出建议，并展开讨论。各方均可挑战现行做法，并通过头脑风暴提出新办法。例如，营销和销售节点可能会挑战生产节点，要求它们解决运往自己所在区域的产品的质量问题。

这个过程听上去有点儿缓慢复杂，实则不然，因为它是通过“事前算赢”实现的，也就是事先规定最低业绩标准和利润分成，这有利于减少协商中的阻力。协议一旦达成，人们就可以通过移动应用程序实时监测每个节点的目标完成情况。外部环境如果发生改变，协议条款就可以在一年内被动态优化——这也是为什么海尔倾向于使用“契约”而不是“合同”。一名小微主告诉我们，在过去的 18 个月里，他换过十几个节点小微。节点小微如果无法提供有竞争力的服务，就会面临破产。节点小微的很大一部分收入取决于其他小微的成功。

2019 年，海尔开始推动分销和制造等供应节点小微之间签订直接契约。这一改变是为了让供应节点对最终用户更加负责。初步结果非常鼓舞人心：在一个地区，更换故障冰箱零件的等候时间从 5 天缩短到 24 小时。

按照内部契约，节点小微的薪酬与其提供服务的面向市场的小微表现相关，所以，如果面向市场的小微未能达成引领目标，为其提供服务的节点小微就会受到影响。如此一来，每位员工的薪酬都与市场表现相连。张瑞敏指出："海尔不再是企业付薪，而是用户付薪。"这其实并不是一种夸张的说法，正像另一位海尔高管说的那样："海尔的每名员工都是靠市场吃饭的。"

海尔的薪酬模式有三大益处。第一，鼓励卓越。不奉行高水平服务的节点小微会失去内部客户。第二，所有人都可以围绕在创造优异用户体验这个目标的周围。某个用户小微一旦无法完成其目标，为其服务的所有节点小微就会迅速派出代表，帮助它解决问题。第三，最大限度的灵活性。当新机会出现时，面向市场的小微可以自由地重新配置内外部供应商的网络。

从自上而下的协调到自发协作

说到这里，你可能会问，一家拥有近 4 000 个独立运行的小微的企业是如何统一协调技术和设备投资的？它是怎样在不牺牲小微自主权的前提下做到协调一致的？

初创企业的协作是自发的。当问题出现时，人们会聚在一起讨论并解决。随着公司的发展壮大，内部团体纷纷形成，公司很难管理日益增长的相互依赖性。通常的应对方法是，由中心员工团队统一负责协调各个职能部门的战略和投资，例如市场营销、生产、采购和物流等。但这不可避免地造成了更高的中心化，更高的间接成本和更低的响应能力。

海尔的方法有所不同。在追求规模和范围经济效益时，海尔强调协同合作，而不是强制命令。每个小微都属于一个平台，平台负责人的职责是找到跨小微协作的机会。有些平台会把相似产品类别的小微聚集在一起，例如洗衣、冰箱或视听产品等等，其他平台则专注于共有能力的打造，例如数字营销、大规模定制等等。通常情况下，一个平台由 50 多个小微组成。图 5-1 是冰箱平台示意图。

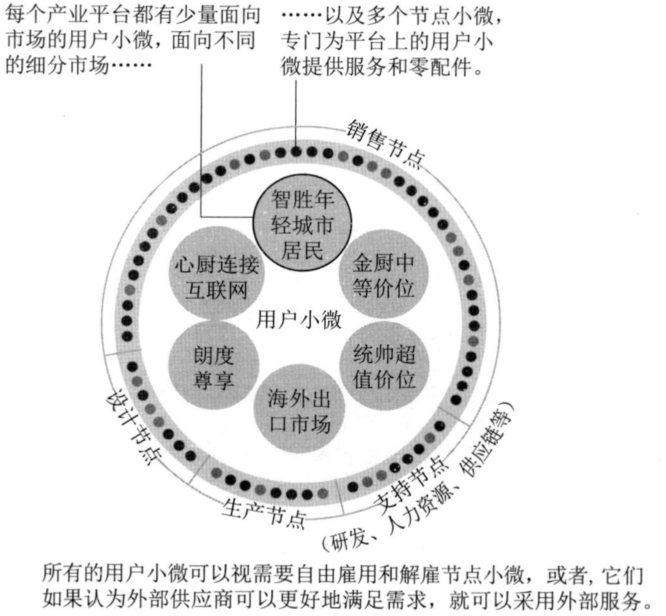

图 5-1　海尔冰箱平台

平台负责人的职责包括：

- 把各个小微产品组合的重复性降到最低
- 帮助小微寻找机会使用通用组件
- 协调重大技术及设备投资
- 协调小微与外部业务合作伙伴之间的互动
- 协助传播最佳实践
- 与其他产业平台协同合作

最关键的是，没人需要向平台负责人汇报工作，平台负责人也不属于高管。这样一来，平台负责人如何发挥其影响力呢？主要依靠把小微整合起来，帮助他们在共同利益领域里建立战略，例如打造物联网智慧能力，创造可以相互交流的产品，等等。平台负责人的责任在于促进协作，而不是强迫协作。前冰箱平台负责人吴勇说："我不一样，我没有高高在上、发号施令的权力。"

协同合作的一个典型例子就是无霜冰箱的转型，它需要生产设备的升级改造，造价不菲。作为平台负责人，吴勇和用户小微还有生产节点共同制定战略，完成了必要的变革。回忆起当时的方案，吴勇表示："我只是负责平台搭建，真正制订并落实计划的是整个小微团队。"

平台负责人需要通过发展新的小微实现平台的发展壮大。2014年，在海尔成为全球智能家电领导者这个目标的鼓舞下，吴勇出资支持了一家生产联网冰箱的初创企业，也就是上文提到的心厨。除了开发产品，心厨还打造了一整套生态系统，帮助用户从合作伙伴网络购买生鲜食品，并在半小时内安排送货上门。在海尔，平台负责人既是创业者，又是连接者。

每个行业平台内部都有整合节点，平台负责人的工作得到了这些节点的支持。整合节点帮助小微从海尔其他部门引入技术，寻找共同投资新方案的内部合作伙伴。和平台负责人一样，整合节点更多是鼓励协同合作，而不是强制贯彻一致性。

小微还可以依赖专业平台提供的技术。其中最有代表性的是智能制造和市场营销平台，这两个平台的员工都不到100人。制造平台的最大节点为大规模定制提供了技术支持。另一个节点——智能工程节点——负责帮助公司完成先进生产工具的部署工作。

营销平台的主要作用是为小微提供用户信息。尽管每个用户小微都会通过自身的社交媒体渠道搜集大量信息，但营销平台的大数据节点能整合来自海尔公司网站和公司内外其他信息源的信息。其理念是挖掘跨业务的洞察力，打造前瞻模型，帮助小微响应新兴用户的需求。例如，提醒洗衣平台的各小微，一位用户购买了一台冰箱和一台烤箱，也许正在进行装修，可能需要购买新的洗衣设备。

尽管营销平台和制造平台会制定标准——例如品牌视觉效果和工厂自动化软件，但它们不会发布命令。这些平台和其他小微一样，内部客户的成功与它们的财务利益息息相关。

内部合作的另一助力来自海尔对用户共同负责的做法。例如，有几家小微听说海尔的智能产品无法交互使用，于是聚在一起，制订了一个宏大的计划，把心厨变成了公司联网设备的通用技术平台。如此一来，其他小微也会为心厨贡献用户调研和支持性技术。这一非正式团体就是如今海尔所称的“生态系统微社区”的雏形。海尔的“食联网”社区就是一个例子，它包括多个产品平台的众多小微，数以百万计的用户和数百家合作伙伴，例如在线购物网站、有机食品供应商。

在大多数企业里，协作意味着中心化，但海尔是个例外。张瑞敏相信，最好把权衡交给距离用户最近的人，让小微自行选择什么时候协同作战，什么时候单打独斗。

从界限分明到开放式创新

初创企业往往是开放式的。它们在开发初期就和用户接触，为的是创造良性循环，通过日益扩大的用户群体获得持续的见解，以此提高产品和服务，吸引更多的用户。在初创企业中，用户是共同创造者。

初创企业资源有限，因此不得不创造性地利用外部资源。相较于内部扩张，初创企业往往会选择从云服务供应商那里购买关键服务，并会经常依赖于谷歌和脸书开展市场营销。只要情况允许，它们会选择租用，而不是购买。

相比之下，科层制是封闭的系统。它们的内外之分鲜明而严格，极其注重保密性，不愿在关键环节引入外部合作伙伴。这种封闭系统的问题在于缺乏适应能力——它会日益萎缩。意识到这一点之后，海尔将自己的定位从一家企业转变成网络中的节点。这种观点的影响极其深远。

首先，海尔的每种新产品或新服务都是开放式开发的。例如，海尔决定打造一款新的家用空调，它首先通过社交媒体网站调研用户的需求和偏好，很快就收到了 3 000 多万份回复。项目负责人雷永峰对其中的70多万用户的痛点和他们对产品潜在功能的需求做了进一步了解。出乎意料的是，用户最大的担忧是罹患军团菌病。于是，降低军团菌病风险成了重中之重，它让海尔对风扇叶片的设计进行了重新思考。

其次，海尔建立了一个庞大的“问题解决者”网络，汇聚了来自全球的40多万名专家，覆盖了1 000多个技术领域。每年有200多个问题会发布在“海尔开放式创新平台（HOPE）”上。以雷永峰团队为例，他们在HOPE上寻求解决新型空调扇叶的设计问题。短短一个星期，他们就收到7种方案。最终胜出的设计模仿了喷气式涡轮风扇发动机，设计者来自中国空气动力研究与发展中心。这款空调的设计一共得到33个科研院所的支持。2013年底，这款名为天樽的空调一经推出，立即引爆市场。

海尔为类似天樽空调的协同项目建立了“专利池”，供各个合作伙伴秘密分享发明创造。他们都很清楚，自己的技术一旦被采用，他们就会收获相应的奖励。为早期设计过程做出贡献的供应商也会在正式供应商遴选时得到优先考虑。

海尔把产品开发过程转到线上，将产品从概念到上市的时间缩短了70%。从初期关于用户需求的讨论，到整个流程的完成，各个生产和设计节点、用户小微、潜在用户和业务合作伙伴始终在协同合作，并肩作战。

海尔坚持开放性的第三点体现在通过众包支付开发成本上。这在一定程度上也是对公司“零营运资金”的反映。根据这一政策，新项目在得到用户的认可之前，公司不会为其提供太多资金。“空气魔方”就是个很好的例子。这款革命性的产品创造性地把加湿器和空气净化器融为一体。在这款产品的构思阶段，80 多万名热心用户在线上提出了建议。原型机刚一就绪，就被放在一家热门众筹网站上，有 7 500 人选择购买产前样机。他们的反馈意见让海尔在空气魔方正式发布之前做出了进一步的完善。

海尔首席财务官谭丽霞对公司开放式创新的思路总结如下：“公司边界并不重要。只要你能帮助我们为用户创造价值，你是不是公司员工就变得不重要了。”

从恐惧创新到内部创业

科层制与初创企业的基因不同，前者的本质是保守的。《彼得原理》的作者劳伦斯·彼得讽刺道：“官僚主义在‘现状’过去很久之后还在为现状辩护。”为了对抗这种趋势，海尔把整个组织变成一座创业工厂。五十几家创业孵化小微已经占到海尔市值的 1/10，涵盖各个领域，从一家专为小微提供贷款的金融科技初创企业海融易，到帮助农户把产品直接交到数万个社区的消费者手里的日日顺乐家快递柜网络。（关于海尔如何打造新企业的更多信息，可以参考下文“一个小微的诞生”。）

一个小微的诞生

2013 年 5 月，路凯林和他在海尔的另外两位同事决定打造一款功能强大的游戏笔记本电脑。当时，3 个人刚刚从大学毕业，每天会花很多闲暇时间和朋友们玩电脑游戏。这 3 位年轻的游戏迷想到的问题是，怎样把自己对游戏的热情倾注到业务中去？他们对这个业务的前景无比看好，随着居民收入不断增长、技术成本日益降低，在线游戏需求会不断激增。另一方面，3个人感觉市面上的游戏笔记本电脑不能很好地满足硬核游戏迷的需求。

这个团队先是认真研究了网上关于游戏笔记本的3万多条评价。海尔及其竞争对手提供的笔记本电脑问题很多：动力不足、屏幕质量参差不齐、面向商务用户的设计过于呆板等等，这让包括他们在内的资深玩家头疼不已。路凯林和他的同伴一共总结了13条用户痛点，并留言邀请了当时海尔平台（包括笔记本电脑）负责人周兆林，希望能开会研究一下。一开始，周兆林有些怀疑："这三个年轻人带着一台又大又重的15英寸[①]笔记本电脑来到我的办公室——我们一般只销售11英寸或13英寸的便携电脑。我当时的第一反应是终止这个项目。"但是他随后发现，这真的不是他能决定的。周兆林说："说到做决定，我们必须把权力交给用户和创业者，而不是管理者。"周兆林为这个团队提供了一笔并不算多的种子资金（180万元人民币，约合27万美元）。周兆林和路凯林团队达成了一致意见：只有成功地通过市场的检验，海尔才有可能提供进一步的资金支持。

有了启动资金，团队开始设计和制造海尔历史上第一台游戏笔记本电脑。雷神游戏本的早期设计和生产工作得到包括一家台湾制造商广达在内的外部合作伙伴的指导和支持，这家制

① 1英寸=2.54厘米。——编者注

造商为戴尔、惠普等企业代工生产电脑。2013 年 12 月，也就是这家新企业成立的短短 7 个月之后，雷神的首款产品已经准备好上市。首批 500 台雷神游戏本在中国电商平台京东发售。不到 1 分钟，这些色彩亮丽、设计前卫大胆的游戏本就被抢购一空。几个星期后，第二批 3 000 台雷神笔记本电脑上架，不到 20 分钟就被抢购一空。

有了早期的成功，该团队在 2014 年第一季度制订了详细的商业计划，并在 4 月收到海尔公司 120 万元的追加投资，同时他们自掏腰包投入 40 万元，取得了 20% 的股份。后续几轮投资者还包括几家风险投资企业。2017 年 9 月，雷神在中国的新三板（NEEQ）上市，IPO（首次公开募股）估值为 21 亿元（约 1.8 亿美元）。时至今日，这家公司的市值翻了近一番，预计很快会登陆中国的主板交易市场。

雷神科技现有 110 名员工，已经成为中国电子游戏笔记本的龙头企业，并在亚洲其他市场取得了很大的发展。雷神效仿母公司的做法，孵化了自己的小微，包括游戏视频直播业务（该网站的日访问量已经达到 300 万）、组织电子竞技团队和赛事的专门平台，还有专注于虚拟现实技术和其他游戏外设的小微。

海尔发布新业务有 3 种形式。第一种，也是最常见的一种，是内部创业者在线发布一项新创意，邀请人们完善初期商业模式。张翼就是通过这种方式发布了日日顺乐家的最初创意的。当时他还是一名售后服务经理。第二种，平台负责人就潜在未开发的机会邀请人们提出方案。第三种，海尔每月在中国各地开展路演。创业者可以在此期间向平台负责人和海尔投资及创新平台成员推销自己的创意。

每一家孵化小微都是独立法人，部分资金来自创始团队成员。海尔发现，内部领导者可能并不是判断新创意优劣的最佳人选，因此，海尔会要求创业团队在获得内部资源之前先获得外部风投。不久前，在14个新孵化的小微中，9家是在取得外部投资之后才获得海尔投资的。尽管如此，这并不影响海尔在它的众多初创企业中占多数股份，因为它通常会运用预先设定的估值公式买下风险合伙人的全部股权。

孵化小微和海尔内部其他小微一样，也会和节点小微签订契约，获得开发、分销和行政支持。公平的契约让羽翼未丰的小微有机会利用海尔的规模效益和议价能力，同时又可以避免官僚主义带来的风险。

海尔深知，找到下一个10亿美元量级商机的唯一方法就是支持大量的初创企业，放手让它们自由追逐梦想。海尔的一位风险投资合伙人这样解释："小微就像侦察班，不会放过战场上任何的风吹草动，并找到最有发展前途的良机。它们仿佛组成了一个庞大无比的搜索部门。"

从员工到主人

初创企业的员工会像主人翁那样思考和行动，因为他们中的大多数人是公司股份的持有者。团队成员享有极大的自主权，就算出现问题，也不需要去责怪谁。初创企业的竞争优势来自这种充满希望的前景和自主权的组合。难怪海尔始终在自己的管理模式中寻求这些优势。

海尔小微作为独立的运营单元，在以下 3 个方面拥有自主权。

· **决策权**：决定抓住哪些机会，确定优先级，建立内外合作伙伴关系。

· **用人权**：聘用人才，确定岗位职责，界定工作关系。

· **分配权**：自主设立工资和奖金标准。

在享有这些权力的同时，海尔小微也要承担相应的责任。引领目标会被分解到每个岗位，生成具体的周目标、月目标和季度目标。这样可以很容易看清哪些人的工作表现优秀，哪些人不够优秀。和大多数初创企业一样，小微的基本工资很低。获得额外报酬的机会与以下 3 种业绩目标挂钩：

· 基准目标：小微的季度销售额和收入增长率超过基准目标，团队成员就会获得与超出部分相对应的奖金。

· 对赌目标（VAM）。如果小微完成了季度基准目标和引领目标之间的中位目标，也就是对赌目标，团队的奖金就会翻一番。员工也可以选择把自己的资金投入特设的投资账户，通常金额为 1.5 万元（约合 2 200 美元）。如果团队在接下来的季度完成了对赌目标，这笔投资会获得 100% 的分红。

· 年度对赌目标。小微团队如果连续 4 个季度实现对赌目标，就有资格参与利润分成。超出年度对赌目标的利润将被作为基数，其中的 20% 会以奖金的形式分配给小微团队，30%

会划作下一年度的奖金。如果小微团队完成了引领目标，利润分成就会等比提高，有时会超过 40%。

这种奖金、分红和利润分成的组合让员工有机会拿到多倍于基本工资的薪酬。团队成员和小微如此利益攸关，难怪他们容不下无法胜任的领导者。如果小微连续 3 个季度无法达到基准目标，小微主就会被更换。如果小微完成了基准目标，但是未能完成对赌目标，只需要 2/3 的票数通过，团队成员就可以罢黜现在的小微主。

新的小微主通过竞聘产生。通常会有 3 到 4 位候选人，他们要向小微团队成员展示自己的计划。小微团队有时会淘汰所有的候选者，进行第二轮遴选。

业绩欠佳的小微主还要面临被强制接管的风险。在海尔，只要认为自己能更好地管理这支陷入困境的团队，他（她）就可以游说其团队。所有小微的业绩数据在整个公司是完全透明的，人们总是很容易就能发现接管的良机。如果后来者的计划足够令人信服，小微主就会换人。这在原则上与业绩糟糕的公司被竞争对手或私募基金公司接管并没有区别。但是，绝大多数企业并不像海尔那样拥有可以控制的内部交易市场。

通向人单合一之路

海尔和阿里巴巴或腾讯这种中国新经济时代的明星企业不同。30 年前，它还是一家濒临绝境的集体所有制企业，当时其产品质量还让人难以信赖。如今，海尔已经成为成熟公司挑战官僚主义权威结构，避免规范阻碍实践的成功案例。有谁能想到，在这样一家庞大且不断扩张的全球企业中，一线员工和首席执行官之间居然只隔两个管理层级。

在同等规模的组织中，海尔的管理方式或许是最激进的。然而，革命性的做法并没有让海尔立于不败之地。和所有组织一样，地缘政治力量和人类的弱点足以将任何一家企业置于风险中。尽管如此，海尔的成功启发我们，无论是在硅谷还是在其他专门的孵化中心，我们都不应该把创业的想法同特定地区的概念混为一谈，同时也不应该假定创业是小型、年轻组织的独有专利。大型跨国企业同样拥有能力卓越的创业者，他们和帕洛阿尔托车库里的创业者同样出色。

然而，就像张瑞敏说的，从官僚主义转向人本主义的道路是曲折的，它注定巨石密布、荆棘丛生。人单合一已经酝酿了10年之久。这家公司从2010年开始尝试小型、创业型销售和营销团队概念。一年后，它在生产领域引入自组织团队。这些早期试验充满了指导意义。一开始，内部契约带来很多问题。团队之间的协商往往旷日持久，火药味十足，因为每支团队都想寻求自身成功的最大化。解决方案就是制定条款，把员工薪酬同市场业绩关联起来，从而减少摩擦，统一队伍，把零和博弈变成为用户创造价值的共同追求。

并不是所有的变革都来得如此轻巧。在实现人单合一的过程中，超过1万名中层被调岗或解聘。同时，海尔赋权几千名新的小微主，并在快速扩张的生态系统中创造了数以万计的新工作岗位。

张瑞敏经常提醒自己的同事，复杂体系是不可能自上而下地被设计出来的。它只能通过试验和学习这一不断迭代的过程逐渐成形。每当被问到海尔如何加速完成转型时，张瑞敏都会给出一个简单的答案："更多地去尝试，更快地去复制最成功的样本。"

张瑞敏深知，要发展成为浑然一体、历久弥新的组织，这些试验就必须遵循深刻的原则。凝聚了近 3 000 年中华智慧的《易经》为张瑞敏指明了方向。张瑞敏指出：

> 根据《易经》，人类活动的最高境界应该是"群龙无首"。在中国文化中，龙是最神通广大的动物。如今，海尔的每一个小微就是一条龙，它们充满力量，能力超群。这些龙并没有一个总首领。它们在市场上自由开展业务，不需要领导者的统一指挥。这正是人治的最高境界。正所谓"群龙无首，天下治也"。

张瑞敏还在 19 世纪德国著名哲学家康德的著作中找到另一座灯塔——"绝对命令"的主张，张瑞敏认为，永远不应该简单地把人视为工具。在一次与本书作者的交流中，张瑞敏在提及海尔的愿景时也回应了这一点："我们鼓励员工成为创业者，因为人不是实现目的的手段，而是目的本身。我们的目标是人人都可以成为自己的首席执行官。"海尔有那么多首席执行官，他们把人的尊严和能动性奉为组织哲学的圭臬。如果你想实现人本主义，这样的组织哲学是唯一正确的选择。

第三部分

人本主义原则

以人为中心的组织具有怎样的基因?

— 6 —

实践之上的原则

像纽柯和海尔这样的积极偏离者挑战了“大型人类事业部门绕不开官僚主义”这一假设，但是，这两家企业还算不上人本主义完善发育的样本。不仅如此，它们还会告诉你，它们的体系和流程并不适合全盘输出。让这些企业成为楷模的并不是它们独树一帜的做法，而是产生这些做法的独特信念系统。向这些公司和其他先驱企业取经，就像和老虎伍兹学习打高尔夫球。挑战并不在于模仿他的挥杆技巧，因为这些技巧特别适合老虎伍兹的独特体形，而且是不断演变的，真正的挑战在于学习他储备体能的做法和他的坚决果敢。它们才是帮助老虎伍兹赢得 15 个大满贯的真正秘诀。

在对标其他组织时，我们经常会问，它们的做法有什么不同之处？但是，当我们向一家几乎各个方面都不一样的企业学习时，我们提出的问题应该是，它的想法有什么不同之处？

是什么样的信念和原则驱使肯·艾弗森建立了一家企业，给予团队成员前所未有的自由，支持他们不断学习和成长？为什么张瑞敏要挑起一副看似不可能的重担，把一家老旧的制造企业变成创新创业的温室？做一名先驱者殊为不易。因为没有先例可循，唯一能指导方向的只有我们关于人、组织和成功的世界观。

张瑞敏的世界观是以人的巨大力量为中心的。他和晨星公司的克里斯·鲁弗都相信，最好的组织会给人类最大的自由，让人们去超越，去成为出类拔萃的人。肯·艾弗森的世界观是围绕日常智慧展开的。他认为推动企业进步的力量并非管理者，而是员工。如果你也这样想，并且全心全意地相信这一点，官僚主义就不会是你抱怨的对象，而是你要消灭的敌人。

一个问题在人们眼中的重要程度，甚至是否成为问题，取决于人们的世界观——人们的信念范式。例如，如果你认为人类肩负着成为自然环境守护者的神圣职责，那么你可能会非常认真地对待气候变化带来的威胁。相反，如果你把地球看作短期收益的资源宝库，那么环保主义对你可能一钱不值。人本主义也是一样的道理。如果你的世界观是珍视人类的自由和发展，你就会视官僚主义的非人面为仇寇，情不自禁地行动起来。反过来说，你如果把人看作生产要素，就会为官僚主义寻找借口，微不足道的改良也能让你心满意足。

世界观很重要——非常重要。然而我们中的大多数人通常只会用大量时间思考具体做法，而不是它们背后的原则。这是我们停滞不前的一个主要原因。

陈腐僵化的原则不可能指导我们解决真正新颖的问题，例如建造完全人性化的组织。18 世纪，“主权在民”的迷人信念激发政治哲学家挑战君主权力。他们为此付出了惊人的想象力和努力，创造了一整套新原则：

几条原则：

受欢迎的选举

普选

三权分立

司法独立

新闻自由

宗教自由

同样的道理，当物理学家努力描绘亚原子世界的样貌时，像尼尔斯·玻尔和沃纳·海森堡这样的物理学家不得不放弃牛顿物理学舒适的确定性，揭开一整套完全不同的新原理——例如波粒二象性、叠加原理、不确定性原理和非定域相关性等等。于是乎，量子力学诞生了。

管理对流程近乎偏执的依赖是可以理解的。类似计划、预算和绩效考评等公司流程非常关键，它们决定了谁的想法将胜出、哪些项目能得到资金、奖励如何分配等等。然而，如果我们的目标是建立人本主义组织，那么，仅仅关注流程是不够的。个别流程——如海尔建立“引领性目标”的做法——常常依赖于具体情景而存在。对一个组织有效的方法不一定适用于其他组织。除此之外，每种流程都是更大整体的一部分。囫囵吞枣地把单一的、实验性的流程嫁接到传统管理模式之上，结果往往是徒劳无功的——这就像认为穿上C罗的球衣就能变成足坛传奇一样可笑。

让我们再次回到自治原则上来。尽管成熟的民主政体的政治制度细节不尽相同（例如英国与美国不同，前者缺少一部成文宪法），但它们都建立在相同的民主原则之上。民主的力量并不取决于具体结构或程序。

请仔细思考下面的简图：

范式
↓
问题
↓
原则
↓
程序
↓
实践
↓
业绩

无论哪种成熟的人类活动领域——政治、物理或管理，都与这种层级结构存在某种程度的一致性。相关的专业社群拥有共同的世界观，人们就核心问题的解决有着松散的一致意见，并且遵从一套共有的指导原则。这些原则会随着时间的推移慢慢变得可实施，于是，一整套支持性的程序和实践做法产生了。它们反过来又决定着这一系统的业绩表现。

放在管理专业领域，这套层级结构可能是这样的：

范式

工作中的人被视为生产要素，
负责生产产品和服务。

↓

问题

业务中的基本挑战在于降低差异和已有的浪费，
实现经营效率的最大化。

↓

原则

通过层级化、专门化、形式化和标准化实现组织
效率的最大化。

↓

程序

在追求效率的过程中，最必不可少的程序包括设定
目标、调配资源、工作设计、招聘、业绩评估和发放薪资等。

↓

实践

常规管理实践包括设定目标、定义KPI、委派工作、
跟踪进度、确保合规和评估业绩。

↓

业绩

如果勤勉地执行，这些流程和实践能实现一致性和管控的
最大化，进而实现盈利能力的最大化。

随着一个体系的日益成熟——就像官僚主义管理方式在过去100多年里日臻成熟一样，它的业绩增长越来越难以跟上体系的前进步伐。官僚主义原则在19世纪和20世纪带来了劳动力和资本效率的惊人进步，然而，在过去的几十年里，生产率的增长明显放缓。官僚主义可以解决的经营低效的丰富矿藏在很大程度上已经被挖掘出来。重点在于，随着时间的推移，一个体系的业绩越来越少地取决于流程和实践，越来越多地取决于范式和原则。

和研究者及咨询顾问一样，我们也用了很多年才明白这个简单的道理。我们在过去几十年里投入了大量的时间帮助大型组织创新。

在通常情况下，我们要花上几个星期组织必要的支持者，共同设计方案，招募项目团队。接下来是连续几个星期的培训、头脑风暴和辅导工作，然后要用几个月的时间建立和验证新业务概念。最后，随着一批新型产品进入市场，组织的收入取得小幅增长。但是，几年之后，当再次来到这家组织时，我们总是会发现，曾经的创新管道早已干涸。官僚主义卷土重来，收入增长停滞不前。

这样的情况发生了几十次之后，我们终于明白了，原来我们一直在努力实现一种结果——打破条条框框的创新，而它与系统的基本设计在本质上是不兼容的。打个比方，我们想训练小狗用后腿走路。我们先是取得了它的注意，把一根肉骨头举过它的头顶，等到它终于摇摇晃晃地直立行走几步之后，我们会笑容满面地一边摸着它的头一边夸奖它："乖狗狗。"然而，我们一旦走开，它就会立即回到老样子。它不会想："哇，太酷了！让我再来试一次。"相反，它会站在那里，一边操心自己的肉骨头，一边琢磨："这都什么事儿呀？难道那个白痴不知道我是一只四足动物吗？"

想要变得更有创新性、适应性和启发性，我们的组织需要新的基因。它们需要重建以人为本的崭新原则。现有体系和流程的修补和微调，无论是少得可怜的正念训练、些许敏捷团队培训、一点儿数字化转型的课程，还是换了新马甲的分析方法，都无法产生组织效能的非线性提高。想要做到这一点，就必须返回最初的原则。

官僚主义是一套严密集成的体系，它产生的一切完全来自它的设计初衷：中规中矩、遵守纪律、可预测性。这就像一条香肠生产线。也许这条生产线能在改良之后生产出更肥的香肠，或者素香肠，也许它能在改良之后每小时生产更多的香肠，但是，它永远无法生产香肠以外的东西，除非我们回到最初的设计草图，从头开始。

如果我们的目标是让组织变得和身在其中的人一样能干，那么我们必须从头开始。我们需要新的组织范式——一种不再把人视为“资源”或“资本”的新范式。我们还需要重构问题——我们的目标不再是合规的最大化，而是贡献的最大化。我们必须把新的、以人为中心的原则落实到每一种架构、系统、流程和实践中去。我们如果真的要建立适合人类、适应未来的组织，就非得这样做不可。

我们要发扬自强不息的精神，奋勇向前。我们会在接下来的7个章节探讨人本主义的核心原则。这些原则采撷自多个管理先驱组织，它们共同组成了一套全面而通用的指导原则，有益于建立后官僚主义组织。它们共同组成了人本主义的基因组。

— 7 —

自主性的力量

在哪种类型的组织中，人们最愿意全力以赴地倾尽所能、甘冒风险、挑战传统思维？在哪种类型的组织中，人们最贴近顾客、最负责、最投入？以我们的经验而论，答案是初创企业。

在成功的初创企业里：

开辟新天地的热情把所有员工团结在一起

团队小型化、工作职责定义松散、政策灵活多变

层级较少，不存在循规蹈矩的压力

雄心勃勃的目标和紧凑的时间表迫使每个人运用有限的资源办成更多的事

快速扩张的紧迫感带来利用外部资源的渴望

没有太多繁文缛节，最好的沟通方式是群策群力

重视和奖励主观能动性，鼓励每个人审慎地冒险

换句话说，初创企业大胆、简单、精益、开放、扁平、自由——通常没人用这些词语形容典型的、笨拙的成熟企业。

无怪乎改变世界的总是离经叛道的人。就像哈佛大学历史学家阿瑟·科尔生前指出的："研究企业家就是研究经济史上的中心人物。"[1]推动工业革命前进的正是创业的力量。19世纪，随着政治和经济自由的不断提高，数百万人终于得以自由地利用他们的热情和能力去创造自己的生活。他们中涌现出众多创业者，例如约书亚·玮致活、理查德·阿克赖特、威廉·利弗、约翰·吉百利、约翰·威尔金森和马修·博尔顿等，非凡的想象力和勇气让他们勇往直前，帮助人类满足了对家用器皿、织物、香皂、巧克力、钢铁和火车机车动力的需求。

诺贝尔经济学奖获得者、经济学家埃德蒙·费尔普斯把企业家精神称为"草根创新"。它是经济活力的核心，它在19世纪如此，在今天依然如此。[2]创业者释放新技术的价值，刺激竞争，满足有待满足的需求，并创造新的就业机会。

企业家精神（或称创业精神）对人类的繁荣同样必不可少。费尔普斯的观点是正确的，我们有"精神刺激的体验，面对亟待解决的新问题的挑战……以及探索未知的兴奋感"的时刻，就是人类最生机勃发的时刻。[3]

如果创业精神遭到官僚主义或集权政策的压制，遭殃的是经济和人。费尔普斯认为，这正是过去70年大型企业集团主导经济格局时所发生的情况。费尔普斯指出，过去在小型私有企业作为经济主体力量时：

> 即使是收入最低的员工，只要他在某项工作中产生了新想法或不同的想法，也有很多机会向高级管理者，甚至是最高管理者提出自己的意见。因此，公司的员工会格外留意稍纵即逝的新想法。正是因为这一点，人们更有可能获得新想法。放在管理层级密布的大型企业里，这样的情况不大可能出现。[4]

费尔普斯在这一点上与科尔不谋而合，科尔早在50年前就提醒过自己的读者，官僚主义的“干腐”正在使企业家精神面临越来越大的风险。[5]官僚主义不是由发明家来管理的，它是由会计来管理的。官僚主义不是由建设者运作的，而是由管理者运作的。在大型企业里，只有极少数员工是费尔普斯所称的“想象力展览馆”的活跃成员。

创业精神的日渐衰落着实令人心忧。在过去的40年里，美国经济中成立不到一年的企业占比下降了一半——从近15%下降到8%。与此同时，大型企业变得更加庞大。经过几十年的发展和巩固，加上数字技术特有的“赢家通吃”机制，我们面对的是一个由强大的、政治上互通声气的寡头垄断企业主导的经济。

它的结果就像脸书联合创始人克里斯·休斯说的那样，它意味着“企业家精神的衰落，生产率增长停滞，消费者面对更高的价格和更少的选择”。[6]更健全的反垄断执法无疑是解决方案的一部分，但是，我们必须同时为每一家企业注入创业精神。

打工者 vs 创业者

在你的组织里，多少比例的人认同以下说法？

工作是我的激情所在

我必须做出有意义的业务决策

我感到自己对客户负有直接责任

我能凭借直觉做到精益思维

我的团队小型化、高度灵活

我是这块业务成功的关键

我会按日、按星期衡量进步，而不是按月、按年

我每天都有机会解决有趣的新问题

这一业务的成功能为我带来可观的经济收益

10%？ 5%？ 1%？这些说法多数来自小企业主。我们很难从大型组织成员口中听到这些话。

矛盾之处在于，大企业所具备的条件使之更容易成为创业热点。它们往往资金雄厚，拥有数以千计的天才员工，兆兆字节的用户数据和强有力的品牌，然而，它们往往缺少主人翁式的员工。

如今，有 4 200 万美国人在大型企业（员工人数超过 5 000 人）里工作。可以相当肯定地说，在这 4 200 万人中，成千上万人深具企业家精神。但是，由于各种各样的原因，这些人没有一展身手的机会。他们不同于谷歌的联合创始人拉里·佩奇和谢尔盖·布林，或

者色拉布的创始人埃文·斯皮格尔，他们没有上过斯坦福大学，也没有机会接触这所学校的风险投资网络。他们不同于马克·扎克伯格，他们没有像埃德华多·萨瓦林那样富有的哈佛同学，心甘情愿地向一家零收入的公司投入数千美元。因此，这些人的创意始终无法得到验证，他们的创业热情始终无处施展。

你可能认为，首席执行官们一定会发觉，击退大批如饥似渴的颠覆者的最佳途径就是大量培养组织内部的创业者。时至今日，人们早已见惯了二十出头的年轻人创办公司。瓦伦丁·施塔尔夫创办N26时只有27岁。N26是欧洲成长最快的全数字型银行。然而，似乎没有首席执行官相信自己的组织拥有这样的年轻人，能做出类似的成就。所以，尽管众多企业动辄投入数百万美元用于“领导力开发”，但是它们在支持自下而上的创新方面的作用近乎零。这种情况必须被改变。要建成人本化组织，就必须释放每位团队成员解决问题、打造业务的能力。

所有权是创业精神的基石。耶鲁大学法学院教授亨利·汉斯曼认为，每一名企业主都有两项正式权利：“控制企业的权利和享有企业剩余收益的权利。”也就是做出决策的自由和收获财富的机会。[7] 而大多数组织中的团队成员享受不到这两项权利。怪不得大多数人都想成为自己的老板。最近的一项调查显示，62%的美国人想要开办自己的公司。这个数字在千禧一代中的比例更高，达到了77%。[8] 人们投身创业的最大理由是：有能力“掌控自己的命运”。

所有这些准创业者都不是天真幼稚的人。他们明白，作为企业的所有者，他们必须投入比现在更多的工作时间，而且不会有任何成功的保障。尽管如此，仍然有61%的千禧一代认为——其中很多人是在大萧条之后首次步入职场的，创办自己的企业比为他人工作安全性更高。这样的想法并非没有理由。在这些人中，有人的家庭成员曾是裁员的受害者，有人的朋友正在没有出路的“零工经济”工作中苦苦挣扎。他们知道，即使是在经济繁荣时期，大多数雇主还是宁愿外包，而不是雇用全职员工。

自主权和利润分享

虽然注重形象的雇主常把打造“员工品牌”和加强“员工价值主张”挂在嘴边，但是，几乎没有哪一家成熟企业会为新员工提供他们最渴望的自主权和利润分享。

自主权和利润分享对企业的业绩具有怎样的影响力？相关研究足有100多项，绝大多数得出了正相关的结论。[9] 其中，荷兰研究者德克·冯·迪伦东克和英厄·纳尔顿的研究尤其能说明问题。[10] 他们建立了一种服务型领导的模型，共包括8项要素。其中最关键的行为包括：

授权：提高下属决策的自主权

责任：个人对其决策的后果负责

无私：以他人的需求为先

谦逊：公开承认自身的局限性和错误

真诚：广交朋友，坦率真诚

勇气：为了支持他人不惜挑战组织的惯例

慈悲：表现出同情心和谅解他人的愿望

关照：对集体的成功和团结负责

接下来，研究者请 1 500 多名来自英国和荷兰的员工按照以上特征为自己的管理者打分，再为自身工作的相关方面打分。我们可以在表 7-1 中看到，在以上 8 种领导者行为中，授权与员工工作投入度、工作满意度和组织承诺的关联度最高，责任是对工作业绩影响最大的因素。

表 7-1　领导力特征和工作相关因素的相关性（R^2 值范围 0~1）

领导力行为	投入度	工作满意度	组织承诺	工作业绩
授权	0.43	0.62	0.62	0.21
责任	0.41	0.33	0.14	0.32
无私	0.18	0.32	0.54	0.16
谦逊	0.33	0.48	0.54	0.09
真诚	0.29	0.35	0.36	0.08
勇气	0.32	0.31	0.39	0.07
慈悲	0.08	0.20	0.36	0.14
关照	—	—	0.60	0.17

在另一项研究中，约瑟夫·布拉西、理查德·弗里曼和道格拉斯·克鲁泽探究了自主权、利润分享和员工流失率之间的关系。[11] 我们可以在图 7-1 中看到，单独来看，利润分享和自主权的变化并没有对员工流失率带来明显的影响。但是，把二者结合起来，它们会让员工流失率降低一半。我们不该对这种相互作用感到过分惊讶。如果有人交给我们更多的工作，让我们承担更大的责任，却没有分更多的蛋

糕给我们，我们就会觉得不公平。反过来说，给人们获取更多收入的机会，但是不给他们必要的决策权，这样只能带来挫败感和怨恨。只有自主权和利益的结合才能让创业的热情熊熊燃烧。

利润分享 \ 自主权	极小	较大
较大	17.6%	6.3%
极小	15.3%	14.4%

图 7-1　利润分享和自主权对员工流失率的影响（每年自愿离职率）

绝大多数员工困在严格的工资等级中，这样无法激励员工完成职责以外的工作。这太令人遗憾了。再想想下面的情况：

2015 年的“欧洲工作条件调查”发现，只有 14% 的非管理岗位员工有资格根据个人或团队的业绩获得奖金。美国的一项平行调查得出的数字稍高，也仅有 15%。能获得与生产率相关的奖金的一线员工只有可怜的 4%。

“最佳工作场所”调查数据表明，所有参与调查的企业，只有 1/5 发放现金奖金，奖金的中位数仅占雇主单位支付工资的 4.7%。[12]

2019 年第二季度，在美国劳动力薪酬总成本中，包括利润分享计划在内的非基于生产的奖金仅占 2.1%。[13] 在美国的私营企业中，仅有不到1/6的一线员工享受利润分享。欧洲的数字更低，只有10%。[14]

毫无疑问，让员工缺乏自主权和利润分享是一种愚蠢的做法，但是，这种愚蠢的做法成了常态。原因何在？似乎最合理的解释是，高层领导者认为一线员工毫无贡献。在他们眼里，员工只是做着廉价工作的商品资源——他们是“肉件”，是始终无法升级的肉件。麦肯锡公司一位前管理合伙人建议高管把注意力集中在“真正驱动（业绩）的那2%（的员工）身上”。这位合伙人指出：“他们是很小一部分人，但是可以带来巨大的价值。”随后，在重重压力之下，他承认自己的说法“没有回归分析或逻辑分析的支持”。[15]也就是说，这是一种未经验证的假设。说得更准确些，这就是一种歧视。

这种对普通员工的蔑视反映的是18世纪贵族式的傲慢自大——它同样遏制了创造力和主观能动性的发挥。发育不良的自由和利益只能带来发育不良的投入和表现。

遍地开花的主人翁文化

如果还有人怀疑建设自上而下的主人翁文化是否可行，可以想想海尔和纽柯的例子。

海尔

我们在第5章里看到，海尔拥有数以千计的内部创业者。他们分布在公司的4 000个小微团队中，享受着相当高的利润分成。尽管小微团队的基本工资不高，仅仅相当于最低工资水平，但是，完成“引领性目标”的团队可以拿到5到10倍的工资。一线团队成员可以自由开展自己认为恰当的业务——他们得到了应有的授权，可以自行确定业务方向，开发产品，定义岗位，招聘同事，分配奖金。结果使海尔成了一家充满创业活力的企业，不断超越国内外竞争对手。

纽柯

自主性同样让纽柯收获良多。这家公司的员工人均钢产量高于所有传统竞争对手，它的人均利润达到同业水平的3倍之多。纽柯公司的奖酬制度鼓励团队成员不知疲倦地寻求提高生产率的新方法。与此同时，员工可以自由开展新产品和新工作方法的试验，这一自由度有力地支持了生产率的提高。纽柯把员工看作创造力的无尽宝藏——员工获得远高于同业奖酬的机会就是挖掘这一宝藏的有力工具。

纽柯从不把员工当作商品看待，它也因此实现了自身业务的去商品化。在大西洋的另一边，一家瑞典的主流银行和一家法国的集团企业同样建成了类似的主人翁文化。

瑞典商业银行

瑞典商业银行的总部位于斯德哥尔摩，它的1.2万名员工运营着840家分支机构。尽管这家银行的运营范围遍布25个国家，但它把瑞典、丹麦、芬兰、挪威、英国和荷兰视为自己的市场大本营。如果按照净资产收益率衡量，在过去的47年里，瑞典商业银行的业绩有43年把自己的欧洲同行甩在身后。

与竞争对手不同，这家银行把每家分支机构都视为独立企业。它们独立运营，自负盈亏。不存在总部企业成本分摊，也没有自上而下的强制命令。前首席执行官安德斯·鲍文解释说:“我们如果真的相信客户满意度是取得卓越业绩的主要原因，就必须消除一切可能迫使员工做出不利于客户利益行为的操控机制。”[16]

分支机构团队一般 8 到 10 人，主要负责信贷决策、存贷款定价、与客户沟通和确定员工级别等工作。

在鲍文看来，这家银行“根本性人本主义”模式的首要立足点在于，它能带来更好的决策:“（瑞典商业银行）对员工充满信心，这带来了极高的工作动力和更好的决策质量，这远远高于传统命令控制型管理模式的结果，后者由总部人员做决策，他们距离客户足有十万八千里。”[17]

和纽柯一样，瑞典商业银行也会和一线员工分享成功的红利。只要年净资产收益率超过同业平均水平，这家银行就会拿出超出部分的 1/3，注入特定基金。基金代表员工进行投资，主要投资瑞典商业银行的股票。投资收益会平均分配给所有员工，不看等级和头衔。2018 年所得总计 9 000 万美元，每位员工所得为 7 500 美元——对一线员工而言，这是笔不小的收入。员工年满 60 岁后，可以一次性提取。工龄较长的员工可以积累到 100 多万美元。

和众多先驱企业一样，自主权和利润分享的结合让瑞典商业银行的员工流失率保持在极低的水平上。这是理所应当的，主人翁当然会长久地驻守。

万喜

万喜集团是一家市值超过 450 亿美元的法国建设与特许经营巨头。它也是分布式所有权的又一个经典例证。万喜集团的 22.1 万名员工遍布100多个国家，经营范围包括高速公路、机场、高铁线路和体育场馆等。万喜的建筑业务部门每年承接几十万个工程项目。最有挑战的一次是建造重达3.6万吨的穹顶结构——它是用来埋葬切尔诺贝利核电站4号反应堆废墟的。

在过去10年里，万喜股价上涨的速度比欧洲同业快出两倍。它的成功部分地折射了业务组合的活力。万喜能源是负责能源与通信项目的业务部门，这个部门的收入从2008年的50亿美元猛涨到2018年的140亿美元。机场特许权业务从2013年的4.3亿美元增长到2018年的近20亿美元。这些业务增长的很大一部分来自海外市场。

万喜首席执行官格扎维埃·于亚尔把公司的发展归功于独特的管理模式。万喜管理模式的设计初衷是实现官僚主义的最小化和创业精神的最大化。和海尔的张瑞敏一样，于亚尔相信，保持业务单元的小型化是树立自主性的最佳方式。万喜集团把员工分成3 000多个紧凑的业务小组，其中2/3的小组员工不到100人。万喜具有强烈的裂变意识，业务小组常常在业务增长的过程中一分为二。

通常情况下，万喜的业务小组有40多人，营业收入800万美元。高度专业化的业务小组形成了巨大的群落，以南特市为例，万喜在南特的业务群落专门为宠物食品厂商制造工业设备。它同时实现了市场覆盖率和经营重点的最大化。要想在外部做大，就必须保持内部的小型化。万喜深谙这一道理。

为了实现协同效应，各个业务单元聚合形成了事业部，多个事业部聚合形成了不同的业务集团。这些额外的分类组合负责发现和探索跨部门的业务机会，例如，多个事业部目前正在协同开发用于远程监控的新型传感技术。

万喜的管理模式承认自主权和问责制的不可分离性。每个业务单元自负盈亏，对业务计划开发和获取落实业务计划的必要资源负责。就像于亚尔说的，“自主权和责任心必须两手抓，两手都要硬。我们不可能一边让人们挑着重担，一边又不给他们相应的职权。如果一个业务单元出现了功能失调问题，那就一定是责权分离造成的”。[18]

分散授权型组织的一大优势在于领导力及影响机会的倍增。于亚尔指出：“在我们这里，把价值 1 000 万欧元的业务单元交给不到 30 岁的年轻人负责算不上新鲜事儿。”

万喜进军机场业务的壮举同样反映了这家公司大胆冒险的精神。10 年前，万喜准备卖掉两座柬埔寨机场。这两座机场是万喜通过一项大型交易获得的。当时在法国担任业务拓展总监的尼古拉·诺特巴尔认为，这两座机场可以成为万喜集团进军新业务的跳板。成功说服公司留下这两座机场之后，诺特巴尔搬到了亚洲，专心经营这两座机场。他的试验证明，这是一次绝佳的机会。如今，万喜拥有 1.45 万名机场工作人员，每年为 2.4 亿旅客提供服务。万喜集团首席执行官于亚尔指出：“我的唯一贡献就是为尼古拉·诺特巴尔创造条件，帮助他释放自身的热情。换句话说，我让‘野草’疯长（而不是除掉它）。”在万喜集团，野心勃勃的年轻领导者有机会创造出一片新天地。他们创业不需要从车库开始。

万喜通过奖酬计划巩固员工的主人翁地位。这项方案以低于公司股份 5% 的价格每年为每位员工购买股权配发 4 000 美元，相当于平均工资的 10%。有超过 62% 的员工参与了这项计划——这一比例是欧洲大型企业平均水平的 3 倍。和瑞典商业银行一样，万喜同样把员工的个人财富同企业的发展紧密联系在一起。

像主人那样思考和工作的员工用不着监督。因此，万喜在巴黎的总部只有 250 名工作人员——约占员工总人数的 0.1%。于亚尔说："太多的审计核查人员毫无用处，他们只会碍手碍脚。"

综观这些企业——纽柯、海尔、瑞典商业银行和万喜，它们每一家都在组织中心建成了一支由有自主性的员工组成的联盟。在过去的几十年里，它们明确地证明了分布式所有权能够：

- 降低员工流失率，创造更有智慧、更有经验的员工队伍
- 开启员工酌情行事的能力
- 加强对创新的激励
- 增进团结，加强同事情谊
- 加强与客户的联系
- 做出更快、更明智的决策
- 带来更扁平、更精益的组织
- 创造优于平均水平的回报

回头想想那 77% 梦想拥有自己企业的千禧一代。他们为什么不能在大型企业里做到这一点？人们提到最多的两大创业障碍——难以获得资本和缺乏经验——是大型企业普遍有能力解决的问题。短短 3 年，瑞典商业银行在英国开设了 100 多家分支机构。没有哪一家自

筹资金的实体初创企业跟得上这样的步伐。大型企业还拥有庞大的知识储备。初创企业往往要耗费数年，经过无数次试错，才有能力做出健全的财务决策。相比之下，成熟企业能够通过培训快速提高员工的技能——就像纽柯公司在“钞票与吨位”游戏中所做的那样。员工大可不必在创业自由和发挥大型企业资源优势之间二选一——他们如果为纽柯、海尔、瑞典商业银行、万喜集团工作，就不需要做这样的选择。

行动起来

那么，你会怎样在自己的组织里提高员工的自主性？下面的几点建议可供参考。

1. 从重新分配你自己的权力开始。退出关键决策，由团队成员来决策（我们还会在第15章里详细讨论这一点）。

2. 如果你的企业还没有建立利润分享计划，应该尽力促使建立这一计划，并且确保这一计划覆盖所有员工。在业绩良好的年份，利润分享应该为平均薪酬带来10%或者更高的提升。

3. 在可能的情况下，把大型业务单元分拆为多个小型业务单元。一般来说，单个运营单元的人数应该保持在50人以下。

4. 各业务单元自负盈亏。做到总部人力成本分摊的最小化，避免围绕具体KPI指标设定工作目标的做法。

5. 扩大一线运营团队的决策权。把部门战略、运营和人员的决策责任交给团队成员。

6. 削弱有损一线部门自由度的传统政策。为业务单元赋权，支持它们对组织统一提供的服务议价，并在认为交易不合理的情况下选择退出。

7. 业务单元一旦真正实现了自负盈亏，个人和团队的薪酬就势必暴露在风险中。要切实提高个人和团队的薪酬，确保高于平均水平的业绩带来高于平均水准的奖酬，多劳多得。

曾几何时，“雇员”还是一个很新颖的概念。就像罗伊·雅克恰如其分的描述那样，19 世纪的美国是一个“自由职业者共和国”。[19] 制革厂、铁匠铺和杂货店里的雇工梦想着通过拼搏拥有自己的店铺，他们中很多人都做到了。想象一下，如果当时的人们知道 200 年后自己的子孙会成为雇工，为了工资听人使唤，他们心里会是怎样一番滋味？

我们无法回到 19 世纪，但是，每个组织都能成为主人翁的联盟，激发员工的自豪感、热情、熟稔的专业能力和非凡的业绩——它们都是人本主义的主要特征。

— *8* —

市场的力量

也许你不愿意生活在集中管控的计划经济里，高高在上的权威决定着我们应该生产什么、生产多少。也许你不愿意市场价格由当权者的行政命令决定，也不愿意被迫从国家垄断的企业购买商品。相较于强制，人们更喜欢选择的自由。

长久以来，集中式的管控造成了流毒无穷的扭曲变形——失衡的行业发展（尤其偏重于资本密集型产业）、臃肿不堪的国有企业、慢性病式的产能不足或产能过剩，以及惊人的浪费。

如果用商业逻辑取代政治逻辑，投资决策就会变得更睿智。市场如果向所有人开放，取消企业赖以苟延残喘的国家补贴，消费者就能获得更好的选择，所有企业就会变得更高效。这就是亚当·斯密"看不见的手"带来的回报。

绝大多数首席执行官深知自由市场的益处，但他们管理的企业却是按照计划命令式经济搭建的。它们和苏联的情况非常像，决策权高度集中在最高层。能否改变这一点？这是决定我们的组织能否变得更有韧性、创造力和人性的关键。要明白如何做到这一点，必须懂得市场是在什么条件下优于层级组织的，然后想方设法把这些有利条件复制到我们的组织中来。

集体智慧

如果一只股票的价格是由一个人——假设公司的首席财务官——决定的，你会买入吗？我想你不会。因为你知道一个人的看法对资产的价值是不可靠的，无论是一只股票、一幅画作还是一辆老爷车，都是如此。在做出投资之前，你希望确信自己支付的是公平的价格，也就是由市场决定的价格。

为了形成一项估值，市场会聚合海量的信息。以谷歌的股票价格为例，它反映了投资者目前所知的所有可能影响谷歌未来盈利能力的因素。

我们如果无法相信一小群专家能确定股票价格，那么为什么还要相信少数几位高管对重大战略机会的评估——无论是收购、扩充产品线还是引入一项新技术？一个人也好，一个小组也罢，都不可能洞悉与重大战略决策息息相关的所有信息。因此，官僚主义头重脚轻的威权结构十足令人担忧。

极少数高管被想当然地赋予没有边际、毫无根据的信任度。这样的情况太常见了。在官僚主义结构中，决策越重大，有能力挑战决策制定者的人越少。这太愚蠢了。

不可置疑的威权可能带来惨重的代价。在担任英特尔首席执行官期间，保罗·欧德宁错失了为首款iPhone打造芯片的绝佳机会。10年后，为了证明自己当初的决定是对的，欧德宁说，事实证明，“iPhone比任何人的想象还要成功100倍”。[1]真的吗？比任何人的想象？你当初如果能大幅改善全世界最普遍存在的电子设备——手机，为什么不能预见它是一次巨大的成功？这让人不禁怀疑，在做出这个要命的决定之前，欧德宁到底咨询过几位英特尔的年轻工程师？

极具讽刺意味的是，英特尔是一项关于集体智慧优势研究的试验对象。它是全球运行时间最长的试验之一。[2]来自加州理工学院的教授用了8年多的时间，对比英特尔预测专家做出的销售预测和跨部门挑选的员工通过集体智慧做出的销售预测。试验参与者每个月预测接下来4个季度的产品线收入。他们使用一种名叫“法郎”的虚拟货币购买“预测彩票”，每张彩票绑定一个具体的销售收入区间。例如，一张彩票可能代表某系列产品的预测销售收入为1 500万美元到1 520万美元，另一张彩票预测的是1 520万美元到1 540万美元。每张彩票的价格相同。参与者可以为一个收入区间购买多张，也可以同时押注多个区间。最关键的是，这个虚拟市场每个月只开放一个小时。这样可以减少参与者“搭便车”参考他人意见的机会。

一旦实际销售数字出炉，每位卖中正确彩票的参与者都会“中奖”。2006年到2013年，英特尔一共开展了959次这样的预测试验，近2/3的结果是群众战胜了专家。

近年来，舆论市场的价值逐步显露，尤其是在选举预测、科学突破、传染病扩散、电影票房预测和学术研究的可复制性等方面。[3]一个典型例证是艾奥瓦电子市场（IEM），研究者发现，其关于美国总统大选的预测在 74% 的时间里胜过了专业民调机构。[4] 其他研究证明，即使是在交易淡季，市场的实际表现也好过专家的预测。也就是说，即使只有几十名市场参与者，而不是数百或数千名参与者，专家也做不到准确预测。[5]

所有这一切都说明，高层领导者如果不能在做出重要决策前参酌大众的意见，组织就可能要因此缴纳“无知税”。思科就是个例子。2010 年 10 月，这家位于加利福尼亚州圣何塞的网络设备制造商推出了一款名为 Umi 的消费者设备，售价 600 美元。这款设备的设计初衷是把家用高清电视变成网络视频会议终端——只要你每个月向思科支付 25 美元，并且拉自己的朋友和家人成为新用户。尽管思科为此召开了全球发布会，还请来著名脱口秀主持人奥普拉助阵，但是 Umi 只存在了短短 18 个月就撤出了市场。早在这款注定失败的产品上市之前，《财富》杂志就认定它是“卖给和尚的梳子”。[6] 假如思科的领导者事先对 Umi 的前景做好内部市场调查，公司无疑可以避免这一代价不菲的尴尬局面的出现。

无论是评估新发布产品的潜在回报、定价变动、重大重组还是新市场营销策略，集体智慧都可能成为极具价值的宝贵资产。建立一个内部舆论市场耗时费力，但它总比在业务上栽个大跟头的代价要低得多。

可分配的敏捷性

在过去的 50 年里，纽约证券交易所的整体业绩超越了在这里上市的每一家公司。也就是说，数百万普通投资者做出的投资决策胜过了所有拿着天价薪酬的首席执行官。为什么会这样？因为就资源分配而言，市场的作用要胜过层级制度。

市场的资金分配决策是分布式的、冷静的和动态的。投资者可以自由地把资金投向自己喜好的领域，他们会不动感情地卖出业绩欠佳的证券，毫无滞碍地完成交易。相比之下，在官僚主义机构中，重大决策是由少数高层管理者在争夺预算的会议上做出的，这些会议通常高度政治化、争吵不休。研究人员发现了一系列异常现象，它们破坏了这一流程，造成了等而下之的分配决策。[7] 根据有害性的高低，这些现象有以下几点。

谁都别动我的奶酪。领导者往往地盘观念严重，他们会看紧自己把控的资源，不愿与其他部门分享资金或人才。即使那样做可以换取更高的回报，他们依然不愿意。[8]

富有者变得更富有。在多种经营的大型企业里，最大的部门获得的资本往往超出它们应得的合理份额。这并不是因为它们带来了更多的回报，而是因为这些大部门的领导者拥有更大的政治影响力。[9]

好钢用在刀背上。高级管理者容易在濒临绝境的业务中过度投资，希望借此扭转局面。研究表明，在大多数情况下，如果把这些资金投入运行更良好的部门，获得的回报会高得多。[10]

均贫不均富。当资金紧张时，高管往往会削减所有部门的开支，而不是重点保护优先级较高的业务领域。[11]

朋友多了路好走。无论业绩的具体表现如何，在组织内部，人脉关系较广的高层领导者通常会获得更多资源，人脉较少的领导则少得多。[12]

顾念旧情。高层管理者很少收回或剥夺自己工作过的部门的资金。[13]

粉饰美化。对资金的争夺会促使业务单元领导者夸大自身投资方案的益处。对总部级别的高管来说，他们往往难以识别这些夸大和扭曲。[14]

更多的还是老一套。资金分配决策经常是比对前一年预算做出的。各个业务单元或产品线得到的结果和前一年基本相同，只是增多或减少几个百分点。[15]

关于最后这一点，麦肯锡公司一项面向 1 600 家美国企业的研究发现，在长达 15 年的时间里，单个业务部门获得的资金与上一年的相关性达到 0.92。[16]

由于以上原因，内部投资决策经常会受到个人偏好和政治花招儿的严重扭曲。最终的结果是高度的分配惯性和倾向于过度投资“现在”，以牺牲“未来的可能性”为代价。难怪初创企业往往首先想到未来。

在过去的几十年里，全球没有一个地点创造的人均财富能超过从旧金山到圣何塞这段 10 英里的狭长地带。从 2010 年到 2019 年，投入湾区初创企业的风险投资总计达到 3 500 亿美元。[17] 时至今日，美国一半以上的独角兽企业（依靠风险投资支持的、市值超过 10 亿美元的私营企业）落户北卡罗来纳州。

硅谷并不存在某个首席执行官，也没有某个中央权威决定对人工智能、云业务、药物基因组学、虚拟现实、金融科技或网络安全做出多少投资。恰恰相反，是数以千计的天使投资人和风险投资者争先恐后地在三个市场的交叉点创造价值，这三个市场是新业务创意市场、全球一流的人才市场和风险资本市场。这些市场活力十足，躁动不安。硅谷里的每个人似乎都在一刻不停地追逐着下一笔大买卖，寻求下一轮融资，或者加入下一个谷歌或爱彼迎。资源的形态转变为任何看起来最有可能产生价值的形式。相比之下，大型组织中的资源显得惰怠懒散。只有当某位执行副总裁下令调动资源时，它们才会发生变化——往往为时已晚。

在官僚主义结构中，只有一个地方能够兜售创意——沿着级别的链条环环向上。任何无法与近期重点工作同步的创意或者有碍高管教条的想法都会被否决。相比之下，创业者连吃十几次闭门羹，最终找到心甘情愿的支持者，这算是家常便饭了。但在大多数组织里，轻巧的一句“不”，就足够扼杀一项新创意了。

大可不必如此。以 IBM 为例。这家 109 岁的信息技术服务企业近来致力于开放资源配置流程，力图在公司内部实现硅谷精神。在几轮小规模的试验之后，IBM 在 2013 年发布了首个全公司规模的融资平台——ifundIT。时任 IBM 首席信息官实验室（CIO Lab）负责人的弗朗索瓦丝·勒古斯指出，ifundIT 的目标是“确保每个人有机会让人们看到和听到自己的绝妙创意”。[18] 这家公司的 2 万名 IT 员工最多可以获得 2 000 美元的投资。一项投资方案只要吸引到 2.5 万美元的伙伴投资，就可以作为一个被正式批准的项目继续推进。在刚刚推出的第一年，ifundIT 平台吸引了 30 个国家的 1 000 多名员工参与。

其中一项成功创意来自软件工程师瑞安·赫顿。这款名叫 Tapo-Meter的在线工具可以帮助内部开发者监控自己开发的App在公司内部使用的实时数据。在ifundIT平台的支持下，这个项目从创意产生到审批通过只用了一个月的时间——按照多数大型企业的标准衡量，这算是野马脱缰般的速度了。赫顿是IBM招收的应届大学毕业生。当这款App上线时，赫顿只有24岁。很自然，他对自己的成就充满了自豪感："能这么快看到成果，真是太棒了。我很高兴能在职业生涯初期就有这样的影响力。"[19]

2016年，IBM邀请27.5万名员工集思广益，探索公司在人工智能领域的前沿工作，涌现出一项更加雄心万丈的众创项目。这个项目名叫"认知构建"（Cognitive Build），它的第一轮头脑风暴就产生了8 361项创意。[20]其中3 924位创意提出者申请了技术评审。有2 603项创意通过了评审。IBM为每名员工提供了2 000美元的虚拟货币，鼓励员工投资他们认为最有前景的内部创意。22.5万名员工参与其中，虚拟货币投资总额达到2.91亿美元。内部评审团队极大地借重了员工遴选机制的力量，选出了最终入围的50项创意。经过最终的决选，由客户和高管组成的评审小组选出了三甲方案。这三项方案的提出者得到了相当可观的奖金，一大批顶级创意获得批准，进入下一步的开发环节。

如果没有这个全面开花的创意市场，许多极富前景的"认知构建"方案根本不可能崭露头角，更不可能获得资金支持。市场的存在会为销售者带来活力，同时还会吸引购买者。

因为有很多内部投资者主动帮助团队推动其创意，所以，"认知构建"项目还释放了大量的自觉力量。如果没有这个市场，这些自发的努力可能至今还处于沉睡状态。

也许最重要的一点在于，IBM 的内部市场为非传统创意带来了发展壮大的机会，帮助它们在高管详细审查之前先吸引一批追随者。在通常情况下，创意的提出者会收到大量的反馈意见，能够激活一个内部支持者网络。这样一来，再也没有人能轻而易举地扼杀任何一项创意，这样的流程避免了以往自上而下的、苏联式的资源分配模式的种种弊端。

我们认为，每家企业都需要建立一支内部天使投资人团队。这能带来多种裨益，例如更多的创意、更高的热情、更少的盲区、更快的发展等等。这些益处都是形成进化优势的最关键因素。不合理的资源分配流程看重政治关系，轻视创意质量。从人本主义的角度来看，任何一个充满创造力的灵魂都不应当遭到这一糟糕流程的妨害。

动态协同

市场能带来令人拍手叫绝的协同合作。假设你生活在伦敦，正在准备晚餐聚会的菜单。你打开购物网站，发现需要的商品应有尽有：苏格兰的牛肉、法国的芦笋、（英国）泽西岛的土豆、丹麦的黄油、（英国）肯特郡的草莓、可爱的法国布里干酪、危地马拉的单一产地巧克力、新西兰的葡萄酒、肯尼亚的咖啡。下单后短短两个小时，这些美味统统被送到你的家门口。

奇迹的背后是一张笼罩全球的合同网络，其规模之大、覆盖范围之广，远远超出我们的想象和理解。这一切就像几十个农夫、包装商、运输商、批发商和零售商提前商量好了，要帮助你大展厨艺、准备一桌好菜一样。这就是市场的魔力。

订立和执行合同当然需要耗费金钱，但是，立足市场的协作通常要比官僚主义做法——自上而下的指令、多管闲事的管理人员、泛滥成灾的委员会等等——更高效，也更灵活。

市场能让各项行动步调一致，既然市场拥有如此优势，为什么层级结构依然存在？大多数经济学者给出的答案是，层级结构是在市场基于合同进行调节的成本高于官僚主义通过行政命令调节成本时才出现的。当需要获得的技能和资源难以估价、处于稀缺状态（从而使购买者处于被绑架的危险境地），或者需要以无法提前指定的复杂方式与其他活动整合时，签订合同的成本就会变得更加昂贵。这样的说法荒谬得不可思议，举例来说，iPhone 是多年努力的成果，它融合的技能和技术多得令人头晕目眩，请问，苹果公司是怎样通过一大群独立分包商制造出 iPhone 的？

罗兰·科斯和奥利弗·威廉森等经济学家提出，企业有时会把一部分活动“内在化”，而不是通过公平合同的方式对外采购，这反而能带来更高的效率。他们的说法是正确的。但是，他们认为这些活动一旦实现了内在化，就无法通过市场机制进行调节，这样的假定是错误的。经济学家把世界分成市场和企业两个部分。其中，市场是去中心化的，企业不是——这纯粹是纸上谈兵。

海尔的例子清楚地说明，混合类型是完全可能的。海尔的小微团队通过合同网络被绑在一起，它确保了层级组织最典型的协同优势，与此同时，它还带来了市场的种种益处——自由度、对客户的责任感、对创新的激励。对海尔的最恰当描述不是权力关系的金字塔，而是通过“亲兄弟明算账”的合同串联起来的生态系统。

我们在第2章提到过西红柿加工企业晨星，它的情况也是一样。尽管运行的是垂直一体化的复杂业务，但是晨星没有经理。相反，真正把新鲜采摘的西红柿变成易于储存的产品的背后机制是内部合同。

晨星的500位全职员工每年要和团队伙伴商议签署一份名为“同事谅解备忘录”（CLOU）的个人业绩合同，合同会详细列出每个人的工作职责和评价标准。对仓库工作人员来说，备忘录包括的工作可能是采购包装材料、产品装车（或者装火车）、叉车的保养和维修、评估新型仓储技术、为新设备制定资金方案、培训同事等等。业绩指标包括货物装车的平均用时、按时装运的货物的百分比、收到的客户投诉数量、每吨装运货物的仓储成本等。所有备忘录协议在线存档，供每位团队成员随时查阅。

每份备忘录通常要8到10个人签字，超过一半的签字人是员工的本团队成员，其余的签字人是存在工作交集的同事。最重要的是，每位团队成员可以自由选择自己的签约人。如果两位团队成员无法就备忘录具体条款达成一致意见，他们可以请一位没有利害关系的同事担任调解人。如果调节失败，一个由同事组成的小组会通过具有约束力的仲裁解决这场争论。每年年底，内部推选产生的薪资委员会对照备忘录评估每个人的工作表现，并根据评估结果发放当年的奖金。

在外人看来，这些谈判工作，加上庞杂的合同网络的执行工作，似乎很容易引发争议，而且耗费时间。事实并非如此，这主要得益于以下几点原因。第一点，所有员工都致力于同一个目标——确保晨星在全球西红柿加工行业的龙头位置。团队成员很清楚，只有晨星的业绩优于竞争对手，他们才能拿到行业领先的薪酬。这样的意识为业绩标准带来了向上的压力，让消极怠工无处藏身。第二点，晨星是一个绝佳的雇主，人们都愿意在这里长久地工作下去。作为团队成员，每个人心里都很清楚，如果你占了同事的便宜，或者言而无信，早晚要尝到苦果。这促使人们更多地从同事关系的角度而不是交易的角度考虑问题。“同事谅解备忘录”的谈判并不轻松，但它是在亲切友好的氛围里达成的，因为这里不存在外部谈判时常见的零和思维。第三点，因为每份备忘录都可以公开查阅，并且有多个签署人，所以不会出现某位团队成员或某个团队利用个人关系取得特别利益的情况。第四点，晨星的绝大多数员工在西红柿加工行业耕耘多年，他们懂得如何评判同事的技能和贡献。第五点，晨星的每名员工都能接触到公司的财务数据，所以，没有人能通过信息的不对称性获得优势地位。最后一点，由于每个人的岗位和职责相当稳定，所以，实际上并不需要每一年对备忘录中的每一项要素进行重新谈判。

一言以蔽之，晨星的内部市场之所以行之有效，是因为它具备深厚的社交性。共同的志向、交叉的角色、广泛可见的信息和共同的行业背景把签订合约的各方紧密联系起来。这些联系减少了模糊性、不确定性和机会主义，而这几点会在买卖双方处于社会关系断裂状态时抬高交易成本。

海尔和晨星的故事告诉我们，为了协调个人与团队之间的关系，我们并非离不开成群结队的管理者。按照传统的组织方式推算，晨星至少需要 4 个管理层级（假设管理控制跨度为 1∶10）。实际上，这家公司只有两个层级——总裁克里斯 · 鲁弗，其他人。海尔只有 4 个管理层级。这正是运行良好的内部市场带来的效率红利。

富有竞争力的纪律

市场经济的客户是完全独立自主的。那些错失重塑商业模式、升级产品的良机，或者未能带给客户更划算选择的企业很快就会发现自己处于不利地位。吉列就是个例子。这家宝洁公司旗下的企业坐视哈利等竞争对手在中端剃须刀线上市场占据领先地位。直到其在美国市场的份额从 71% 下降到 59%，这家骄傲自满的龙头企业才开始降价，并推出自己的订阅服务。[21]

即使遭到客户的嫌弃，首席执行官们也会口口声声地说自己热衷于竞争。既然如此，为什么他们还容许自己的组织中存在垄断现象？内部职能部门，例如人力资源、战略规划、采购、生产、市场营销、财务、IT 和法务部门，通常都是唯一的供应商。即使它们把一部分业务外包出去，内部客户也要被迫与总部指定的单一供应商交易。

内部职能部门的工作人员不会受到市场力量的影响，这种情形几乎没有例外。虽然不乏个别有能力的、充满激情的管理者，但是，总体而言，他们的作用相当于公司内部的行政国家。他们拥有巨大的权力，但很少受到制衡。

有人会为集中运行的职能部门辩护，认为它们能够确保一致性，推广最佳实践，减少风险。可是，问题在于，几乎没有哪个领导者会停下来问一问，这些益处的成本能不能更低一些，副作用可不可以更小一些?

请一位业务部门的负责人讲讲内部垄断的弊端，你可能会听到一大堆牢骚。最常见的抱怨有以下这些：

IT 部门动辄需要几个月，甚至几年的时间才能完成最重要的系统升级。

错综复杂的采购规则让新供应商的加入变得难上加难。

僵化呆板的人事政策很难激励和留住顶级人才。

律师们过度兴奋，他们热衷于设置障碍，并且乐在其中。

财务主管对成本过度执着，他们似乎对顾客价值的真正驱动因素茫然无知。

在年度预算马拉松会中制订的计划，几乎一推出来就被忘得一干二净了。

管理人员似乎更热衷于踢皮球，而不是解决真正的业务问题。

以上这些不仅是牢骚，更是激励机制根本脱节的证据。直接面对市场的员工很清楚，他们如果不能满足用户的需求，就会被用户抛弃。相比之下，管理部门的职员只能被上级领导解雇。因此，他们的忠诚度体现在对上的一面。内部管理者几乎不会因为成本上涨、服务不达标，或者不惜一切代价追求合规而遭到任何惩罚。

如果你认为这是在夸大其词，你可以回想一下自己的经历。通常来说，在被迫与总部管理人员打交道时，你感觉他们是在帮你还是在管你？我敢打赌，一定是后者。那种感觉和真正的垄断者带来的感觉毫无二致，无论是有线电视运营商、美国国税局（IRS）、机动车辆管理局，还是你们公司的人力资源部门。

几年前，《哈佛商业评论》在某期封面上大声疾呼："是时候终结人力资源部门，另起炉灶了。"然而，两篇专题文章——一篇的作者是沃顿商学院教授，另一篇的作者是经验丰富的咨询专家团队——竟然通篇没有提到"消费者"或"用户"的字眼，一次都没有。[22]我们发现这是一个惊人的疏漏，这证明了人力资源专业人士把自身的垄断地位视为理所当然已经到了何种境地。

为了给内部服务部门带来竞争压力，我们能做些什么？可以从深挖成本做起，算算公司提供的服务平摊到你所在部门的成本是多少。请财务部门的同事把这些分配解构，详细分析每一项组成要素。我们究竟为人力资源部门、IT 部门、法务部门和其他各个部门支付着怎样的成本？接下来，请每个部门准备一份材料，详细说明它们准备在未来一年为你的部门增加哪些价值，准备如何抵消分配给它们的成本。然后以这些成本为标尺，对比市场上的可替代方案。最后返回内部职能部门，用外部对标挑战它们，看它们是否达到了服务标准或成本标准。我们如果想被内部行政工作人员当成客户来看待，就要像真正的客户那样行事。

打破内部垄断的逻辑是无可非议的：如果各个业务部门被迫从内部供应商手中购买毫无竞争力可言的服务，那么，这家公司将不能指望自己在竞争白热化的市场中获胜。海尔明白这一点。因此，这家公司把集中式的职能部门变成了小微团队，让它们与外部供应商正面竞争。

在公开市场里，内部职能部门理应在提供服务方面占优。想必它们要比外部人士更了解本企业的业务，而且在与内部买家打交道方面占据更有利的地位。考虑到这些优势，内部职能部门如果没有成功地拿出有竞争力的服务，就应该退出历史舞台。就像海尔公司一样，每个内部管理团队都应该真正地自负盈亏，为维持自身的生计真正负起责任来。

集体智慧、可分配的敏捷性、动态协作和具有竞争力的团队——这些都是市场的恩赐，它们对组织韧性和整个经济的活力来说都是必不可少的。

行动起来

并非组织中的所有关系都能通过市场来调节，但是，它们中的大多数可以并且应该通过市场来调节。那么，如何在你的组织中落实市场原则？下面是几大关键步骤。

1. 挑战领导者，让他们公开承认，在复杂的、不确定的世界里，集中式、自上而下的决策方式存在局限性。

2. 验证带有内部舆论市场的重大战略方案的优势，审视人们是如何为相互竞争的项目排序的，观察人们是如何评判重大新方案实现其里程碑式的进展的可能性的。

3. 要警惕扭曲资源分配的种种因素，要求决策者采取积极措施消除这些扭曲。

4. 确保内部创新者有机会获得多种财务资源，在形成投资决策时发挥大家的力量。

5. 在任何可能的情况下，借助公平合同来引导物资和服务的内部流动。避免强制命令、间接费用分摊和集中决定的转让价格。

6. 把行政职能部门变成更小的业务单元，让它们与外部供应商正面竞争。

7. 随着时间的推移，慢慢扩大普通员工的管辖权。由他们决定企业价值，评判高层领导者是否晋升，提出收购目标，发现低价值的官僚主义套路，等等。

尽管市场无法在缺少适当监管机构的情况下正常发挥作用，尽管市场有时容易出现过热或焦虑的问题，但是，市场在驾驭人类智慧和主观能动性方面的能力是无与伦比的。它们能从官僚主义自上而下的束缚中解放人类的创造力。因此，市场对建立人本主义至关重要。

— 9 —

英才机制的力量

作为一种社会理想，英才机制的胜利是人类历史的一大转折点。在启蒙运动之前，大多数社会都被精心划分了阶层——无论是英国的国王、公爵、伯爵、子爵和男爵，还是中国（清代）的皇帝、和硕亲王、多罗郡王、多罗贝勒和固山贝子等。在这些社会制度中，绝大多数人（包括农民、仆从和奴隶等）完全没有改变命运的希望。

包括约翰·洛克、孟德斯鸠和卢梭在内的哲学家都曾质疑非经选举的精英制度。托马斯·潘恩在美国独立战争前夜勇敢地宣称："一个诚实的人对社会和上帝的价值，要高于所有曾经存在的戴过王冠的恶棍。"在潘恩看来，权力是人民赋予的，而不是君权神授。

我们现在离 18 世纪晚期已经很远了，这种权力倒置的惊人的新奇之处对我们来说几乎已经消失了。如今，没有人会去质疑英才领导机制的道德性和实际效用。与此相反，人们争论的焦点是如何让我们的社会变得更加精英化。歧视和贫穷仍然阻碍着数百万人发挥自身的潜力。但我们毕竟不同于启蒙时代之前的先民，我们最多认为这是可悲的失败，而不是让人无计可施的命运。

即使在追求机会均等的过程中，我们也能够感受到英才机制无可争议的价值。我们很高兴地看到，发放医师执照的依据是考试，而不是医科学生的社会经济地位。我们会为真正的成就欢欣鼓舞，因为我们知道，优胜者并不是靠花钱登上领奖台的。我们相信科学发现，因为各项研究是在同侪评审下开展的。我们乐于见到人们在 YouTube 视频上赢得百万的点击量，而不需要所谓的好莱坞正牌血统。

英才机制不看人的社会地位和个人关系，它会保证让每个人自由地做出贡献，获得成功，任人唯贤的制度提高了人才的回报。考虑到这一点，再想到官僚主义体制——这种世界上最普遍存在的社会结构——如何系统性地破坏英才机制的立足之本，我们难免心忧。我们与《哈佛商业评论》联合开展的调查显示，76% 的大公司参与者认为，政治行为严重影响着他们所在组织的人员晋升。事情本不应该如此。官僚主义的设计初衷是克服裙带关系、长者崇拜和阶级意识——它们是前工业化时代组织苟延残喘的原因。人类组织设计历史上的一大突破发生在 19 世纪早期，当时的普鲁士军队刚刚被拿破仑击败。普鲁士人采用了一种竞争性军官遴选制度。在此之前，普鲁士军队中的军官全部来自贵族阶层，但是，军阶真的无法成为军事才能的代名词，这一点儿都不奇怪。

官僚主义理论上是一种贤能者居上的制度，拥有突出能力的人得到擢升，业绩较差的人居下。然而，实践中的组织很少能实现这种理想状态，就连接近都很少见。

我们会在这一章检讨官僚主义是如何威胁英才机制的，并提出一些解决办法。

被夸大的能力

人往往高估自己的能力，低估自己的缺点。一项调查说明，84%的中层管理者和97%的高级管理者认为，自己的业绩可以在组织中排进前10%。[1]这种高估自身能力的习惯极为普遍，它甚至拥有自己的名字：优于常人效应。一项被频繁引用的元研究发现，自我评价的业绩和实际业绩的相关性只有0.29，管理者的相关性更低，只有微不足道的0.04。[2]

自我膨胀的倾向性广泛存在，它在组织的最高层表现得尤为明显，原因如下。

第一，极度自信的人往往在权力竞争中占优势。研究发现，在评判他人能力时，我们会在很大程度上受到对方表面声势的影响。无论实际能力如何，一个人表现得越自信，我们就越容易相信他是有真才实学的。真正的能力往往难以评判，所以人们会退而求其次地衡量一个人的自信程度。加州大学的卡梅伦·安德森教授和他的同事开展了6项关于过度自信和社会地位的研究，结果有力证实了“自负的人往往在他人眼中显得更有能力”这一说法。[3]它说明了一点：最自信的人往往身居高位，而不是最有能力的人执掌大权。说得更直白些，位置越高，自我认知和现实之间的差距越大。无须怀疑，招摇撞骗而身居高位的人并不少见。

第二，在正式的层级结构中，权力关系是高度不对称的。管理者对下属拥有更多的控制权，反过来则不成立。这使得质疑上司能力的做法变得极其危险。如果你敢拿针尖对着老板天大的牛皮扎上一下，砰的一声粉碎的首先是你的前途。权力差异带来的是默从，很多领导者错误地把默从当作认同。看着人山人海的下属点头称是，领导们不禁心满意足——人们是在真心赞许，而不是为了保住自己的饭碗。在权力面前，令人不安的事实被彻底忽视，反对意见无法得到表达，人们只能在走廊里悄声表达对高管能力的质疑。

等级制度会传播关于高管能力不切实际的设想。第三点原因是，自上而下权威的信奉者普遍认为，“大”事只能由“大”领导拍板。确实，高层领导者需要对组织的战略最终负责，但这并不能说明他们是制定战略的最佳人选。高管团队的智慧和经验是有限的——常常是不够用的。然而，高层领导者通常不愿意通过群策群力的方式制定组织战略。毕竟，如果不是由他们亲手谋划未来、做出“重大决断”，那又怎么能证明他们丰厚薪酬的正当性呢？

这是等级制度的一大问题：人们指望领导者做出最重要的决策，但是问题的复杂性和模糊性远远超出任何一小群人所能达到的认知极限。正如我们在第 2 章提到的，等级制度总是把太多的责任赋予太少的人。让人遗憾的是，高管常常认为自己足以做出这样的决策。

以杰夫·伊梅尔特为例，他在 2001 年至 2017 年担任通用电气的董事长兼首席执行官。伊梅尔特的一些决策得到了广泛赞誉，例如出售通用电气公司的塑料业务。但是，很不幸，他还做出了太多充满问题的赌博，例如在金融危机前夕扩大通用电气资产的规模，向法国能源企业阿尔斯通支付过高的价码，一边大肆举债一边豪掷 930 亿美元回购股票，等等。在伊梅尔特掌舵期间，通用电气的股价仅上涨了 28%，相比之下，道琼斯工业平均指数增长了 183%。在与外部人士打交道时，伊梅尔特给人留下了睿智、充满魅力、求知若渴的好印象。在公司内部，他常常被奉为神机妙算的先知。一位通用电气的原管理人员告诉《财富》杂志记者杰夫·科尔文："最大的领导者一旦成为天下第一号聪明人，真正的问题就出现了。"[4] 伊梅尔特从未自诩全知全能，但是，官僚主义的权力结构不可避免地把首席执行官塑造成了超级英雄——是恭顺的员工、崇拜商界明星的记者和谄媚的咨询顾问有意地把这个神话维持下去的。

问题在于，夸大高管能力的假设对官僚主义本身也是有害的——事实上，它会削弱决策的质量。假以时日，它终将侵蚀员工对领导者的信心。

被错判的能力

无论怎样努力，人们都很难对自身能力做到纯粹客观。在我们判断他人能力的时候，情况会变得更糟糕。研究表明，我们做出的评判往往更多地关于自己，而不是被我们评判的人。这一现象也有自己的名字——"特异评估者偏见"。具体而言，有三种因素妨碍我们对他人做出可靠的评价。

先说第一种。我们有些人的评价标准比较严苛，也有一些人一贯慷慨大方。1998 年至 2010 年，有三项研究分别请管理者、平级员工和下属来评价同事的工作表现。结果发现，平均 60% 以上的评价偏差与评估的打分形式有关。[5]这些偏差使得个人评判变得极为不可靠。

我们会为最像自己的人打出最高分，这同样会带来偏差。我们会把这个世界分成“我们”和“他们”，这和我们希望的样子正好相反——原住民和移民、保守与自由的人、美丽的和普通的。心理学家称之为“内群体偏见”。无论我们多么热衷于多样性，内群体偏见依然根深蒂固。它甚至会表现在牙牙学语的孩子的身上。有这样一项研究，研究者先让 11 个月大的宝宝们在全麦饼干和麦圈两种点心中任选一项，然后摆出两个玩偶，一个玩偶表现出对同样食物的喜爱，另一个表现出对另一种食物的喜爱。结果显示，80% 的宝宝会选择具有同样食物偏好的玩偶。[6]

作为头脑清醒的成年人，我们会更多地意识到自身的偏见，但我们依然很难分清“谁更有能力”和“谁更让我感觉舒适”。艾米莉·张在她的著作《男性乌托邦》(*Brotopia*)中指出，尽管华尔街的男性雇员和女性雇员人数相当，但在技术行业里，女性的比例只有 25%。[7]更糟糕的是，女性吸引的风险投资只有微乎其微的 2%。尽管大多数技术领导者声称全神贯注于精英管理，但是有证据表明，所谓贤能者，大多先要通过“兄弟关系”测试。软件先驱米奇·卡普尔把这种藏在暗处的内群体偏见称为“镜像民主”。[8]

还有一种认知怪癖会导致误判——“光环效应”，或“尖角效应”。人们容易过于匆忙地对他人做出评断，而且常常依据第一印象做出评断。即使有新的数据输入，最初的看法也难以改变。研究者大卫·斯库曼发现，影响员工业绩考核的最大因素是，被考核者是不是由考核者招聘加入组织的。[9] 在光环效应的作用下，得到偏袒的员工可能在数月甚至数年的时间里一直业绩糟糕，却不会被解雇。

关于员工能力的评判常常是由一个人决定的——他（她）的顶头上司。这让上述种种偏见的破坏作用变得更严重。咨询顾问约翰·加德纳做过一个调查，他请 300 多位高管评价晋升决策中的偏袒情况。[10] 在这项研究中，“偏袒”的定义是“优先待遇赖以存在的、与个人能力无关的各种因素，如背景、意识形态或直觉等”。加德纳的研究表明：

- 75% 的高管在聘用过程中见过偏袒情况
- 94% 的高管认为，防止偏袒的政策并没有发挥作用
- 83% 的高管提出，偏袒造成了质量低下的晋升决策

简而言之，被用于聘用和晋升决策的“数据”充满了偏见——每个人对此都心知肚明。企业执行董事会开展的一项研究显示，有 77% 的人力资源高管承认，惯常的评价手段无法准确衡量员工的能力和贡献。这家机构的另一项研究发现，个人业绩考核与实际业务成果之间的关联性为 0。[11] 研究结果和我们平常看到的情况完全一致。

许多人力资源人士意识到改造业绩管理方式的必要性，但是，小修小补式的改良措施，如放弃强制性考评、把整个流程转移到线上、创造更多更频繁的考核机会等等，根本无法与系统性的偏见相抗衡。

超载的能力

历数组织成功必需的全套能力，官僚主义把其中的一项提到了最高位置：行政管理能力。区分管理者和非管理者的不是创造力、远见卓识或技术专业能力，而是神秘莫测的行政熟练程度——制订计划、制定预算、分派任务、准备报告，诸如此类。

当然，每家组织都离不开一定数量的行政工作，但通常来说，行政工作只不过是打造竞争优势过程中看得见、摸得到的工作。实际上，并不是行政能力在打造专利、制造新产品或者重塑商业模式。我们并不是说管理工作不重要，它极其重要，如果行政管理出了问题，企业一定会栽跟头。但是，通常单凭行政管理能力不可能让一家企业脱颖而出。对组织来说，行政管理能力就像人的呼吸、进食和睡眠——必不可少，却不是最关键的。

几代人之前，行政管理技能奇缺。但是，就像我们将要在第16章阐述的，如今的情况早已不可同日而语。尽管如此，单就美国而论，管理者和行政人员在劳动力中的占比为18%，工资薪酬却高达30%。

在官僚体制中，薪酬与职位挂钩。《财富》500强企业的一位执行副总裁可能拿到500万美元的年薪，而比他低两级的副总裁也许只能拿到50万美元，相比之下，后者少得可怜。从理论上说，这10倍的差距反映的是工作难度和影响力的差别；就实际而论，这些所谓差别更多是想象出来的。一位执行副总裁可能要比两级以下的副总裁监管的组织规模大一些，但是，单凭这一点并不足以证明前者的工作难度更高。不妨做一个假设，一个人管理一支 1 000 人的销售团队，这些人分布在十几个区域销售团队中，另一个人管理一支 100 人的产品开发团队。前者的工作并不见得更让人殚精竭虑，至少没有那么显而易见。通常情况下，执行副总裁的工作难度不见得比解决偏微分方程式更高，他们的下属的工作也不见得像求解长除法那么容易。但是二者的薪酬往往就是按照这样的差别支付的。

你可能不同意我的说法，你可能认为执行副总裁的决策可能比级别更低的副总裁做出的决策更重大。即便如此，也只有这位高级管理者令人信服地表现出比下属更高的智慧，才能证明二者薪酬巨大差距的正当性。令人遗憾的是，根本没有证据证明，智慧会随着级别而增高。事实上，越来越多的研究证明，这一说法是错误的——职权的扩大只会提高愚蠢决策的可能性。加州大学伯克利分校的心理学教授达谢·凯尔特纳用 20 多年的时间研究权力的影响。他得出的结论是："权力会让人更加意气用事，它会降低人的风险意识。"[12] 也就是说，也许执行副总裁的决策比级别较低的管理者的决策更重要，但是他们并非更可能是对的。如果他们错了，那就是真的错了。所以我们在上一章提出，只要有可能，重大决策应该在群众的审查下做出。

总而言之，行政管理者拥有超出合理比例的权力和报酬，这并不是因为他们的工作创造了超出比例的价值、挑战性更高或是更加"恰到好处"，而是因为官僚主义体系过分高估了行政管理能力的价值。它会根据管理者掌控的预算规模或员工数量为之支付薪酬，而不是依据他们创造的净增加值。

再次强调，事情不一定要这样。海尔、纽柯、万喜、戈尔公司等先驱组织把相当一部分行政管理工作分派给一线员工队伍。我们还记得，海尔在建立小微模式的过程中裁撤了 1 万个中层经理岗位——这个转变不但没有损害海尔的组织效率，反而加强了它的竞争力。

上文还提到通用电气公司设在北卡罗来纳州达勒姆的喷气发动机工厂，这家工厂有 300 多名技师，只有一名高级管理人员——厂长。这家工厂的每个班次会和上一班有一小时的重叠时间，团队会利用这一个小时聚在会议室里总结生产计划，解决供应链上出现的问题，调整任务分配，检视生产率数据，解决人力资源问题——这些工作都是在没有正式管理者监督的情况下被完成的。

这说起来可能让人难以接受，但是，在英才制度中，管理只是众多技能中的一项，而不是统领其他技能的技能。

有毒有害的能力

我们在第 3 章把官僚主义形容成庞大的、多玩家游戏，员工在那里你争我夺、奇招迭出，只为获得晋升大奖。这样的竞争只有一个赢家——那位血战到底，最终成为经理、部门主管或副总裁的人。从理论上讲，升职能证明一个人出众的领导技能或技术知识。在现实工作中，它成了金腰带，唯有深谙官僚主义斗争厚黑魔法才能获得，如埋没人才、逃避艰难的决策、转移针对自己的谴责、构陷竞争对手、谄媚上司等等。

官僚主义体制在鸡零狗碎的斗争中白白浪费了巨大的情感能量，数据成了匕首和投枪，专门用来对付自己的竞争对手，为了晋升而展开的零和竞争彻底葬送了共同掌权和合作，巧妙隐藏的利己主义败坏了决策的质量。就像我们已经看到并将继续看到的那样，官僚主义无法激发人最好的一面，我们不可能指望官僚主义体制让最好的人成为最高的领导者。

为了改变这一切，为了用英才制度取代官僚制度，必须做到以下四点：消减对业绩指标的评判，更好地统一智慧与权力，让薪酬与贡献挂钩，建立自然的、动态的层级结构。下面逐一论述。

消减对业绩指标的评判

尽管在雇用更多女性和少数族裔员工方面遇到了困难，但是谷歌公司始终坚定地投身于英才制度理念。这家公司尚未消除传统的汇报结构，但它下大力气去除管理中的偏见。这一切始于聘用流程。团队领导及以上职位的外部候选人至少要经过 4 个人的面试：急需招人上岗的管理者、与应聘岗位平级的经理、来自其他部门的代表、一两位应聘岗位的直接下属。每次面试的评分权重相同。通过这些现场面试的候选人还要经过部门级和更高级别招聘工作小组的审核。

人员晋升由跨部门小组决定，这些小组严重依赖于与候选人平级和下级的人员的反馈。为了保证客观性，每个候选人的资格还要参照最近晋升到类似职位的人的标准。

业绩考核的基础同样广泛。人们每年通过线上调查方式相互评分。随后，高层领导者组成小组，5 到 10 人一组，对比团队内部和团队之间的评分分布情况。这个流程减轻了管理者抬高自身团队评分的压力，体现了团队评估的特质。

谷歌降低了管理者在聘用、晋升和绩效评估工作中的个人影响力，既保证了偏见和袒护的最小化，又清楚地表明能力比手腕更重要。谷歌公司前人力运营主管拉斯洛·布洛克指出，这种做法“向求职者传递了一个强有力的信号，那就是谷歌公司的非层级化。与此同时，它还有助于防止任人唯亲”。[13]谷歌员工知道，他们的前途并没有牢牢握在上司手里。与其把时间浪费在阿谀奉承上，不如集中精力把工作做好。

位于康涅狄格州的桥水基金是全球最大的对冲基金。它在建设精英式组织方面的做法更激进。这家公司管理着 1 600 亿美元的资产，它的 1 500 名团队成员通过对通货膨胀、汇率和 GDP 增长等宏观趋势的押注来获取超高回报。从 1991 年到 2015 年，桥水的旗舰基金绝对阿尔法的投资者回报高达 450 亿美元，创下了行业纪录。[14]

1975 年，瑞·达利欧，一位爵士乐手的儿子，在纽约一个两居室的公寓里创办了桥水公司。达利欧在自己的著作《原则》中写道，“把桥水打造成了一个创意择优的机构。它不是一个专制机构，由我领导，其他人跟从；也不是一个民主机构，每个人都有平等的投票权；而是一个创意择优的机构，鼓励经过深思熟虑的意见不一致，根据不同人的相对长处分析和权衡他们的观点”。[15]

为了让英才制度更易于实施，桥水基金开发了一种实时反馈应用程序——点收集器。它是一种员工互评工具。评分区间为 1 到 10 分，评价范围涉及 100 多项指标，例如“从失误中学习”“根本原因诊断”“战略性思考”“展现出强大的智慧”“发挥创造力”“是一位严谨的问题解决者”“积极主动地塑造变革”等等。

这家公司鼓励团队成员在日常工作的互动中多使用点收集器。一位24岁的基层同事在与达利欧一同出席投资会议时，也必须像高层领导者那样诚实地为公司创始人打分（在达利欧得到的评分中，24%是4分或4分以下，这样的分数被视为否定性评价）。通常情况下，一位桥水的员工一年可以获得2 000多点，大约折合为每天8个点。[16] 高层领导经常可以获得数倍于2 000的点数。

只要打开点收集器，就可以看到本人10个大类的平均得分，例如“务实思维”“管理技能”“决断力”等等。双击某个分类，这款应用程序就会显示出该大类每个子类的得分情况。各个分数段按照不同的颜色代号沿着时间顺序排列（绿点代表7分及以上，红点代表5分及以下）。点击一个圆点，就能看到是谁在什么时候做出的评价。每个人都可以看到其他人的得分情况。

桥水基金当然会在人事决策中极大地参考点数情况，例如一个部门的临时负责人是否转正。尽管这位候选人确信自己拥有适当的能力，但其他人并没有这样肯定。这个时候，桥水基金不会由首席执行官来最终裁定，而是召集相关各方开会，把候选人的点收集器得分投放到大屏幕上。达利欧这样讲述他的亲身经历：“大家认真研究了他的点数。随后，我们先请这位候选人审视这组证据，然后请他思考一下，如果换成他是决策者，他会不会决定聘用自己。他做到了后退一步看待客观证据，他同意继续保持原来的职位，尝试在桥水基金找到更适合自身能力的其他岗位。”[17]

可能这种“永远在线”、超级透明的评价流程理念令你不安，但是点收集器并没有它看上去那么激进或与众不同。大多数大学教授都会在每个学期末接受学生的考评。学校会在线上搜集详细意见，其他学生和老师都能看到这些反馈意见。这种公开的、同伴评议式的评价让一些人感到不安，尽管如此，它依然是更好的能力标尺，远远好于一年一度自上而下的业绩考评。桥水的方法强调了专业技能，提高了天赋和职责的匹配程度，鼓励领导者诚实看待自身的局限性，为个人发展带来了更多激励。更重要的是，它降低了单一评价者的偏见风险。这让点收集器变成了一项必不可少的工具。它能对个人能力做出实事求是的评判。

专业素养与权力的统一

在理想情况下，影响力与专业素养相关，而不是与职务权力相连。它应该是由具体问题决定的。在这里，类似桥水基金点收集器式的流程再次发挥了作用。透明的、精确细密的能力数据是一种强有力的工具，有利于我们在面对具体决策时更好地权衡相互抵牾的观点，做出晓畅的决断。

举例说明。2012年，欧洲债务危机达到最高峰，桥水基金投资团队内部爆发了争论。有人认为欧洲中央银行会打破惯例，大量购入意大利、爱尔兰和西班牙等国的国债。另一些人认为，欧洲央行会追随德国的脚步，反对紧急财政援助。辩论持续了几个小时，双方意见争执不下，各自提出了极具说服力的论据，为此做出的投票同样显示出近乎持平的僵局。最后，每位团队成员的观点被赋予了可信度分值，这一分值是根据每个人的点收集器得分打出的。情况瞬间变得明朗起来：认为欧洲央行将会通过印钞的方式购买国债的人最可信。这个判断成了投资团队的共识。几天后，欧洲央行行长马里奥·德拉吉宣布，“欧洲央行将会竭尽所能地”挽救欧元——这个判断被证明是对的。[18]

如今，桥水基金公司的大部分决策都是这样做出的，影响力并非来自资历或头衔，而是来自一个人经过同行检验的可信度。在达利欧看来，根据可信度做出的决策：

> 消除了我认为的人类最大的悲剧之一，那就是傲慢地、幼稚地在内心深处坚持错误的观点，依据这些观点行事，不肯把它们拿出来经受压力测试。如果操作得当，集体决策大大优于个人决策。这是我们成功的秘诀。这是我们为客户赚到的钱多于其他对冲基金的原因，也是我们在过去的 26 年中有 23 年盈利的原因。[19]

达利欧指出，在 45 年的工作中，他的决策从未违背同事们基于可信度提出的建议，因为“那样太过傲慢，与创意择优精神背道而驰”。对达利欧来说，重新掌握职务权力的风险在于，他会“因此错失最好的想法和最优秀的思想者……身边围绕着阿谀奉承之辈，或者暗地里搞破坏的人，他们只会把不同的意见和压抑的怨毒藏在心里”。[20]

我们很难不认同达利欧的这一说法——权力应该来自对一个人

的理性论证，而不是他（她）所担任的职务。无论具体实现方式如何，决策最需要的是专业素养与权力的更好统一。

薪酬与贡献挂钩

如果说智慧不应该与级别挂钩，那么薪酬同样不应该与级别挂钩。谷歌公司深谙这一点。在这家公司，同一级别工作人员的奖金常常相差 3 倍以上。[21] 据传言，有几位特别能干的工程师拿着几百万美元的年薪，这主要得益于他们提高谷歌算法速度和效率的卓越能力。[22] 谷歌原董事长埃里克·施密特在他和乔纳森·罗森伯格共同撰写的著作《重新定义公司》中写道："在互联网时代，产品质量才是王道，因此，最高的报酬理应属于那些与卓越产品和伟大创意关系密切的人。也就是说，那些身处低位却对突破性产品或功能有所贡献的人，理应获得满意的回报。无论头衔和地位如何，那些旷世奇才就是应该得到超出常规的回报。"[23]

戈尔公司生产包括戈尔特斯在内的 1 000 多种高科技产品。这家企业的薪酬同样是与职位分离的。戈尔员工每年提交一次人选名单，列出 5 到 20 位对自身工作拥有第一手认识的同事。这些候选人随后会进入同事考评程序，以组对儿比较的形式被打分。举例来说，假设汤姆和丽贝卡都提名了詹妮弗作为候选考评人，在这种情况下，算法会确定两人的匹配度，请詹妮弗指出在汤姆和丽贝卡之间，谁在前一年对戈尔公司的贡献更大。（贡献的定义是一名员工对业务成果影响的性质和程度。）公司会搜集上万条这样的对比，它们会被整合在一起，以得出所有员工的贡献排名情况。总体排名一旦出炉，本地贡献委员会就会审议排名结果，并在适当情况下对排名做出微调。例如，如果上级评审员为某位员工给出的排名远远大于她的总体排名，本地贡献委员会可能会把她的排名适当调高。每个本地委员会都要包含一名“公平捍卫者”，专门负责为委员会指出潜在的偏见。

排名情况一旦确定，委员会接下来就会审议薪酬数据。目的是确保每个人的薪酬反映出同事评议的排名情况，保证他们与获得类似评价结果的同事的薪酬相当。假设某一年的平均涨薪幅度为 4%，那么，获得较高排名的员工可能会获得 15% 的加薪，而表现欠佳的员工可能得不到任何涨薪。全球薪酬委员和地区薪酬委员会负责关注特定的职能部门，例如工程、生产和财务等部门，委员会负责审查它们的工作成果，并根据公司的整体水平和外部基准做出适当的调整。

戈尔公司基于同事评价的薪酬体系促使每名员工思考如何为公司增加更多价值。该体系还会鼓励合作。戈尔的员工知道，他们是在向同事汇报，而不是向上司汇报，因此，他们愿意为同事付出更多。

尽管谷歌和戈尔的方法大不相同，但是这两家企业都竭尽全力地让员工的薪酬反映出他们的贡献，而不是反映各自的职务。它们想把每位员工的精力投到建设更优质的业务上，而不是投到升职的明争暗斗里。

建立自然的、动态的层级结构

英才机制的理念并不是否定层级结构的价值。前文提到，根据具体问题的不同，有些人应当拥有高于他人的权威。每个人的能力并不是均等的，也不是每个人都值得同样的信赖。官僚主义的问题并不在于层级结构本身，而在于单一的、形式化层级结构的大一统。在传统的金字塔结构中，权力是固定在职位之上的——职位是二元的、自上而下分布的。这就造成了危险的病态。

首先，职位权力的范围过于宽广，以至达到危险的境地。在形式化的层级结构中，高层管理者拥有广泛的决策权。例如，副总裁在他（她）的职权范围内拥有所有事务的最终决定权。这会造成一种极为普遍、有违常理的现象——高层管理人员总是从某个职能部门晋升而来，这突然就决定了他（她）有资格在他（她）几乎没有相关专业知识的事情上发表意见。举个最常见的例子，一位职业财务高管一旦升任首席执行官，就会立刻觉得自己足以成为生产设计的精明裁决者。

高管层面尤其如此，职务权力的范围通常远远大于在位者的能力范围。如果每位领导者都能成为谦逊的模范，这可能算不上问题，但是，官僚主义是容不下谦逊的。作为高层领导者，人们期望你成为通才——只有这样，才能证明你被夸大的组织地位是正当的。结果很可能是，你会情不自禁地对自己不懂如何解决的问题指手画脚、夸夸其谈。

其次，职务权力通常非黑即白。你要么是一位副总裁、部门负责人或主管，要么一无是处。这意味着，一位笨拙不堪的管理者会紧握自己的权力不放，直到被解雇或降职。无论在实际操作中，还是在情绪上，解除一个人的职务都是非常不容易的，因此，想要迈出这一步，证明一个人无能的证据必须极具说服力。结果是，能力与职权的重新统一常常出现严重的滞后，这会损害团队的士气，降低工作业绩。

最后，在形式化的层级结构中，下属没有选择领导者的权力。在官僚主义结构中，管理者的权力不需要依赖被管理者的认同而存在。这与社交网络刚好相反，社交网络中的权力是自下而上渗透的，而不是自上而下的。就像你是一位 YouTube 主播，拥有数百万粉丝，和游戏明星 DanTDM、LGBTQ[①] 活动家泰勒·奥克利或者 7 岁的玩具评论家瑞安一样，这和你被委任为副总裁的做法完全不同。这是普通人选择关注你，因为他们认为你的内容很有价值或者很有趣。

我们大多会在线上关注很多人。如果被关注者过气了，我们就会把注意力转移到别人身上。我们认为，组织中的权力同样应该是分散的、可变的。一个组织应该有多个层级结构，对应不同范畴的问题和事务。除此之外，权力应该是流动的——从那些不能创造价值的人流向不断增加价值的人。

晨星公司是一家不设经理的西红柿加工企业，它的权力就是这样运作的。随机提问晨星的工作人员，请他们说出最有价值的同事，你会一次又一次听到同样的名字。毫无疑问。谁是不可或缺的，谁不是，答案一目了然。晨星的组织并不是扁平的——有的员工比其他员工创造更多的增值、获得更高的薪酬，但是，在晨星公司，权力是专

① LGBTQ 指性少数群体，包括同性恋者、双性恋者、跨性别者等。——译者注

业能力的结果，而不是职务的馈赠，而且这里的权力是因事而异的。

在英才机制中，层级结构是自然发生的，而不是专横霸道的。权力本身是动态化的，个人的威信会伴随他们的业绩历史上升或下降。我们在前文描述过戈尔公司基于同事评议的薪酬模式。就像我们预料的那样，戈尔公司极大地信赖下属的自主权。戈尔公司没有组织架构图，也不存在形式化的层级结构。与此相反，这家公司把自己描述为一个巨大的点阵。戈尔的 1.1 万名员工被组织为很多个小型团队。每个团队有一位领导者，他（她）可能是一个更大的、跨界团队的一员。以戈尔价值几十亿美元的医疗材料业务为例，它拥有一个全球销售与市场营销团队。这个团队是由各个区域团队的领导者组成的。戈尔公司刻意不设头衔，因此，我们偶尔能在某个人的名片上看到“负责人”的字样，但是，无论怎样留意，我们绝对找不到类似副总裁、高级副总裁或执行副总裁之类的头衔。

最关键的是，戈尔的领导者是受制于被领导者的。在选择领导者方面，团队成员的意见发挥着最重要的作用。同时，领导者想要持续任职，下属的支持也是必不可少的。戈尔公司的每个人需要每年接受同事的评价——主要是人们为之服务的对象的评价，领导者也不例外。尽管领导者通常得分较高，但是某位领导者不一定是所在团队得分最高的人，也不一定是其中薪酬最高的人。即便如此，在考评中遭遇失败的领导者心里也明白，他们面临着被替换的风险。这样一来，领导者对“追随者”的质量高度关切也就不足为奇了。

戈尔的一项基本原则是“自愿投入”。这里没人拥有发号施令的权力。想要人们追随你，你就必须拿出这样做的理由。说服力、数据和能力都是行之有效的方法，但是以权压人是行不通的。一位戈尔员工告诉我："如果你召集一次会议，但是没人参加，那么你可能当不成领导者，这里没人必须出席谁的会议。"

戈尔公司的每个人都和公司存在财务上的利害关系，对大多数员工而言，这种利害关系是他们最大的金融资产。因此，这家公司的员工半点儿都容不下庸碌无为的领导者。你如果表现欠佳，你的同事就会找到更好的人来领导他们。

海尔的情况也是一样。就像我们在第 5 章提到的，一个小微团队如果连续 3 个月未能达到基本目标，领导重选程序就会自动启动。另外，无论何时，团队成员只要投出 2/3 的不信任票，就可以迫使现任领导者离开。无论哪种情况，新的领导者都要由团队成员选出。

海尔洗衣机平台的一个小微团队最近刚完成一次这样的程序。这个小微团队罢黜了自己的领导者，然后登广告招募新领导人。3 位应征者都是这个小微团队的成员。候选人名单确定之后，团队成员集中在一个会议室里，请候选人逐个入场，完成竞聘陈述。每名候选人回答同样的问题，包括"你的远景规划是什么？""你的计划好在哪里？""如果由你来领导，会带来怎样的改变？"等等。陈述结束后，成员们交换意见。最后，所有候选人返回会议室，团队进行举手表决。

行动起来

无论是晨星公司、戈尔公司、海尔还是桥水基金，重点都只有一个：形式化的层级结构应该为自然而然的、没那么专横僵化的层级结构让路。只有如此，我们才能建成健康活泼的英才机制。

要在组织中建立真正的英才机制，可以参考下面几点关键步骤。

1. 先请同事对你在一系列领域中的专业技能给出评价，并对你带来的增加价值做出评价。把这些评价分享给团队的其他成员，请他们提出改进建议。邀请人们追随你的领导。

2. 在更广泛的意义上确保能力和业绩评价由同事做出，确保每个人至少有5名评价者。还要让这些评价对每个人公开透明。

3. 在所有聘用和晋升决策中给予同事评价显著权重。

4. 尽可能把薪酬同职位分离开来，使之更紧密地与同事评价联系在一起。

5. 重新设计决策流程，更多采纳那些具备相关能力，并且得到了同事验证的人的意见。降低职务权力在决策形成过程中的影响力。

6. 赋予团队成员“解雇”专横、无能领导者的权力。

7. 最后一点，要为人们创造更多建功立业的机会。鼓励团队成员在不同岗位之间轮换，用难度更高的任务挑战员工，向一线团队成员开放管理培训机会，投入时间辅导他们。

人本主义的目标是创造环境，激励每个人发挥自身的最高水平。如果组织中有很多人认为只有吹牛大王才有机会出头，认为自己的能力和贡献常常遭到误判，认为只有高管才能拿到绝大部分的利益，认为很多领导者是不值得追随的，那么人本主义这一目标是不可能实现的。解决这些有害现实问题的良方是英才机制——这项原则是创造以人为本的组织的核心要素。

— 10 —

社群的力量

想一想这样一些时刻——和自己关心在乎的人一起完成有意义的事情的时刻，感到自己得到鼓励和支持的时刻，尽了自己最大的努力并感受到对方深深谢意的时刻，情感上的回报远远超过任何金钱回报的时刻。也许是在无家可归者收容所做义工，也许是在孩子的学校义务劳动，也许是在帮助一位政治候选人组织筹款，也许是和一支“老虎团队”合作开发一项全新的产品。无论具体经历如何，你可能都会觉得自己是某个团队的一部分，这个团队不仅仅是一个团队，它更是一个真正意义上的社群。

人类天生具有社群性。虽然灵长类动物和一些其他动物也会群居，但是没有哪种动物会像人类那样，把目的明确的、紧密的合作当作生活的中心。一些研究者认为，意识思维这种人类独有的特性最初是作为一种社会互动的工具出现的。[1]看起来，我们的大脑天生就是为社群而设计的。

马斯洛把人对归属感的需求置于物质需求和安全需求之上。不计其数的研究证明了社会关系和幸福感之间的关联。一项2015年的元研究发现，孤独对人体健康的危害丝毫不亚于肥胖、缺乏运动、吸烟、超量饮酒或心脏疾病。总体而言，与社交不足的人群相比，拥有发达社会关系的人群过早死亡的风险只有前者的一半。[2]

在这个超级繁忙、沟通数字化的世界里，我们赖以振作精神的人际纽带——那些稳定、频繁、充满关爱的人际关系——越来越难以获得了。这不仅成了我们情绪层面的问题，还影响着我们解决大大小小的问题的能力。19世纪初，当法国哲学家托克维尔访问美国时，他发现促进美国社会进步的力量既不是贵族，也不是官僚，而是由普通民众组成的自治组织，这让他惊异不已：

> 不同年龄、不同条件、不同思想的美国人总是团结一心。（他们）通过各种自治组织来举办活动，建立医院、监狱和学校。无论在美国的什么地方，领导每项新事业的都是自治组织。如果放在法国，它会是政府，如果放在英国，它可能是大有作为的贵族。我非常钦佩美国民众的无穷才智，他们总是能把共同的目标与众人的努力结合起来，让人们自由不羁地为之奋斗。[3]

美国西部拓荒时代最有代表性的社群活动是建造谷仓。当有新的定居者进入乡村社区时，乡邻们常常会联合起来帮助新成员修建谷仓。修建谷仓巩固了社区互助的常态，提高了社会凝聚力。当社区面临危机、需要协同应对时，这种互助和凝聚力就能发挥它们的力量。时至今日，企业和政府吸纳了社区的很多功能。尽管如此，它对个人福祉和集体成就仍然是不可缺少的。为了说明这一点，我们简要回顾两个例子，审视社群的作用。

戒酒无名会

全球大约有200万人每个星期都会举行小组聚会，鼓励成员戒酒。他们都是“戒酒无名会”的成员，他们组成了一个庞大的临时社群。加入这个社群的要求只有一个——对戒酒的渴望。无论是在教堂的地下室、休闲中心还是公共会堂，戒酒无名会的每次聚会都是自我组织、自担费用的。志愿者会提前安排好场地，准备好咖啡，募集捐款，发送资料，整理通信录。每次会议都会有“赞助人”——固定出席会议的人，他们热心地为新加入的成员奉献时间、提出建议。

一次又一次的会议巩固了成员之间的关系，这种关系带来了戒酒无名会的效率。自觉的酗酒者相互鼓励，在戒除酒瘾的惊涛骇浪中做对方的情感压舱石。[4]戒酒无名会的模式与正规治疗项目的认证和层级结构形成了鲜明对比。戒酒无名会不存在认证、监管和查验环节。治疗师和医生不可以参加戒酒无名会的活动，除非他们自己也是酗酒者。尽管并不具备专业能力，但是戒酒无名会的12个步骤帮助无数人克服了酒瘾。[5]

同样了不起的是，戒酒无名会是在没有正式组织的情况下提供服务的。戒酒无名会的11.8万个小组都是自主运作的。戒酒无名会的指导原则被称为“十二项传统”，这些传统和戒酒无名会的信条——所有戒酒无名会小组必须自担费用、保持非专业性——一样，都只是提供一个框架，不设具体细则。只要两三个酗酒者同意，他们就可以建立一个戒酒无名会小组。临近的小组可以选择共享一部分资源，如集会场所或电话热线等等，但是所有的协同合作都是自愿的。虽然戒酒无名会的成员遍布全球，但是它的核心组织只有不到 90 人。这些成员主要负责分发戒酒无名会资料，为当地协调人员举办年会。

《美国公共卫生杂志》原主编在一篇文章中这样总结戒酒无名会 75 年来的成就："它从表面的无秩序——反规则的传统、最大化的本地独立自主、不设集中式或层级式权威——中孕育出了一致性和稳定性。"[6] 这就是社群的力量。

携手奋进

这里有一个很难回答的问题：如果由你来大幅提高公共教育质量，你会做些什么？在过去的很多年里，这始终是教育工作者、家长和纳税人面对的最棘手的问题之一。尽管付出了数不尽的改革努力，但是美国公立中学的成绩一直处于漫长的滑坡中。曾几何时，美国的毕业率高居全球第一，现在，在 24 个工业化国家中却排在第 18 位。[7]

造成这一下滑的原因如此多样和复杂，人们不禁认为这个问题是无法解决的。它不存在药到病除的解决办法，无论是降低师生比、提高教师工资、加大家长参与还是课程改革，都没能扭转这一局面。然而，通向真正进步的大门在 2006 年被打开了。KnowledgeWorks，一家专注于教育的智库组织，在俄亥俄州的辛辛那提推出了“奋斗伙伴关系”项目。为了解决学业成绩低下的问题，这个项目团结形成了一个巨大的社群。这个项目的特点恰恰在于社群的规模和范围，共有300多个组织加入其中，包括学区、私人基金会、市政机构、区域雇主单位、本地大学和数十个倡导团体。

奋斗社群成员清楚地认识到问题的系统性，他们为自己设定了“从摇篮到就业”改善教育的目标。为了确保凝聚力，合作伙伴实施了一整套首要目标。15个被认为是“学生成功网络”的社区自组织，专注于诸如儿童早期教育和辅导等具体问题。各个网络采用共同的进步评价标准，在建议和评价行动时，这些网络以事实证据为基础，确保务实和严谨。很多网络还采用通用问题解决方法，如六西格玛等。这有助于社群成员形成一种共同语言和对问题根本原因的共同认识。

网络成员每两个星期组织一次会议，每次两个小时，会议的主要内容包括细化目标、制定方案、调整进度等。两次会议之间，成员的对话会被放到谷歌论坛等社交平台上。随着各个网络变得更具凝聚力，狭隘的地方思维就会退避三舍。例如，数据显示，同样是帮助幼儿做好入园准备，私立幼儿园往往要好于公立幼儿园，于是，城市教育系统把更多的资源投向私立机构。[8]

学生成功网络经常在成员组织中发展大量的子网络。很多本地学校建立了“数据作战室”，把成果图表张贴在墙上。教师们每两个星期开会回顾学习成绩、旷课和行为问题等数据。通过对这些趋势的紧密跟踪，教师们更好地把存在隐患的学生同外部帮扶资源对接起来，找到能够带来最大效果的干预措施。[9]

在辛辛那提启动后的4年里，奋斗伙伴关系项目的53个关键考核领域共有34个取得了进步。幼儿园在准备程度上提高了9%，四年级数学技能提高了14%，高中毕业率提升了11%。[10]这些成果引起了全美的关注，如今，美国的奋斗伙伴关系社区达到了70个。

规模的提升迫使奋斗伙伴关系项目协调机构提出了“行动理论”——建立强有力的、面向问题的必要核心步骤：

1. 阐明成果，即对社群合作伙伴极其重要的、共同的、可测量的成果。
2. 确定需要参与工作以达成结果的受众。
3. 确定不同的合作伙伴有效开展行动所需的技能。
4. 设计领导者和执行者团队，并支持他们持续不断地进行体验式学习。

虽然戒酒无名会和奋斗伙伴关系项目大不相同，但是它们同样致力于解决复杂的非常规问题。每个正在戒除酒瘾的人都是独一无二的综合体，包含千差万别的倾向性、创伤和特性，需要在康复过程中得到个性化的支持。同样的道理，每所成绩低下的学校面对的也是独一无二的情况组合——人口、文化、教育和制度情况，并且必须为之建立类似的独特的应对措施。在这两种情况下，成功取决于因地制宜的即兴发挥。这正是这些组织都是社群形式而不是层级结构的原因。它们不是依靠行政命令推进的，它们的前进动力是团结、无私、决心和责任感。

官僚主义体制在解决常规问题时表现卓越——比如处理数以百万计的信用卡交易，或者生产海量的电脑芯片。它们在整合多种输入信息方面同样表现优异，前提是协调工作事先得到了清晰的界定。尽管如此，在面对新问题，需要新的、没有现成脚本的合作模式时，官僚主义机构还是会被难住。奋斗伙伴关系项目的创始人杰夫·埃德蒙森说得很好："在复杂条件下，预先决定的解决办法要么无法确定，要么无法落实。"[11]

仅凭市场同样无法解决前沿问题。市场能做到的是揭示偏好，例如发现有多少人愿意花 5.5 万美元购买一辆特斯拉 Model 3，但是市场无法解决类似"如何设计一辆自动驾驶汽车"之类的新问题。解决这类问题需要的是一个社群，而不是一堆合同。

为了解决前所未有的问题，人们必须克服无法预见的障碍，并扩展人类认知的边界。只有社群能更好地做到这一点，也就是一群彼此接近、相互信任的同道中人，他们不在意级别，不受琐碎规则的约束，对彼此负责，为共同的目标团结在一起。现实生活中不乏这样的生动事例，例如初创企业团队、冠军橄榄球队、美国海豹突击队的一个排等等。

社群的沃土培育出了更多的奉献、能力和创造力，它们是官僚主义组织干涸的田垄所无力产出的。因此，"以业绩为导向的社群"是人本主义组织的中坚力量。

在进一步讨论之前，让我们先对"社群"的定义稍加论述。社群不仅仅是一个工作小组——向同一个上司汇报工作的个体的集合，或者完成类似工作的劳动者的集合，相反，它是一种通过信任关系组成的网络。组成社群的是力图开创新局面的人，他们拥有改变世界的共同热情。

社群与敏捷团队有着共同特征，比如明确的目标、一定程度的自治权等，但二者也有极大的不同。敏捷团队的最初原型是一小群程序员，他们各自负责开发同一个软件的不同部分。在大部分时间里，各个敏捷团队是独立行事的。相互的依赖关系往往被融入技术规范，这些规范规定了各种软件如何兼容。更复杂的互联互通问题是由团队负责人通过定期会议的形式解决的。尽管拥有这样那样的优势，但是敏捷团队处理广泛、复杂问题的能力是有限的，而这种能力是不可能被轻易割舍的。当相互之间的依赖关系发生变化，在面对难以预料的多学科问题时，人们需要借助社群的力量。

你可能会说：“好吧，但是，真的能在大型商业组织中建立起普遍的社群意识吗？”幸运的是，答案是肯定的。

西南航空：规模化社群

美国西南航空公司拥有 5.8 万名员工，连续 46 年实现盈利。从 1990 年到 2018 年，这家公司的收入只占行业收入的 6%，但它的净收入占了美国所有航空公司净收入的一半。[12] 西南航空不仅是美国最赚钱的航空公司，还是客运量最大的国内航空公司。平均每天有 40 多万旅客搭乘西南航空的航班出行。某行业网站显示，西南航空在其最繁忙的 100 条航线上平均占有 65% 的市场份额。[13] 更重要的是，这家航空公司还在许多效率指标上轻松击败了自己的竞争对手，例如员工平均收入、员工客座里程数等（如表 10–1 所示）。

表 10–1 美国主要航空公司业绩数据（部分）

	旅客 / 员工	员工 / 飞机	飞行小时 / 员工	可用座位英里 / 员工（千）	收入 / 员工（千美元）
西南航空	2 978	74	53.1	2 901	370
达美航空	1 697	104	36.0	2 691	341
美国航空	1 437	106	34.6	2 429	296
美国联合航空	1 180	122	32.2	2 648	310

资料来源：麻省理工学院全球航空业计划的航空数据项目，两位作者的分析。

西南航空的成本优势部分来自这家公司对低成本二线机场的偏爱，例如芝加哥中途岛机场、巴尔的摩华盛顿国际机场等。这家公司对简单性的精准聚焦也带来了节约。西南航空只使用一种机型——波音 737，而且从不提供指定座位服务。这家航空公司最大的优势并不是它的商业模式，而是它的用人模式。西南航空的创始人是烟不离手、嗜威士忌如命的赫伯·凯莱赫。凯莱赫指出："我们成功的核心也是竞争对手最难效仿之处。他们可以买到和我们一模一样的物件，但是他们买不到奉献、敬业和忠诚——那种感觉不像是在工作，而像是参加一次伟大的远征。"[14]

奉献、敬业和忠诚——它们同样是真正的社群的标志性特征，也是让西南航空区别于竞争对手的地方。虽然西南航空有 83% 的员工加入了工会，但是这家公司从未遭受罢工的困扰——在以糟糕的劳资关系闻名的航空业里，西南航空真算得上出色的例外。这家公司还拥有业内最高的员工保持率。

飞机停在机场里是没有办法赚钱的，所以，航空公司都在努力减少周转时间。这看上去平淡无奇，其实不然，为一架喷气式客机卸货、提供补给、把它重新送回天空，这是对实时解决问题的能力的极大考验。

在引导飞机落地之前，地勤设备必须预先到位。喷气桥要连接稳妥，乘客离机的必要辅助设备必须一应俱全。货舱需要有人卸运、垃圾槽需要有人清空、水箱需要有人补满。整个飞机需要有人清洗、装载饮食、加油。也许还有损坏的座椅需要人维修，可能有座舱仪表需要人更换。离港乘客要登机，安全须知要演示。还要有人计算飞机的重量和平衡因素、填写离港文件。需要有人安置登机旅客堆积如山的随身行李，与此同时，托运行李需要被装运到机身下部的货舱里。总之，一次周转包含着100多项各不相同的工作，需要十几个，甚至更多的团队去处理，包括旅客服务人员、登机口服务人员、机坪操作人员、行李搬运人员、维修保养团队、饮食供应团队、加油操作人员、飞行员团队、空乘人员等等。

几乎每次周转都会出现一些小问题——设备故障、吹毛求疵的乘客、电脑故障、登机口临时变更、机组人员迟到、糟糕的天气、意外失误等等。机场团队团结一心、解决各种问题的能力和意愿决定了一架飞机能否准时起飞。在保证快速周转方面，西南航空建立了强烈的集体责任感。无论什么原因，航班的延误都被视为团队的失败。于是，我们不难见到西南航空的飞行员在收拾垃圾，或者技术娴熟的技师在装卸行李。关键时刻，部门孤岛和人们的头衔统统消失不见了。大家并肩作战，努力让飞机尽快起飞。虽然西南航空的员工有着明确的分工，但是每个人的岗位描述都含蓄地表达了与此相关的指令，用一个机坪管理员的话来说就是：“你还需要做什么来提升整体运作。”

西南航空创造了35分钟的业内最短平均周转时间，考虑到西南航空的登机口人员只有其他航空公司的一半，这真是个了不起的成就。[15]西南航空一架波音737平均每位员工每年飞行约53个小时，比最接近它的竞争对手高出50%。其他航空公司往往充斥着狭隘的分工、糟糕的沟通、悬殊的地位差别和团队精神的严重缺失，这一切都严重挫伤了社群精神。而社群精神正是西南航空充满活力的、实时协同合作的基础。

虽然西南航空不遗余力地控制成本，但是乘客对它的评价极高。这同样是这家公司社群精神带来的结果。2019年，凯莱赫辞世。对凯莱赫来说，打造非凡企业的秘诀在于，要像“对待家人一样对待员工，用爱来引导员工的工作”。[16]他的逻辑非常简单：只有员工感觉自己受到了重视和尊重，乘客才有可能受到重视和尊重。这也是西南航空永远把员工放在第一位的原因。根据具体岗位的不同，西南航空的工资高出行业水平16%到31%。值得注意的是，这一福利并不属于管理层。西南航空管理层的平均薪酬低于行业标准约1/3。西南航空还建立了慷慨的利润分成计划。在最近的一年里，这一计划共计支出了5.44亿美元，约等于每位员工的基本工资增加了11%。凯莱赫曾经对一组员工说：“我们要降低一切成本，但是不包括工资、福利和利润分成。这就是西南航空的竞争之道，我们不会像别的航空公司那样降低员工的工资和福利待遇。”

要打造一个更像社群而不是企业的组织，这需要多方面的工作。

西南航空的做法包括以下几点。

值得在乎的使命

把一个社群紧密结合在一起的是使命感——比如戒酒，或者帮助高中学生考上大学。从成立之日起，西南航空的使命就是让每个人都负担得起并享受空中旅行的乐趣。1971 年，西南航空首航，当时搭乘飞机还是一种比较奢侈的旅行方式。凯莱赫和他的同事决心改变这一切，做到“天空平民化”。面对残酷的竞争和充满敌意的监管环境，西南航空顽强地追逐自己的梦想——让每个人拥有“飞行的自由”。凯莱赫的多年知己罗伊·斯彭斯说过：“商业战略不断变化，但使命保持不变。西南航空的每个人都是为这种自由而奋斗的战士。”[17]

西南航空新员工在入职时要飞到公司在达拉斯的总部，参加名为“欢迎登机”的入职培训。新员工会在这里学习实用的建议，学会如何把这家航空公司的价值观运用到实际工作中去，例如“战斗精神”“风趣态度”“仆之心”等等。资深员工会分享这家航空公司的历史故事，突出强调西南航空为大众创造飞行机会的不懈热情。公司内部文化顾问谢里尔·休伊指出：“我们向员工讲述公司从何而来，我们坚守的是什么，就像家长给孩子讲过去的事一样。家人之间当然要分享家族的历史。”[18]

几乎每家公司都有自己的使命宣言，但大多数组织的员工都不相信自己正在实现这些使命。西南航空成立至今的 50 多年来，飞行自由这一使命依然是西南航空公司整个社群跳动的心脏。

开放的沟通、透明的数据

社群离不开心连心的紧密关系，而沟通是一切关系的基础。无论在什么情况下，直截了当的对话都是不容易的，层级结构会让这种对话变得尤其充满挑战性。在官僚主义组织中，吹毛求疵的管理者经常阻止人们提出问题或者承认错误。职能孤岛会封锁信息，派系斗争会戕害团队合作，互不信任的氛围会打消人们共享信息的念头。

这些异常现象严重损害了协同合作能力。让飞机掉头需要几十个人实时高保真通信。如果有人没有及时报告问题或者寻求帮助，一次小小的耽搁就可能造成极大的延误。因此，西南航空大力提倡坦诚、主动的沟通。一位西南航空的飞行员说："当务之急是协同合作，不能动辄指责他人。"[19]

开放的沟通还需要公开透明的财务信息。西南航空每个季度都会在内部交流平台 LuvLines 上分享财务信息，尤其注重 4 种"魔力指标"：净收入、利润、可用座位英里成本和资本收益。员工可以看到公司"繁荣目标"的完成情况，算出它对本人薪酬的影响。比如，如果公司在某一变量上未能获得提升，每 2.5 万美元的薪酬将减少 850 美元的利润分成。[20] 事实上，西南航空的每位员工都在使用同样的财务语言，这极大地提高了沟通质量和合作精神。

许多公司的默认原则是保密，而西南航空的默认原则是公开。西南航空菲尼克斯分部的一张海报精辟地说明了这一点："你如果拥有知识，请帮助他人点亮烛光。"[21]

足够的安全感，让人们放心大胆地做自己

如果你是某个社群的一分子，你会感到足够的安全，能够放心大胆地做自己。这会为学习和提高打开大门。它还会带给人们勇于冒险的自信心。信心是创新的必备因素。

和很多大公司的首席执行官相比，赫伯·凯莱赫大不一样，他不太把自己当回事。他会穿着色彩亮丽的夏威夷花衬衫出席商业会议，伸出舌头假装生气，穿着夸张的服装参加公司聚会，他甚至讲自己的笑话逗同事们开心。凯莱赫曾经以掰手腕的方式解决了一场法律诉讼，他甚至为此暂时给员工放假，让员工赶到那个破败不堪的拳击馆里见证这场表演。[22]凯莱赫始终是那个无拘无束、不加矫饰的自己，他同样准许西南航空的每一名员工像自己一样表现出真实的一面。凯莱赫说过："我们为人们创造机会，帮助人们做与众不同的人。我们的工作不设条条框框——每个人都可以快乐地享受工作。大家对此反响积极。"[23]

人们如果感到足够安全，就会觉得有些古怪也不算什么，这样一来，当你的工作出现纰漏时，你也有足够的安全感主动上报。宽容和风趣是西南航空公司文化的一部分。科琳·巴雷特是西南航空的元老，曾经担任公司总裁兼首席运营官7年之久。巴雷特指出：

> 我们必须做到宽以待人。每当人们犯下无心之过时，我们都会表现出极大的包容和宽恕。你必须非常小心你如何处理这个错误，唤起当事人的重视，如果有的话，你要如何惩戒，如果有的话，你要如何提供建议。[24]

最后一点，鼓励人们做真实的自己还可以提升乘客体验。每位西南航空的乘客都能讲出自己的亲身经历——身穿滑稽服装的登机口检票员、用说唱的方式传达飞行安全须知、飞行过程中的搞怪游戏等等。

很多人认为，高绩效文化应该是刻板的、吹毛求疵的、无情的，西南航空打破了这种刻板印象。真实性、风趣幽默、宽容——它们让社群变成了值得加入的所在。

自主决断的权力

如果19世纪的美国农场主需要建造一座谷仓，把它刷成红色，再装上一个铁皮屋顶，他们用不着事先取得谁的同意。如今，最有效率的社群同样是自主管理的。在科琳·巴雷特担任西南航空首席运营官期间，她告诉自己的员工："只要不违反法律、道德和伦理，你们有权代表乘客做出决定，有权忽视和放弃公司的政策和流程。"[25]

西南航空的一线团队都知道，他们在服务乘客方面拥有极大的自由度，可以任意发挥创造力。正是这样的自由度——而不是一整套行为规范——帮助西南航空的员工为乘客创造了许许多多的难忘记忆。这样的例子有很多，例如，西南航空的员工曾经为一对儿新人安排过空中婚礼；曾经帮助忙着赶飞机，忘记带法定狗笼的旅客临时看护宠物；曾经有一位癌症患者搭乘西南航空的飞机赶往另一座城市接受治疗，她在那座陌生的城市里举目无亲，于是西南航空的员工邀请她住在自己的家里。[26]

是共同的责任心和决策自由把一个社群紧密团结在一起。这个简单的道理正是西南航空公司文化的基础，它同样是纽柯公司的显著特征。正如纽柯充满先驱精神的首席执行官肯·艾弗森所说："我们放手让员工定义自己的工作，让员工想方设法优化他们的生产率。"[27]人们通过持续不断的对话来表达个性和观点，表达恐惧和希望，建立友谊的纽带。因此，只会听命行事的人是无法组成社群的。

对等问责

西南航空的团队成员首先对自己的乘客和同事负责，然后对上司负责。一位站场管理者指出："我们总是一起成功，一起失败。"[28] 一位登机口工作人员用简单的话表达了同样的情感："站在你身边的同事是你永远可以信赖依靠的人。"

在通常情况下，对等问责带来的协同合作与奉献精神远远大于自上而下的问责制。一位从其他航空公司跳槽来到西南航空的飞行员对同事的工作效率表达了由衷的惊叹："我从未见过这么多人为了同一件事如此卖力地工作。"[29] 另一位团队成员说："这里只有一个目标：100% 的乘客满意度。只要在航站楼里走一走，你就能感受到这个目标。人们强烈地期望成为这个团队的一分子。"以业绩为导向的社群容不下游手好闲的人。当这种追求卓越的压力反映的是同事们的共同愿望，而不是上司的鞭策时，它给人的感觉就截然不同了。

西南航空公司清楚地认识到，公司如果不对员工负责，就无法指望员工对公司负责。尽管航空业存在强周期性，但西南航空从未通过裁员的方式来提高利润。凯莱赫经常提醒自己的同事："对公司文化损害最大的做法莫过于裁员。"

相互尊重

人总是喜欢分个三六九等——无论是依照财富、受教育程度、能力、外表吸引力、时尚感、运动才能，还是在社交媒体上获得的点赞数。这些高下之分有时是有益的，但多数是自我主义的产物。为了更良好的自我感觉，我们会刻意贬低他人。毋庸讳言，傲慢会毒害协作精神。

社群会消除地位的差异。社群中的每个人都会觉得自己很重要。这并不是偶然发生的。恰恰相反，它反映的是一种有意的选择：选择平等对待每个人，选择为每个人的贡献欢呼喝彩。

多年来，西南航空一直努力确保每位员工都能感到自己受到了重视，公司对每个工作岗位都一视同仁，确保每个岗位对创造非凡的乘客服务同等重要。为了做到这一点，西南航空鼓励员工在工作中相互补位。例如，你可能看到一位飞行员正在装卸行李，这样可以帮助他更好地理解行李装卸团队的工作。

大多数航空公司建有明确的层级结构，技能娴熟的技师排在最上面，客舱保洁员排在最下面，西南航空却没有如此。一位西南航空的登机口工作人员说："我永远不会去别的航空公司工作，那里敌意太大了，而这里很酷。无论有没有大学文凭，是不是高中毕业，这些都不重要。这里没有高低贵贱之分，只有优秀的职业道德。"一位客服专员表示赞同："没人把别人的工作视为理所当然。行李搬运工和飞行员的工作同样必不可少。"

西南航空公司明白，团队成员之间的相互尊重会极大地提高工作业绩。尽管市场会对某些技能给予更好的褒奖，但是对同事的尊重不能以他们的薪酬高低为指标。众所周知，凯莱赫对这一点极为坚决。他说过："职位和头衔根本没有什么意义。它们不过是代号而已，无法代表一个人的本色。每个人、每件工作都同等重要。"[30]对凯莱赫来说，西南航空公司是众人能力的拼图，而不是个人权力的金字塔。

家的感觉

家庭是绝大多数人经历过的最亲密的社群，紧随其后的是我们与最亲密的朋友形成的伙伴关系。这两种关系的特征在于爱——你会感到与生俱来的价值，尽管你不够完美，但家人和朋友们依然认同你、爱你。爱是灵魂的食粮，但大多数人不大可能在工作中收获爱。盖洛普公司的美国职场状态调查覆盖 19.5 万名职场人士。这项调查显示，每 10 位受访者只有 2 位在工作中拥有关系亲密的朋友。[31]

随便问一位西南航空的员工："是什么让你的公司与众不同？"你得到的答案很有可能是，"这里是个大家庭"。成立至今，西南航空始终不知疲倦地在整个员工队伍中建立强有力的亲密关系纽带，就连这家公司的股票代号都是"爱"（LUV）。

还记得凯莱赫的名言"像对待家人一样对待员工，用爱来引导员工的工作"吗？如果没有一以贯之的努力作为支撑，如果不能始终如一地秉持慷慨、善良和包容的美德，凯莱赫的这句话就会变成无可救药的陈词滥调。在西南航空公司，这一切始于招聘流程。西南航空的招聘内容远不止面试。高级人事经理卢克·斯通告诉我们：

> 我们考虑的是如何让应聘者在整个过程中与我们的员工互动，因为这些员工对最终的录用拥有发言权。我们会从最初接触应聘者的那一刻开始考察：他们是如何对待帮助他们安排行程和面试的员工的？是如何与面试房间里的每个人交流互动的——不只是最资深的面试考官，还有所有其他人。我们希望员工可以在工作中做真正的自己，而不仅仅在生活中做真正的自己，所

以，我们的面试最看重的是应聘者如何与每个人互动。[32]

同理心——人们理解他人感受、做出合理反应的能力——是爱的第一要义。西南航空公司明白，教会人们如何做好空乘工作并不难，难的是教会人们想他人之所想，感受他人的感受。

“仆之心”这句口号集中体现了西南航空对爱的珍视。公司鼓励每位团队成员“遵循黄金法则”“待人以敬”“拥抱西南航空大家庭”。

1990年，科琳·巴雷特成立了“公司文化委员会”，并为它赋予了培养独树一帜企业价值的宗旨。如今，这个委员会拥有大约240名成员，他们遍布这家航空公司的各个层面。委员任期3年，主要职责是在各自的岗位上积极支持文化建设，并在年度峰会上分享各自的成功经验。

每年都有团队成员被同事推选为践行公司价值观的代表，他们会得到公司总部和各个分部的诸多奖励。除此之外，公司每年会设计常变常新的系列活动，培养服务精神。以“曲棍球日”为例，文化委员会的成员会为刚刚到岗的机组人员带来惊喜，为他们带来点心和打包好的午餐。接下来，他们会使用“曲棍球”——一种小型手动清扫装置——帮忙清扫机舱，让机组人员有时间休息一下。一位参加过“曲棍球日”的员工说：“员工关心员工，这就是我们公司的成功秘诀。”[33]

这一点的最好体现莫过于西南航空的员工聚会。这家公司每年会在美国的三四个城市举办员工聚会。这些活动吸引了数千名团队成员，许多人甚至带来自己的家人或朋友。员工走进公司同事搭建的展位，听取管理团队的报告，了解公司最新情况，为公司取得的重要成就欢呼喝彩，和自己“同心同路”的团队伙伴聚会狂欢。

官僚主义体制中的关系基本上由职务和权力差异决定。相较之下，社群中的关系由同理心和同事情谊的纽带决定。这一爱与权力的分野引起了摩根索的强烈兴趣。摩根索是20世纪全球政治领域的主要思想家之一。他关于爱与权力分野的观点发表在1962年的一篇论文上。几十年后，两位美国学者罗伊·鲍迈斯特和马克·利里对他的观点做出了精辟的总结：

> 爱与权力的主要区别在于，爱渴望个人界限的相互消融，带来平等主义的融合，形成新的整体；而权力寻求的是既有边界的单边主义征服，这样一来，力量较强一方的意志最终变成了双方的意志。[34]

对权力的寻求与对真诚关系的追求是彼此矛盾的。这也是西南航空大力倡导“仆从式领导”的原因所在。凯莱赫和绝大多数首席执行官不同，他不怕说出“爱”这个字。凯莱赫说过：“一家企业如果因爱团结在一起，而不是被恐惧绑在一起，就会变得更强大。”凯莱赫把每位同事都当成家人。其结果是：一种爱心满溢的企业文化。一位在菲尼克斯工作的客户服务主管总结得非常到位：“最重要的是，每个人都很在乎。现在我终于明白了，为什么这里的每个人总是面带微笑。”[35]

如果没有警惕性，社群就会变得偏狭保守、排他主义盛行。凯莱赫总是敏于阻止部落习性的产生。他讲过一位员工的故事，这位员工总是在对话的开头使用“在我的部门……”。凯莱赫跳起来对他说：“你还是西南航空的一员吗？很抱歉，我没发现你已经独立出去了。你有没有及时通知美国证券交易委员会（SEC）？”[36]凯莱赫的重点在于，西南航空做的每件事都不只是为了建设独立部门，还为了建设贯穿整个公司的“社区的社区”。

走向社群

我们大多数人都有两个截然不同的自己。一个是工作中的自己，它表现在日复一日的工作中。另一个是生活中的自己，它只会在家人和朋友的陪伴下现出真面目。工作中的自己总是严肃拘谨，充满警惕，情绪紧绷。同事们只能偶尔窥到我们内在自我的吉光片羽。他们基本上不清楚我们的爱好、家庭动态、健康状况、情感创伤和人生梦想。我们会告诫自己，或者别人会告诫我们，这些事与工作无关。这当然是一句错误的废话。

如果你正在经历离婚，有一个孩子正在戒毒，最近失去了父母，需要做手术，或者发现自己处在其他人生危机之中，那么你需要向人倾诉，向那些真正关心你的人倾诉。如果工作中没有这样的人，如果独自与这些焦虑和恐惧斗争，如果每天连续工作 8 到 10 个小时，那么遭殃的将是你自己、你的同事，还有你的组织。还记得盖洛普的调查吗？每 10 位受访者只有 2 位在工作中拥有关系亲密的朋友。基于这一调查，盖洛普推测，如果这个数字提升 3 倍，变成 10 人中 6 人拥有朋友，那么，平均每家公司的盈利能力会提高 12%。[37] 只要稍加思索，我们就会发现这完全说得通。道理很简单，如果员工各自为政，我们怎能指望他们全身心投入工作？

我们都听说过很多关于工作与生活平衡的讨论，但是很少听说过工作与心灵一体化的话题。工作中的自己既不应该否定生活中的自己，也不应该凌驾于其上。恰恰相反，工作应该认同个人，与个人融为一体。在以业绩为导向的社群中，工作中的自己不应该与生活中的自己割裂，也不应该妨碍它发挥作用，相反，二者应该交织在一起。无论在工作中，还是在生活里，我们都把大部分时间花在简单地完成事情上。但是，我们必须知道，自己在关键时刻能够依靠身边的人。我们需要的不仅仅是同事，也需要支持自己的人、盟友和伙伴——富有同理心、忠诚的职场朋友。

就像前文提到的，西南航空和纽柯的企业文化非常相似。纽柯提出要“打造人，而不是钢材”，西南航空把自己描述成“人的企业，而不是飞机的企业”[38]。两家公司都花了几十年把社群精神融入招聘、培训和流程等各项工作。几十年来，两家公司的业绩都轻松地超越了各自的竞争对手。这是巧合吗？我看不是。

行动起来

为了在组织中加强社群纽带的作用，你会做些什么？基于纽柯和西南航空的经验，下面列出 7 点建议。

1. 为你所在的部门——如果可能，最好为整个组织——重塑使命宣言，使之在情感上与每位团队成员产生共鸣，为人们树立共同的事业目标。

2. 尽一切努力为团队成员提供技能和信息，帮助员工实现协作，做出集体判断。帮助员工减少对管理者的依赖。

3. 在与人交往时，寻求机会表露自我，同时鼓励他人做出同样的表露。用温柔体谅之心对待在工作之外遇到困难的人。

4. 请团队成员指出，哪些工作的自主权可以带来更好的顾客体验或更高的运营效率。细心稳健地扩大员工的决策权。

5. 设定以团队为基础的目标和奖励，鼓励团队成员之间的责任与担当。

6. 创造机会，鼓励员工在工作中相互补位，培养相互尊重，不失时机地消除职位和等级造成的差异。

7. 招聘更有同理心的人，遵循黄金法则，为善行善举欢呼喝彩。

最重要的是把目光放长远——强大的社群并不是短短一个月就能建成的，甚至不是一年就能建成的。

如果有一天，我们的团队、我们的部门，甚至整个公司里的人都能像纽柯的约翰·费里奥拉那样说出“我们更像一个大家庭而不是一家公司”[39]时，我们就会知道，我们建设社群的努力终于成功了。

— 11 —

开放的力量

无论对组织还是对社会而言，开放都会带来繁荣，封闭则会造成停滞。城市的适应力来自开放性与多样性，例如纽约和伦敦。纽约5个城区的居民说着800种语言，这让纽约成为全球语言最多样化的城市。[1]在和纽约隔大西洋相望的伦敦，持有非英国护照的常住居民比例超过30%。[2]

在一个充满生机的城市里，人们会遇到多种多样的人，体会到不同的思考方式，以及丰富多彩的穿着、祈祷、工作、爱与游乐的方式。这种多样性带来了广阔的组合空间——近乎无限的机会，通过崭新的方式实现想法、人才和资源的混搭。

开放性同样是世界一流大学保持适应能力的秘诀。在800多年的漫长历史中，牛津大学、剑桥大学、索邦大学和博洛尼亚大学不断地吸引着全球各地的学者。和城市一样，大学也会从积极的反馈效应中受益。想象一下，假如你是一名才华横溢的年轻物理学者，梦想着有朝一日获得诺贝尔奖，你最想去哪里开展博士后研究？你很可能选择一所培养过众多诺贝尔奖获得者的大学。聪慧的人从来都是相互吸引的——这也是一流大学始终保持一流的重要原因。

难怪城市和大学都是创新的不竭源泉。2015 年至 2017 年，旧金山、圣何塞、纽约和伦敦的风险投资交易总数近 1.3 万笔，占全球总数的 1/4。[3] 2013 年至 2017 年，美国大学申请专利数量超过了 3.3 万项，培育了 4 800 多家初创企业。[4]

开放式创新的吸引力

近年来，渴望收获开放果实的企业推出了大量开放式创新项目。众包就是其中最流行的变化形式之一。线上房地产列表服务公司 Zillow 就是个典型的例子。为了提高其估算房产价值的能力，这家公司公开征集最优秀的算法，并为此开出了 100 万美元的优厚奖金。比赛吸引了全球 91 个国家的 3 800 多项方案，最终获胜的团队由来自加拿大、摩洛哥和美国的创新者组成。

企业有时也会寻求客户的支持。丹麦玩具厂商乐高通过专门网站支持玩家的共同创造，热心的乐高迷可以在这里提出自己对未来产品的创意。获得超过 1 万张选票的方案会得到乐高专家的审核。一些创意会被投入生产，例如《回到未来》中的 DeLorean 汽车，创意提出者会得到 1% 的版权费。在超过 10 年的运营期间，“乐高创意”累计搜集了超过 2.6 万件创意方案。

另一种开放式创新的启动方式是孵化器。由企业支持的创新孵化器通常集中在创新重镇，如硅谷、柏林和特拉维夫等。这些孵化中心为初创企业提供场地、工具和指导，以此换取初创企业的股权。很多大型企业成立了新企业孵化机构，包括空中客车、可口可乐、强生、万事达卡和沃尔玛等等。

尽管开放式创新风靡一时，但是并没有证据证明它能让大型企业变得更富创造力或适应性。在实际工作中，外部众包和共同创造常常只能产生边际收益。仍然以 Zillow 为例，这家公司轰轰烈烈的创新竞赛只为它的“Zestimate”算法准确度带来了 13% 的提高——这也许只够证明 100 万美元奖金没有白花，但是不足以改写整个游戏规则。“乐高创意”的影响力同样有限。整整 10 年，只有 23 种用户创造的积木套装进入市场——和同一时期的 7 000 种内部孵化的产品相比，简直是沧海一粟。

人们也许对孵化器期许甚高，毕竟大多数孵化器设立的初衷是支持激进彻底的创新。2017 年，沃尔玛在新泽西建立了名为 Store No. 8（8 号店）的创新孵化器，旨在开发“改变零售行业未来”的能力。[5]这是个大胆的目标，但它实现的机会颇为渺茫。问题不在于沃尔玛本身，而在于专业风险投资机构的固有局限性。绝大多数孵化器坐落在远离总部的地方。从理论上讲，这样有助于隔离一成不变的企业思维，但这也使得利用母公司的各项资源变得困难重重——孵化器的工作人员如果全部由新人充当，缺乏强有力的内部关系网络，这个问题就会变得更加严重。实际上，有些孵化器设立在硅谷或伦敦的创业中心肖尔迪奇区，这样也许能让招聘新型人才变得更容易，但并不能帮助孵化器躲避行政干预。根据我们的经验，企业出资人经常给孵化器施加各种目标、政策和流程。这些通常与孕育新企业这种充满风险、难以预料的工作极不相称，捆住了孵化器的手脚。不仅如此，一家员工人数有限的孵化机构，不大可能同时处理太多项创意。这会限制人们发现下一个重大突破的机会。综合以上原因，孵化器很难对母公司的财富有明显的促升作用。

亨利·切萨布鲁夫2003年的著作《开放式创新》突出了这一概念，切萨布鲁夫指出，如果提供支持的首席执行官离任，开放式创新项目通常会失去前进的动力，这一事实表明，这些项目未能产生足以确保形成制度化的成果。[6]哈佛大学创新科学实验室研究员卡里姆·拉哈宁认同这一观点："开放式创新流程有望提高创造性产出，但是，我们很少听说这种方式能成功推出新技术、产品或服务。"[7]

当然，颇具讽刺意味的是，大型组织确实是开放的。员工每天和成千上万的客户互动。高管和经理们不断地和供应商、咨询顾问、监管者以及其他利益相关者交流。那么，为什么开放式创新没有带来更大的影响力？为什么这样的协作没有像城市或大学那样表现出应有的适应性和创新性？坦率地说，这是因为组织负责人的头脑严重封闭，不肯接纳丝毫有悖传统的想法。

封闭的头脑

早在半个多世纪前，托马斯·库恩就提出，我们都是自身范式的囚徒。即使是科学家——这个公开宣称献身开放式探究的群体——也会在面对新证据时紧握自己熟悉的理论不放。就像库恩观察到的那样，"所有的重大突破都是对陈旧思维方式的突破"。

人们困在自身思维中的原因有很多，排在第一位的是盲目否定。人总是容易低估令自己不快的事实。例如，2016年，美国广播和有线电视运营商康卡斯特的一位高管在一次会议上表示，他的公司根本没把新媒体放在眼里。他还指出，YouTube只能算个“小把戏”，网飞的设计也“不足以对我们形成像样的冲击”。[8]他的说法完全罔顾两家流媒体公司接近指数级增长率的客观事实。

其次，我们即使没有否定什么，也会对不符合既有心智类型的数据视而不见。在普拉哈拉德关于“金字塔底层”的开创式著作之前，大多数企业忽视了全球有35亿人每天赖以度日的生活费不足5.5美元的事实。[9]

最后一点，大多数人会被紧急事务消耗得筋疲力尽。我们在惯例和常规的沟壑中埋头奔走。明明身处五光十色的奇妙世界，我们却常常错误地把井口当成了天。

换句话说，我们理应彼此提醒，要“保持开放的头脑”。我们都很清楚，否定、常规思维和忙碌会让我们的视野变窄。官僚主义会让这个问题变得更糟糕，其中的原因是多方面的：自上而下的权力结构会惩罚异端思想，短期运营压力没有给探索发现留出一丁点儿时间，部门孤岛限制了跨越边界的学习，对整齐划一的癖好截断了对新机会的探索，凡事保密的倾向性封锁了宝贵的信息。最终的结果是：官僚主义带来的视盲。

开放式创新是个绝妙的好想法。它打开了窗子，敞开了大门，掀掉了屋顶。但是，我们和我们的同事如果不能真正开放自己的头脑，拥抱近乎无限可能的世界，就无法看到想象力的喷发，也看不到组织的重生。

开放的头脑

面对同样的事物，为什么有些人能看到炫目的崭新可能，而另一些人只能看到熟悉的平淡和单调？是因为有些人的头脑天生带有独特的创造力基因吗？也许是，但是在绝大多数情况下，觉悟更多是非凡经历的结果，而不是非凡大脑的产物。

2005年，乔布斯这样讲述了自己的经历：

> 由于我（从大学）辍学，无课可上，所以决定去旁听书法课，学学怎么写字。我学会了衬线字体、无衬线字体，知道了不同字母组合间距的变化，懂得了出色的版面设计好在哪里。它的美、它的历史感、它在艺术上的妙处都是科学无法捕捉的。我觉得这一切太迷人了。当然，这一切对我的生活没有半点儿实际作用。但是，10年后，当我设计第一台麦金塔计算机时，它们立即回到我身边。[10]

谁能想到，一次不期而遇的书法课最终改变了人类与计算机的交互方式？但这正是创新的作用方式。灵感的闪现是无法提前安排的，就像闪电总是不期而至一样。但这并不影响我们建造避雷针。我们只要有意识地开放头脑，拥抱新的可能，就有极大的可能提高自己捕捉灵感闪电的概率。

通过对众多全球知名创新主体的多年研究，我们发现，有 4 种知觉习惯特别有助于启迪新机会。

习惯 1：挑战未经验证的假设

让我们回到库恩关于科学创新的经典研究上。库恩检视了过去几十年的科学发展，提出了以下结论：

> 凡是提出新范式、取得新突破的人，几乎总是非常年轻……或者对该范式改变的领域知之甚少。科学传统规则的既有实践对（这些人）束缚较少，他们因此更有可能看到这些规则已经无法定义当前的情况，更有可能构想出一套新的规则取而代之。[11]

也许我们已不再年轻，但我们依然可以培养佛教僧人铃木俊隆所称的“初心”。[12] 铃木在 1971 年圆寂，他不可能预见 Innocentive 的诞生。Innocentive 是一个众包平台，企业可以在那里提出问题，向平台上的 39 万名“问题解决者”邀买方案。一项覆盖了 166 个 Innocentive 有奖问答的研究证明了铃木俊隆提出的命题：绝大多数成功的“问题解决者”来自与当前问题没有直接关系的其他领域。[13] 这些横向思考的人成功地解决了本领域专家未能解决的问题。

传统观念带来传统结果。这也是新人往往更具创新优势的原因——他们的思想尚未受到多年行业经验的束缚。但是，此处存在这样一种风险：传统智慧常常是正确的。以航空业为例，盲目挑战“安全第一”或者“人们希望准时抵达目的地”的假定当然是愚蠢至极的。但是，西南航空推翻了“平价机票意味着糟糕的、冷漠的服务”这一假设，这无疑是天才的做法。

这样一来，问题就变成了如何区分物理定律和教条的铁律。这是一项精细微妙的工作。应该从何做起呢？

第一，要找到相似之处。通常来说，现有组织的战略会日渐趋同。一种有用的做法是摆出同一行业不同企业的商业模式，找出它们的重叠部分。只要发现竞争对手正在做同样的工作，我们就问问自己：“如果我们向这一观念发起挑战，会带来什么结果？”几个世纪以来，旅馆经营者认为，想为旅客提供住宿，自己首先要拥有可供出租的房产。爱彼迎推翻了这个观念，这家公司如今在全世界挂牌出租的房屋多达600万处。

第二，专注于尚未改变的部分。你的战略的哪些方面是几年甚至几十年来一直停滞不变的？多年以来，传统的做法会像墙纸一样让人视而不见。我们要做的就是弄清楚这些被我们视为理所当然的做法是否仍然有效。例如，尽管遭到许多传统汽车厂商的抵制，但是，特斯拉挑战了多年以来通过独立经销商销售汽车的传统做法。这家公司时髦的自营店大多开在高端购物场所，能为客户提供一次轻松愉快的购车体验。特斯拉深知，降低客户体验的传统做法是他们发起挑战的最佳对象。

第三，要做到极致。找出一项业绩参数——价格、可选性、可用性、速度等等——问问自己，我们的目标如果是把这项参数提升10倍，那么会带来什么结果？50年前，一位名叫戈文达帕·文卡塔斯瓦米的退休医生立志在印度根除不必要的失明。在此之前，印度有数百万白内障患者，他们无力承担手术费用。文卡塔斯瓦米医生考虑的是：怎样把手术费用降低 90%，甚至更多？他从快餐行业获得了灵感。他想："如果麦当劳能卖出数百万个汉堡，为什么（我们）不能销售数百万台复明手术？"[14] 如今，他的专科医疗网络亚拉文眼科关爱中心每年要实施 50 万台白内障手术。每位外科医生每年要做 2 000 台手术，相比之下，他们的美国同行平均每年只做 125 台手术。这样的规模效益，加上其他规模效益，把手术费用降到了发达国家同类手术费用的 5% 左右——即便如此，亚拉文眼科关爱中心的手术并发症的发生率通常也低于西方国家。

我们会在人生的大部分时间里遵循传统智慧行事——这没什么值得羞愧的。但是，我们都应该时不时地后撤一步，审视自己的信念。我们要培养习惯，把每一种设想当成假想，始终对不一致性敞开大门。

习惯 2：对变化的部分保持警醒

开放的头脑意味着对正在变化的事物保持开放。成功的创新者会注意那些刚刚在地平线上探出头的事物——那些新生的、满载着变革潜力的趋势。

大型企业常常对新趋势表现得漠不关心。例如，为什么是露露乐蒙在女士健身风潮，尤其是瑜伽热潮中赚得盆满钵满，而不是耐克或安德玛？传统思维是其中一个原因。传统的运动服装企业根本没把瑜伽视为一项运动。瑜伽既没有职业联盟，也没有运动巨星代言。但是，如果说运动就是需要体育技能的活动，那么瑜伽绝对属于运动（你如果对这一点有所怀疑，请打开你的网络浏览器，搜索"侧乌鸦式”就会明白了）。

耐克和别的企业都忽视了两种日益增长的趋势。第一种是越来越多的女性越来越认真地健身，但是她们时间有限。她们需要一种既合身又得体的服装，可以穿着它们走在大街上，直接往返健身房。第二种趋势是健身概念的变化。它不再仅仅是简单地减掉几磅体重，而是达到更好的身心平衡状态——就像露露乐蒙铺天盖地的口号说的那样：“爱自己，成为生活中的一道风景。”截至本书撰写时，露露乐蒙的市值已经达到 290 亿美元。这是耐克等企业为自己的短视付出的代价。

既然如此，你准备如何开放头脑，迎接未来？

首先要为自己创造收获惊喜的机会。这意味着多多探访新的所在，多和自己平常不打交道的人交流。这意味着扩大自己的信息来源，在线上多多关注全新领域中的人。就像小说家威廉·吉布森观察的：“未来早已来到——只是分布不均。”也就是说，我们如果只是坐在原地，也许确实无法看到它，但是，我们如果东找找、西望望，可能就会发现它。

例如，如果想瞥见数字化未来的样貌，你最好的选择并不是硅谷，而是中国。如今，全球电子商务销售总额的 55% 以上来自中国，它拥有全世界最大的数字支付系统，它在物联网领域一马当先。除此之外，中国已经在数字化服务领域实现了贸易顺差。[15]

因此，请静下心来想一想。你最近看到了什么令人惊喜的、日新月异的事物？

它也许是……

越来越多的人倾向于“订阅”而不是“拥有”

为了连接数字世界与真实世界，增强现实（AR）的运用日益广泛

零售行业从完成交易到提供体验的转变

人们对本土品牌的兴趣与日俱增

区块链技术的推广应用

欧洲和美国的政治中心地位一直在萎缩

数字技术对心理健康的负面影响

人们对大型机构的信任感逐年降低

或者是全新的其他事物

锁定一个令人着迷的趋势，然后问问你自己：这个趋势会带来什么？它可能引发怎样的连锁反应？它会不会孕育出相反的趋势？仅仅发现趋势是不够的，你还要对它产生的涟漪效应做出预判。

习惯 3：重新定位技能和资产的用途

开放的头脑意味着对自己所在组织的重新思考。我们可能早已习惯通过自己生产或销售的产品来定义企业，但是，为了发现新机会，我们需要更加深入的观察。我们要问：“支持企业成功的技能或‘核心能力’是什么？”接下来还要问：“怎样把这些技能用于创造新的产品和服务？”

Time Out 是一家历史悠久的城市娱乐指南出版公司，它是一个立足于核心能力开展创新的绝佳案例。每个月有 740 万人阅读 Time Out 的杂志，超过 2.17 亿人在线上访问这家公司的推荐。和许多出版企

业一样，Time Out 也曾经依靠单一的广告收入挣扎在生存线边缘。这家企业的主要资产是独有的文化热点捕捉能力。它深入全球 40 多个城市，建立了灵敏的嗅探网络，善于发现最好的餐厅、俱乐部和活动。几年前，Time Out 里斯本团队独出机杼地想出一种新方法来利用公司的人才进行文化策划。

这个团队想知道，除了报道最好的美食场所，该怎样让游客和本地人更容易地享受城市提供的最好馈赠。他们想出的答案是：找一个有趣的场地，邀请里斯本最酷的餐厅、酒吧和食品摊主齐聚一堂。这个想法从概念到实现只用了不到一年时间。里斯本的 Time Out 市集占地 7.5 万平方英尺，拥有 24 家餐厅、3 位米其林星级厨师、8 个快餐亭、8 家酒吧、4 家食品商店和一所夜店。除此之外，这里还有一所烹饪学校、共享办公空间和能容纳 900 人的音乐场地。Time Out 获得收入的 30%，还获得了酒水饮料销售权。2018 年，这个市集吸引了 390 万名游客——它成了里斯本游客数量排名第二的热门景点。这个概念毫无意外地被复制到很多其他城市，包括芝加哥、迈阿密、波士顿、纽约和蒙特利尔。

请审视你所在的组织，哪些技能或资产可以派上新用场？一定要认真审视，不看不知道。

习惯 4：挖掘未被满足的需求

有的时候，想要开放的头脑，首先要有一颗开放的心。只有足够贴近顾客，才能感受他们的感受。只有这样，你才能看到机会，通过鼓舞人心的方式革新客户体验。

官僚主义注重思辨，漠视感受。因此，绝大多数企业在解读用户情绪方面的糟糕表现达到令人诧异的程度。每一天，这些企业都会通过花样翻新的方式惹恼自己的用户。你如果也曾经举着电话、听着音乐，苦苦等待和客服通话，就会明白这一点。电话那头毫无头绪的胡扯会让等候通话的时间变得更加难以忍受——它们似乎是专门为了惹恼用户、让用户分泌更多皮质醇而设计的。

值得庆幸的是，起码还有一些公司称得上典范——提高而不是降低了用户体验，并且通过可变现的方式做到了这一点。亚马逊的 Prime 会员订阅服务提供无限次的两天内送达服务，并且适用于所有订单。这项服务帮助用户省去了每次下单都要考虑运费的麻烦。亚马逊无人超市服务的目标同样是减少用户购买过程中的摩擦。亚马逊正在陆续推出这些实体商店，它们不设人工结账环节——只需要扫描 Amazon Go 应用程序，挑选你需要的商品，然后走出去即可。

让用户心满意足的创意不一定非要运用高科技，甚至不一定成本高昂。你有没有过把手机遗忘在公共洗手间的痛苦经历？如果没有，你很幸运，但是这种情况发生的频率很高，远远超出我们的想象。一家日本高速公路服务企业发现，自己的员工每个月要花 30 个小时为手机寻找失主。他们想到了什么妙招？他们为洗手间每一扇隔间门安装了新型插销，在关上隔间门时，插销上会架起足够大的搁物板，足够放下一部手机或一串钥匙——这个简单的改进让遗忘物品变成了几乎不可能发生的事。就像乔布斯说的:“并不是改天换地才算得上重要。”

关键是要了解在用户旅程地图的每个阶段产生或没有产生的情

绪状态。要留心寻找情绪线索——皱起的眉头、噘起的双唇、困惑的眼神、咬紧的牙关。还要思考:“是什么引发了这样的情绪？如何让对方放松下来？”

未来并不是草原上的狮子，它不会隐藏在茂盛的长草中，突然向猎物发起袭击——尽管对那些疏忽大意的人来说，情况可能就是如此。未来通常是可以预见或想象的。只要经过恰当的培训和练习，我们就能学会打开自己的头脑，拥抱新的可能性。然而，很少有哪个组织会帮助自己的员工掌握这些技能，很少有哪个组织会为每位团队成员的创意做出投资。这是一种巨大的失败，但并非没有补救的办法。首先要承认，每个人，无论其角色或头衔是什么，都值得享有培养自身创意才能的机会。

封闭的战略

仅仅用新思想武装一个组织是不够的。同样重要的还有流程，也就是把这些认识整合为一致战略的过程。有些专家学者告诉我们，在这个加速变革的世界里，战略已不再重要。他们错了。

我们在前面的章节提到，组织需要更少的整齐划一、更多的明快活泼。这意味着将庞大的业务单元拆分成较小的、独立自主的业务单元，还要为一线团队授权，支持他们做出聪明、快速的决定。敏捷固然是必不可少的，知道自己在做什么同样重要。

要想在竞争中战胜一群初创企业，大型企业必须利用规模和范围的优势。这常常离不开多个运营单元之间协同一致的行动。进入一个新市场并非易事，但是，如果多个团队协同努力，就有机会分享彼此的认识和投入，提高成功的可能性。纽柯公司多家工厂共同进军汽车业务的大型协作就是个很好的例子。同样，各个运营单元能够通过技能和资产的共享获得成本优势。这正是海尔在整个公司范围内推进其世界领先的物联网平台 COSMOPLat 开发计划的逻辑。这些支柱战略的目标并不是限制一线创新，而是帮助内部创业者更快地扩大规模。

对下一个规划阶段以外的目标而言，我们仍然需要保持方向的稳定性。新业务的建立和新能力的培养需要时间。十几年前，苹果公司致力于成为世界级芯片设计厂商。通过开发专有的计算机芯片，这家公司希望为其不断扩展的产品组合带来进一步的差异化。在过去的十几年里，为了提高在低功耗芯片领域的专业能力，苹果公司完成了一连串的收购，还挖来几十位顶尖设计人员，并为他们提供了超越同行的必需资源。这一努力最终带来了巨大的回报。A12X 仿生芯片是苹果公司最新推出的处理器，主要用于 iPad Pro 平板电脑。根据苹果公司的宣传，这款芯片让 iPad Pro 的处理能力超过了市面上绝大多数的笔记本电脑。如今，苹果公司所有的硬件产品都配备了专有芯片，为用户带来了多项好处，如面部识别登录、更长的电池续航等等。如果苹果公司的芯片设计业务是一家独立的企业，它可以在全球芯片行业排到第 4 名。[16] 这就是持之以恒的力量。

一致性固然重要，创造性同样重要。一项战略最重要的是它与其他战略的不同。问题在于，如果我们的组织对未来没有独树一帜的认识，何来独树一帜的战略？

我们生活在一个动荡不安的时代，但是它并不属于后战略时代。任何一家期望保持影响力的组织都要有对未来的看法，这种看法要确保一致性、激励创造力、激发人们的勇气。当然，一项战略还必须足够健全，要经得住未知情况的考验，还需要具备前瞻性，否则组织就会失去目标和方向。

每个高管团队都应该问自己一个重要问题："在未来的几年里，我们的组织应当如何重塑自我，改变身边的世界？"每位高管都应该写下这个问题的答案，并且使用"从……到……"的形式，把这当作一项演习。然后，顶层管理团队应该问问自己：

> 人们是否就关键优先事项达成了共识？我们的观点是否一致？
>
> 我们的计划是否出乎竞争对手的意料？是否具有差异性？
>
> 我们的战略是否具备足够的弹性？我们是否足够雄心勃勃？

我们发现我们给出的答案经常是否定的。我们推定的战略常常是混乱的、平庸的、缺少信心的。

普华永道2018年的一项调查显示，参与调查的6 000位高管，仅有37%声称自己的公司拥有明确的战略，73%的人怀疑自己公司的战略是否具有创新性，只有13%的人认为自己的组织建立了面向未来的能力建设的路线图。[17]这些发现毫不令人惊讶。在大多数企业里，规划工作是由精英主导的、公式化的、外推式的。它是一种自上而下的、以预算为核心的例行公事，仅能调动组织集体想象力的极小一部分——换句话说，它几乎完全站在了激动人心的、集思广益的、寻找新机会的对立面。除非这种情况发生改变，否则企业对未来的感知只能局限在捕风捉影的水平上。

开放的战略

请教一位首席执行官："贵公司的战略负责人是哪一位？"她也许会告诉你"是我"或"执行委员会"。这是个大问题。我们在前面的章节提到过，高层管理者往往不愿意放弃旧有的确定性，他们没有站在发现未来的有利位置上。即使高层团队都是绝顶聪明、先知式的人物，他们的创造力总和也不足以胜任手头的工作。

由于改变行业面貌的商业创意极为罕见，所以，提出突破性战略的可能性取决于组织产生大量战略选择的能力。就自上而下的流程而言，它的问题在于，顶层缺乏足够的人手做到这一点。我们需要的是一种能够产生数以千计而不是数以十计的新创意的方法，并利用群体智慧将其提炼成一种开创性的策略。

企业执着追求运营效率是对的，但是，有没有人关心战略效率？要如何才能知道组织是否在可能范围内实现了各项资源的最高回报？你要如何知道资产和能力是针对可能范围之内的最好机会进行部署的？如果组织不能在放手一搏之前探索出广泛的、可能的选择，我们就不可能得出这些问题的答案。

在形成战略的过程中，首先要大量发散，然后才能聚焦。这离不开鼓励激进思想、包容新观点的流程。战略的形成应该是全公司范围的对话，要向员工、客户和外部合作伙伴敞开大门。

但是这样做的目的并不是简单地产生大量的想法。就像我们在上文提到的，一致性同样重要。在审视所有战略选择时，我们要问自己："我们的主题是什么？应当从哪里获取规模和范围优势？重塑我们根本身份的元机会是什么？实现我们最大胆梦想的最高目标是什么？"

同自上而下的战略流程相比，开放式的战略流程显得更杂乱，也更耗时费力，但是后者的益处值得我们付出更多的心力。根据我们的经验，它的益处有以下几点。

更大胆、更具雄心的创意。如果战略对话在人数众多、种类繁多的参与者之间展开，颠覆性战略产生的可能性就会大大增加。我们如果不听新意见，就不会有新选择。

更高的责任感。人们如果参与了战略制定，就会对它产生更高的责任感。广泛参与的过程带来的是属于每个人的战略，而不是首席执行官的战略，也不是董事会的战略。

更高的信任度。对大多数员工而言，战略的形成就像黑匣子一样神秘。它偶尔会提出一些新的重要工作，但是为什么是这项工作？其他选择有没有得到应有的考虑？最终决策的标准是什么？大多数员工都不知道。但是，我们如果希望人们信赖一项战略，就必须让大家明白这项战略是如何被制定出来的。

更细的粒度。自上而下的战略本质上是抽象的。正如一位首席执行官所说："我们在医疗保健领域抓住了重大机遇。"这句话究竟是什么意思？它的可行性如何？与此相反，开放式的战略流程会带来 50 种、100 种想法，我们可以确信，最终形成的战略将会是颗粒状的。只需要浏览战略文档中的标题，我们就能发现细节，而不是笼而统之的概述。

更快的实施。如果战略是秘密形成的，员工可能需要几个月，甚至几年才能通盘理解新的计划——假设战略中存在可供理解的内容。在开放式流程中，员工能够实时看到战略的形成。当战略开始发挥效用时，人们早已做好准备，跃跃欲试了。

更低的惰性。随着企业的发展和官僚主义的倍增，领导者开始采取防守策略。他们的座右铭是：不求有功，但求无过。这样会带来惰性，摆脱这种情况的唯一办法是培养更多未来的支持者，让它的阵容和力量大于现状的支持者。开放式战略流程帮助持不同意见的人发出声音，它有助于打破怯懦的枷锁。

实践中的开放式战略

你如果依然对开放式战略的优势半信半疑，请参考以下简短案例，它们都是开放式战略在实际工作中的运用。

3M：向客户开放

拥有 115 年历史的企业并不算多，能够做到繁荣兴旺的少之又少。这让 3M（明尼苏达矿务及制造业公司）成为其中的杰出代表。这家公司的产品手册上有超过 5 万种产品，它也许是全世界最会持续创新的企业。很多用户是通过思高透明胶带和便利贴认识 3M

的。这家公司320亿美元的年销售收入有85%来自工业产品，例如柔性电路、反光膜、医用织物，以及数不尽的各种薄膜、黏合剂和研磨纸。

通常情况下，3M年销售收入的近1/3来自上市不到5年的产品。这家公司取得的许多突破可以追溯到它与用户共同寻找新商机的系统方法上。3M并没有把自己视为各种业务的组合，它更多地把自己视为多项能力的组合。这家公司的46项核心技术包括微生物检测、蒸汽处理、微复制、纳米技术和制陶工艺。在3M，创新意味着通过新的方式运用这些能力，帮助用户解决问题。

这种“点金术”大部分发生在3M的90个实验室和技术中心里。这些实验室和中心每年接待几十万次的客户来访。通常由来访公司先做介绍，随后，3M的行业和技术专家会提出许多开放式问题。这样做的目的是发掘用户的深层需求。接下来，访客会参观3M的“创新大观园”展厅，着重了解这家公司的46个技术平台。最后是集中式的头脑风暴，讨论如何把这些能力同用户的问题结合起来。伟世通是一家汽车零配件厂商。在伟世通的一次来访中，双方激发出一项新创意：利用薄膜技术为塑料内饰件带来个性化的外观和触感。另一项突破是利用3M的新雪丽材料制作轻型隔音设备。

3M每年都会举行数千场开放式对话，为用户提供机会，共同打造公司战略。在这里，一个被永远重复的问题是：“还有什么是我们应该做，但是还未想到的？”

思科：向创业者开放

思科的总部位于圣何塞，这家公司一直背靠湾区的创业生态系统感知和捕捉方兴未艾的机会。多年来，思科收购了200多家初创企业，它的企业风险投资部门是整个硅谷最活跃的风投机构之一。近年来，思科转向开放式创新，发挥创业人才的力量。吉多·乔雷特曾担任思科早期开放式创新负责人。乔雷特这样解释其背后的逻辑："我们相信，向更广阔的世界敞开怀抱，我们可以收获自己未曾发现的想法，在这个过程中，我们还可以摆脱以公司为中心的陈旧视角，用全新的眼光看待技术、市场和自身。"[18]

与其他企业不同，思科开放式创新的重点并不是解决具体而微的技术问题，而是为企业的战略进程助力。2007年，思科发出了首个开放式创新的挑战邀请，名为I-Prize竞赛，目标是挖掘公司的下一项几十亿美元量级的业务。来自104个国家的2 500余名创新者向I-Prize提交了1 200项创意。一项聚焦于智能电网的方案最终拔得头筹，获得了25万美元的奖金。

2016年，思科推出了创新挑战赛。这项赛事为期半年，目标是探索物联网领域的未来机会。主办方提供25万美元的奖金，吸引了来自170多个国家的5 713项方案。大赛评委会由100多位行业专家组成，主要负责初选工作。最终，由行业权威组成的小组选出了前三名。3个优胜团队受邀来到思科的一处创新中心，为自己的创意制作产品原型，向思科风险基金团队路演。

2017年以来，思科每年都会组织全球问题解决者挑战赛，专注于运用数字技术解决顽固的社会问题。2018年最热门的创意是便携式胎儿心脏监护仪，该方案由孟买一家初创公司提出。这种低成本设备的设计初衷是在乡村地区发现高危妊娠情况。这项年度赛事直接为思科公司带来了一项核心战略——发挥物联网技术的力量，到 2025 年为全球 10 亿人带来积极影响。[19]

通过多种多样的开放式创新项目，思科公司不断检验和升级战略。乔雷特指出："我们看到了世界各地人们眼中的思科，找到了应该奋力追求的市场。和别的公司一样，我们往往会用单一视角看世界——我们应该从事这种业务，而不是那种业务。许多参赛者的眼界非常宽，他们的视野远远大于思科所能达到的程度。"[20]

阿迪达斯北美公司：向员工开放

阿迪达斯是享誉全球的顶级运动品牌之一，年销售收入超过 230 亿美元。尽管阿迪达斯一直称霸欧洲的足球世界，但它在美国的业务时常挣扎在危机边缘。2014 年，阿迪达斯决心改变这一切，委派马克·金担任北美公司总裁。金曾经令高尔夫球具制造商泰勒梅扭亏为盈，如今，金肩负着重振品牌、让阿迪达斯在美国的业务重回正轨的重任。

金来到俄勒冈州的波特兰市，那是里阿迪达斯美国总部所在地。他发现自己的团队能力不俗，但士气低落。当时，阿迪达斯刚刚被安德玛超越，失去了市场第二名的位置，销售收入连续第二年下滑。这家公司正在失去零售货架上的位置，产品利润也落在同城竞争对手耐克的身后。这里与欧洲总部隔着 9 个时区，美国团队知道，他们必须更好地融入美国独特的本土体育文化。

金面对的第一项挑战是说服董事会大幅提高对美国市场的投入。作为回报，金向公司保证，阿迪达斯将会成为美国市场增长最快的运动品牌——人们早就对北美业务长期以来的低迷表现习以为常了，所以，金提出的承诺似乎有些骇人听闻。最后，金拿到了梦寐以求的投资，阿迪达斯还把全球设计总部搬到了波特兰，这一举措既具有象征意义，又具有现实意义。

金实地考察了公司在美国的各个营业点，他发现了大量被压抑的创造力。根据金的推测，复兴阿迪达斯北美业务的原动力就藏在3 500名受薪员工的头脑中。问题在于如何提升人们的创造性思维品质，让新的创意浮出水面，建立增长型战略——而且这一切要在短短几个月而不是几年内完成。金为此给出的答案是成立阿迪达斯创新学院，一项为期10周的培训项目。该项目旨在教会员工如何像行业颠覆者那样思考，并邀请他们协助建立公司战略。开幕式活动向全体北美员工直播，金的致辞开门见山，其大意是，如果没有新创意，公司就不可能恢复增长。金说："这是你我共同创造公司未来的良机。"

培训的核心是一个为期4周的课程模块，主要向学员介绍上文提到的各项颠覆者习惯。学员每周接受挑战，提出新的见解，并把它们张贴到共享平台上。员工共提出1万多种看法，其中有些直接挑战了当时的战略。例如，难道成功的唯一办法就是和耐克、安德玛硬碰硬地正面竞争吗？还有一些看法强调了公司尚未留意的新趋势，例如电子竞技的快速增长。电子竞技者通常组队竞赛，有时现场会有欢呼喝彩的观众。

在接下来的4周里，员工的任务是把自己的见解转变为商业构想。其中一种见解强调，零售商在与公司条块分割的商业团队打交道时困难重重。拟议的创新是：为线上、线下零售商建立更简便、一致性更强的界面。

短短一个月，学员想出了近 1 000 条商业构想，每一条都由同伴完成了潜在影响力和可行性的评分。和之前的见解一样，员工同样为这些商业构想添加了标签，让它们更方便查询，也减少了重复。

虽然创意形成过程并没有对提交创意的类型做出任何限定，但是绝大多数创意最终集中在十几个大问题或战略性主题上，例如，得女性顾客者得天下、重塑公司与零售商之间的关系等等。通过这样的分组，个人创意相互补充，共同验证了更广泛的机会。

2015 年底，公司邀请所有参加这一培训的员工协助筛选有前途的创意。这个过程得出 9 项方案，随后在全员出席的会议上以类似“创智赢家”的方式进行路演。阿迪达斯现任北美总裁蔡恩·阿姆斯特朗回忆当时的场面：“为人们创造机会，帮助他们展示自己的创意，这样的做法特别鼓舞人心！我当时坐在后排，热泪盈眶。对话一开始，我们对路演者说，‘我们会聆听你们的想法，为你们投资。你们一定会大有作为’。”[21] 当活动结束时，好几项方案进入了快速开发通道。

2018 年 7 月，马克·金离任。在他任职的 4 年里，北美地区的销售收入增加了近 50%，营业利润增长了 3 倍。金和阿姆斯特朗把这个成绩归功于同事们释放的崭新创造力。创新学院的培训是完全自愿的，但依然有 2 000 多名员工积极参与，其中的 1 000 人取得了颠覆者证书。创新学院不仅开启了新视野，还开启了新文化。在回顾这项史无前例的工作时，金认为：“它真正培育了一种好奇心文化，促使我们更进一步地思考和怀疑。我们可以通过自上而下的方式让人们循规蹈矩，但我们不可能通过自上而下的方式让人们全身心地投入工作。”[22]

这些开放式战略的例子值得赞美，但是它们还不够彻底。我们相信，每一家组织都应该开放自己的战略，来者不拒地开展对话。这世上并不缺少创造性思维，只是大多数企业没有好好地利用它。它们没有在网上公布技能和资产列表，也没有向世人提问：“你会利用这些能力做些什么？”它们没有打造一个永远在线的平台，让每个人——客户、供应商、合作伙伴、创业者、行业专家、业余发明者——在这里提出自己的想法。它们没有想出聪明的解决方案，保护知识产权和奖励提出想法的人。它们没有邀请外部创新者与内部团队并肩作战，也没有思考如何创造庞大的引力场，吸引全球最勇猛精进的思想者和行动者。

建立一个开放的、永远在线的、实时的战略对话中心，你是不是觉得这一想法有点儿不切实际？如果是，想一想苹果公司为了培育庞大的开发者社区付出了怎样非比寻常的努力。所有想要开发 App 的人都能使用它的专用开发平台、几十种培训项目，以及数量众多的开发工具、导师和全球活动。苹果公司获得了怎样的回报？iOS 系统上有超过 200 万个 App。创新者获得了怎样的回报？苹果公司为此支付的分成超过了 1 000 亿美元。如果一个组织能建立一个全球范围的开发者网络，为什么不能建立一个全球机会发现网络？有些公司正在朝着这个方向发展，比如海尔和它的开放生态系统平台。但是还没有哪一家企业完全投入——这正是你的组织的好机会。

行动起来

你准备怎样拥抱开放性带来的优势？你要怎样从零散脱节的开放式创新项目过渡到开放式组织，并在最重要的工作中保持开放——如何思考，如何规划未来？

1. 驱散恐惧气氛。大多数组织会惩罚与老板意见不合的人。这样做的结果是把员工变成应声虫。我们必须保证提出不同意见的人是安全无虞的。这意味着不失时机地发问："我的思路哪里不通？""你能看到其他选择吗？""换作是你，会不会有不一样的做法？"

2. 舍得投入，打造创新技能。在向员工或客户征集创意时，企业常常会遭遇挫败。它们得到的答复要么微不足道，要么完全行不通。想要提高信噪比，必须训练人们换一种方式想问题，就像阿迪达斯的创新学院所做的那样。

3. 以简单的、低成本的方式打开战略流程。如果高调的战略黑客马拉松看上去令人生畏，我们可以从小处做起。可以确保每一次讨论未来的会议包括一定数量的年轻员工、新人和有过其他行业工作经验的人。在一家我比较熟悉的公司里，管理者会为几百名年轻员工讲解战略。这些年轻人一边听讲，一边在推特上发表实时评论，提出建议。我想说的是，邀请新人加入战略对话的方式有很多种。

4. 社交化。开放式战略的力量不仅在于它产生的创意数量，还在于创意与创意碰撞、充满好奇心的人相互激发产生的、充满神奇力量的组合。对一家在线战略平台来说，这意味着帮助发明者更方便地找到有类似创意的同道中人。如果他们愿意，可以选择协同合作。

5. 把创意和行动连接起来。大多数组织开设了这样或那样的在线意见箱，但是，投入其中的意见往往杳如黄鹤。员工想知道：“谁在查看我们的意见？什么时候查看？按照什么标准？如果意见是有益的，怎样为它配置资源？我有时间推进此事吗？”这些问题的答案如果不明确，很多贡献点子的人就会选择退出。

6. 让外部人士感到宾至如归。无论你在什么岗位上工作，都可以建立属于自己的开放式的发现网络。邀请客户、供应商和行业专家进来，开展关于未来的对话。可以把它当作一种现场演示，体会接纳新意见、提出新问题的感受。

7. 不向首席执行官要战略。这一点难度较大。高层管理者并不是独占先见之明的战略家，领导者要有自知之明，放弃这种幻想，其他人也不要再假装自己有先见之明了。只有如此，一个组织才有可能认真对待开放式战略。

组织应该把开放设置为默认状态。用来区分内外的黑色粗线必须消失，“战略始于顶层”的看法必须永远被摒弃。只有这样，组织才有机会像伟大的城市或著名大学那样，善于适应，充满韧性。

— 12 —

试验的力量

亲爱的读者，你我都是大自然40亿年试验的结果。亿万年来，有性繁殖、基因突变、基因漂移（人口迁移）一再改写生命的语言。自然选择——对资源和配偶的竞争——保证了最优秀的基因被复制并传承给下一代。我们每个人都是一座进化实验室。每个人的基因组都包含了大约150种不是得自父母遗传的突变。

我们的生活同样是座实验室。我们从小尝试表现出不同的行为，从中发现哪些可以引起父母的关注，后来我们用同样的方法发现如何在学校里成为受欢迎的人。我们会尝试不同的发型和穿着。也许有那么一阵子，我们会像做试验那样谈恋爱。读大学时，我们可能已经尝试过不同的工作、爱好、美酒、朋友、政治立场，甚至不同的宗教信仰。但我们依然在努力尝试新鲜事物——那是因为，停止试验意味着停止发育。

这样的情况同样适用于组织。组织的演进速度很大程度上取决于它开展试验的数量。尽管如此，在面对那些渴望“边做边学”的员工时，大多数雇主还是不会给予任何鼓励。

官僚主义对试验深恶痛绝

通常，设计和开展试验的能力专属于研发部门或产品开发部门的少数几位专家。即使在这些部门里，超出简单的 A/B 测试的试验也需要管理者的批准。我们曾对《哈佛商业评论》的 1 万名读者进行调查，61% 在大型企业工作的受访者认为，一线员工尝试新鲜事物是“非常困难的”。盖洛普 2019 年“好工作的模样”调查的结果证实了这一点。这项调查发现，美国仅有 9% 的非管理岗位员工完全赞同，为了提升产品、服务和解决方案，他们有机会放手冒险。[1] 管理者同样感觉受到了束缚。波士顿咨询公司对高层管理者进行的长期年度调查显示，“规避风险的文化”和“过于漫长的开发时间”一直是创新的最大障碍。[2]

建立官僚主义的初衷是最大化地生产可靠的产品，而不仅仅是行得通的产品原型。官僚主义体制要消除对标准做法的背离，而不是赞美。随便找一位官僚主义者，请他开展某种试验，他一定会手心出汗，不知所措。因为试验是充满风险的，是面对未知的冒险一搏，你永远无法知道会从哪里飞出一块香蕉皮，让你摔得四脚朝天。做一件更可能失败而不是成功的事情有什么好处？与其独自蒙羞，不如大家一起麻木。

有些投资会过滤掉高风险项目，这会加剧对风险的过敏——在这里，高风险的含义是获得回报的可能性低于 90%。对重大资本项目来说，这种程度的审慎也许说得通，但是，如果微不足道的试验也要遵循这一标准，那未免愚不可及。这是一道简单得令人难堪的算术题。一个价值1亿美元的项目，它的失败率为10%，它的下行风险为1 000万美元。一项价值5 000美元的试验，它的失败率为90%，它的下行风险仅为4 500美元。即使抛开琐碎的计算，我们也没有见过有多少组织会为成功率只有1/10的试验提供资金。在大多数组织里，首席执行官可以通过董事会轻松获得几百万美元的项目，而一线员工却无法获得几千美元做试验，这太荒唐了。

回避风险反而会加大风险。很多人宁愿把资金浪费在庞大的、跟风效仿的项目中，收获微不足道的回报，也不愿大量播种处于边缘地位的初期创意。实际上，前一种做法的风险远大于后一种。在动荡的时代里，风险最高的赌博莫过于渐进主义。我们必须彻底改变对试验的看法。这样做的目标不是简单地降低新产品的不确定性或让它们尽快进入市场，而是建立一个每个人都在努力扩展可能性边界的组织。这才是组织对抗落伍最好的保险。

进化优势

1956年，英国出生的控制论先驱罗斯·阿什比提出了“必要变化律”。这一定律后来成了系统理论的奠基思想之一。“必要变化律”认为，为了存活下去，系统必须有能力做出一系列反应，这些反应要和环境带来的挑战具备同等程度的多样性。阿什比指出，“只有变化才能吸收变化”。我们对这句话的解释是，只有无休止地开展试验，组织才能在无休止的变革中生存下来。

一棵橡树每年秋天要落下几千颗橡果，它们中只有极少数能够生根发芽。在有性繁殖过程中，几百万的精子会找不到卵子。创新也是同样的数字游戏。

一家风险投资企业可能会浏览几千份商业计划书，面试几百位未来创业者，最终只投资几家初创企业。即便如此，大多数初创企业最终也会失败。一份调查显示，截至 2017 年，在 2008 年至 2010 年间获得首轮融资的 1 098 家初创企业，有 70% 已经破产或几乎无法自给自足，仅有 1/20 的初创企业被收购或上市，估值超过 1 亿美元或更多，只有 5 家达到或超过 10 亿美元的估值，比例不到 0.5%。[3]

风险投资者心里很清楚，他们要亲吻无数只青蛙才能找到王子（或公主）。尽管他们的投资更像赌博，并且大部分血本无归，但有时他们也会遇见下一个 Square（美国移动支付公司）或爱彼迎。因此，尽管风险资本的模态回报可能为零，但它的平均回报可能是极大的正数。然而，根据我们的经验，很少有企业懂得项目风险和组合风险之间的区别。人们总是就事论事地拿着试验本身的指标来评判每一种可能的试验，并期望这些试验能通过很高的可行性门槛。这几乎注定了公司永远不可能投资那种看似疯狂的创意，而实际上它们有可能带来几千倍的回报。

学会平心静气地看待失败，这不仅是官僚主义者需要面对的课题，也是每个团队成员需要认真学习的重点。一项创意未能取得成功，这无疑是件让人扫兴的事，但是，我们必须在这里采用组合式的方法。马特·迪菲的故事就是个好例子。迪菲是一位漫画家，我们常在《纽约客》等杂志上看到他的漫画作品。这家杂志的漫画编辑每个星期大约收到1 000幅投稿，这些作品大多来自和迪菲一样的自由职业作者，他们每人可以提交多达10幅漫画。为了提高入选机会，迪菲通常会构思150种概念，再从中精选几幅提交。很多创意巨匠都会告诉我们，成功的诀窍在于多产。

一个组织能够给予员工的最重要的自由是失败的自由。也许你还记得那位纽柯布莱斯维尔工厂一线员工的故事，他用几年的时间试验巨型钢包的新材料，终于成功实现了成本和耐用性的双倍提升。他的试验有时会走进死胡同，但是由于公司的文化尊重员工通过试验不断学习的力量，他才能最终坚持下来。

试验精神

亚马逊被很多人誉为全球最富创新力的企业，几乎没有哪个组织能像这家公司一样全心全意地拥抱试验。亚马逊完成了众多突破，包括：Amazon Marketplace（亚马逊市场），亚马逊搭建的第三方卖家平台；Kindle，全球最受欢迎的电子阅读器；亚马逊云服务在全球云计算市场遥遥领先；Alexa，亚马逊语音助手；Amazon Go，亚马逊的试验性杂货店，不需要排队结账。这些牢牢占据头条的重大创新的背后，是数百次鲜为人知的突破——例如“环保包装”，这个项目的初衷是减少过度包装。它累计减少了21.5万吨包装，节约了3.6亿个包装箱。

亚马逊的迅猛发展并不是有限几项自上而下的天才项目的产物，而是它鼓励无休止的、自下而上的试验文化的结果。杰夫·贝索斯指出："我们的成功取决于我们每年、每月、每星期、每天做多少试验。"[4]贝索斯还经常提醒他的同事，如果提前知晓某事能不能成功，它就算不上试验。

亚马逊最引人注目的试验之一是其员工格雷格·林登早期尝试建立一个电子商务推荐引擎。1997年，林登加入亚马逊。很快，他产生了一个好奇的想法。他想知道有没有可能引导线上顾客冲动购买，就像超市在收银台边上放置糖果和其他小商品以吸引顾客购买一样。林登推测，亚马逊可以挖掘其无穷无尽的数据宝藏，根据不同顾客的偏好为他们量身推荐不同种类的商品组合。他很快做出一个模拟网页，罗列了一连串的个性化推荐。林登的同事们对这个想法都很有热情，但是一位权势很高的副总裁反对这个想法。他担心这项功能让结账流程变得太复杂，于是命令林登搁置这个计划。通常情况下，故事就这样结束了。但是林登知道，亚马逊更多地依据数据做决策，而不是依据意见和看法。于是他选择继续推进。正式的测试刚一推出，立即收获了积极的效果。顾客非常喜爱个性化推荐，销售收入得到实质性提升。如今，亚马逊零售收入的35%来自网站推荐。林登的突破帮他赢得了公司最受尊崇的"Just Do It"奖——一双二手耐克运动鞋，由贝索斯亲自颁发。

这次经历给林登上了关键的一课。他后来写道："人人都要有机会试验、学习和迭代。我们不该为职位、服从和传统赋予力量。想要创新、繁荣和发展，必须奉行客观的衡量标准。"[5]想象一下，你的首席执行官会支持这样的高论吗？如果不会，那么，你所在的组织几乎没有机会赢得未来的竞争。

试验离不开耐心——绝大多数官僚主义组织明显缺少这种美德。罪魁祸首常常缺乏雄心壮志。如果没有崇高的志向，项目团队很容易在初期试验未能取得突破时早早放弃。为了让 iPhone 手机触摸屏背后的技术达到完美，苹果公司花了 4 年时间，进行了无数次试验。苹果公司的工程师之所以能够坚持不懈，是因为他们看到了重新定义人类与技术互动方式的机会。同样的道理，为了带来更安全、更高效的交通出行方式，Alphabet（谷歌母公司）的下属企业 Waymo 十年如一日地研发自动驾驶汽车。这里的重点在于：只要我们坚信自己走在伟大的征程上，试验的失败就无法压垮我们的精神。

财捷：试验文化

也许没有哪一家公司比财捷更努力地建设试验文化。财捷是一家财务软件供应商，它的 5 000 万客户遍布全球。1983 年，财捷公司推出了第一款产品 Quicken，这是一款装在 5.25 英寸软盘里的小型企业记账工具。如今，财捷可以提供成套云产品，覆盖税务申报（TurboTax 和 ProConnect）、记账（QuickBooks）和移动财富管理（通过一款名为 Mint 的应用程序）等等。这家公司还会向自己不断增长的客户群推荐第三方财务产品，从中获得盈利。在过去的 10 年里，财捷的销售收入翻了一番，达到了 70 亿美元，它的股价增长速度是标准普尔 500 指数的近两倍。

财捷公司的创始人是斯考特·库克。他留给公司的宝贵遗产正是对试验工作的投入。在创办财捷之前，库克在宝洁公司工作过一段时间。他认为那里充满了畏惧风险的企业文化，这让他充满了挫败感。库克认为，也许创办自己的公司能让他得到解脱。

然而，随着财捷的发展壮大，库克发现，自己的公司同样无法在面对官僚主义的迟钝麻木时超然物外。财捷当时雇用了几十位主管，个个身怀敏锐的分析才能，但是他们没有一个人愿意做出头鸟。每条管理意见都需要50页的PPT来阐述。在一次让人昏昏欲睡的规划会议上，库克大发雷霆。他宣布，今后不再有“官僚主义式的决策”，“取缔通过PPT、游说、职位或权力做出的决策”，从此之后，只能“通过试验来做决策”。[6]库克要求同事走出去，深入实地，发掘未被满足的需求，就满足需求的方法提出假设，打造产品原型，并通过真实用户测试这些原型。库克还提出，从那一刻起，公司里的每个人都要这样做事。

SnapTax的诞生。财捷重新燃起的对试验的热情鼓舞了大多数团队成员，其中包括TurboTax产品经理卡罗尔·豪。卡罗尔注意到，iPhone把很多事变得无比简单，这让她深感震撼。卡罗尔不禁想到，智能手机能不能让报税也变得简便易行——在此之前，如果有人说报税简便易行，那么冰壶都可以在地毯上滑行了。如果客户可以通过智能手机填写报税单会怎样？卡罗尔和几位同事很快地走出去，和客户探讨这个想法。他们认为财捷现有的、基于个人计算机的工具怎么样？他们平时使用智能手机的情况如何？能不能想到通过移动设备来报税？客户对这个想法充满了热情，尤其是年轻客户。

下一步工作是将这款 App 如何工作的故事板放在一起。在这款“低保真”原型的帮助下，卡罗尔和她的团队分头行动，搜集了更多的反馈意见。6 个星期之后，他们建立了第一个简单版本的 App。在随后的两个月里，他们每个星期聚在一起测试、评议、头脑风暴、编写代码并再次测试。最初的想法是帮助客户通过智能手机把数据传输到个人电脑上，再通过在线方式提交报税表格。卡罗尔回忆说，随着团队“完成的测试越来越多，我们的眼界也越来越开阔。客户问：‘我为什么还要回到电脑上？’”。[7] 2010 年初，项目启动还不到半年，财捷上线了 SnapTax 应用程序，一开始只对加利福尼亚州的纳税人开放。一年后，这款 App 被推向全美。上线短短几周，SnapTax 的下载量就突破了 35 万次，一举超越《愤怒的小鸟》，登上了 iTunes 苹果商店销量冠军的宝座。[8]

SnapTax 是财捷公司一场速战速决的胜利，对这家公司的其他项目来说，试验过程来得更加漫长。财捷公司多年的梦想是在专业报税市场占据一席之地。2012 年 4 月，一位名叫布赖恩·克罗夫特的中层产品经理提出，公司可以建立在线平台，把财捷的客户和独立纳税申报员连接起来。克罗夫特的小团队得到公司的准许，他们用一段短视频阐述自己的创意。他们把这段视频展示给 250 位潜在客户，有 1/3 的人对这项服务很感兴趣。这让团队对产品方向充满了信心，他们建立了一个测试版本，取名为 PersonalPro，并在报税员和客户之间开展了小范围测试。得到良好的测试结果之后，团队在 2013 年初进行了更大范围的试点，这一次囊括了 200 名会计人员和 2 000 位客户。[9]

到了2014年初，经过了更多轮次的开发，产品概念已经足够成熟，可以开展更高阶段的测试了。这次试运行的范围是整个达拉斯市区，它带来了两个意料之外的结果。第一，近1/3的注册用户是小企业主，他们也是对这一新服务满意度最高的群体。第二，有些测试用户提出，他们更希望在得到实时咨询的情况下自行填报，而不是全盘外包给一位会计人员。[10] 为此，财捷公司把PersonalPro拆分成两项产品。第一项的定位是小企业主和会计人员的匹配平台。第二项名为TurboTax Live，专为自行报税的用户提供实时咨询服务。这两项产品在财捷公司现有产品组合中享有盛誉，有效支持了这家公司的更高战略：打造生态系统，把客户与合作伙伴连接起来。

让试验成为主流

和纽柯的艾弗森、海尔的张瑞敏一样，库克的最终目标是把创业热情融入整个公司。库克指出："我们期望每位员工像创业者那样思考问题。创造、发明、找到更好的新方法让客户的生活更美好，这是每个人的使命。"库克深知，单纯的号召不可能改变什么。为了支持这一豪言壮语，他向同事们发起挑战，号召大家建立"一系列的制度和文化"，以便"帮助每个人更容易、更快速、更低成本地开展试验"。[11] 库克指出，这些计划和SnapTax以及TurboTax Live一样，都应该成为常态，而不是例外。整个公司应该变成一座大实验室。

库克发起的挑战激发了他多年一贯的努力，把试验方法变成了全公司的能力。如今，财捷公司的试验培育主要体现在5个方面。

试验型团队。财捷为最有前景的创意组建了小型"发现团队"，它们和 SnapTax 团队、PersonalPro 团队非常相似。团队成员通常抽调自工程、产品管理和设计等部门——库克称他们为“开路者、奋斗者、梦想者”。[12] 一旦被组建起来，这些团队就可以独立于指挥链之外，享受较高的自主权。为了确保这些团队不会陷入官僚主义的泥淖，每个团队都会配备高管支持者。以 SnapTax 团队为例，其导师包括负责 TurboTax 产品管理的副总裁、财捷公司主管工程工作的副总裁和斯考特·库克本人。高管支持者和团队每周开会，主要内容是提供指导、消除瓶颈、帮助确保必要的资源。财捷公司的“创新促变”团队也会提供进一步的支持。这个团队由 200 名擅长试验工作的“黑带”组成，他们会拿出 10% 的时间帮助同事发现客户的需求，设计试验，打造原型。

创新培训。试验的设计离不开必要的技能。财捷的每位员工都有机会成为个中能手。“愉悦设计”(D4D)是这家公司的创新培训课程。为期一周的课程主要培养学员 3 方面的技能：客户同理心、创意开发和快速原型建造。新员工一般要在入职的前 3 个月完成这一课程。进一步的培训同样为期一周，名为“精益起步”。学员们要在课堂上运用“愉悦设计”的方法论解决客户的痛点。团队要在 5 天的时间里拿出 3 到 4 种原型，完成多项试验。[13] 自从 2012 年“精益起步”项目推出至今，已经有 2 000 多名员工完成了培训。

试验时间。财捷公司还支持员工利用“非结构化时间”开展试验。公司鼓励员工把 10% 的工作时间用于自己感兴趣的项目。人们可以把这些时间攒在一起使用。公司支持员工与同事协同努力，一起解决重大难题。负责 QuickBooks 的团队就是个典型的例子。这个团队花了几个月积攒非结构化时间，这样一来，他们就有了整整一周的时间可以进行头脑风暴，为产品开发新功能。利用这一星期，这个团队为自己的代表产品建立了移动版本的原型。[14] 杰夫·齐亚斯是财捷公司的一位创新领导者。根据齐亚斯的推测，在过去的 10 年里，非结构化时间一共培育了 500 个项目，为内部客户和外部客户带来了产品和服务。

专项资金。财捷的创新者拥有多种多样的试验资金来源。每个部门拥有专门的试验预算，用来升级现有产品。准备开展试验的员工也可以通过定期的创新挑战和黑客马拉松争取资金。最后，创新者也可以寻求“CEO 基金”的支持。这是库克建立的自主资金池，用来确保离群创意不至于因为缺少资源而夭折。这些投资通常金额不高——一般每两三个月只有几万美元，但是，如果一项创意需要更长的培育期，资金可以逐步提高。例如，PersonalPro 在 3 年的时间里累计获得几百万美元的资金。[15] 现有业务如果提出了有益于客户的创意，那么同样可以匹配 CEO 基金。

职能部门的促成。支持性职能部门有责任促成试验工作。2012 年，财捷公司的 IT 部门把建立在线测试的时间从两个月缩短到了两个小时。2013 年，法务部门发布指南，帮助人们在不需要法务审批的情况下完成试验。人力部门同样要在自己的服务中开展试验。几年前，一位人力资源项目经理建立了一个项目原型，帮助求职者加入财捷公司的现行项目，先行观察，再确定是否录用。这个原型取得了令人惊叹的效果，它已经成为财捷招聘流程中的关键组成部分。[16]

做试验并不是电商巨头和软件企业的专利。丰田公司的员工每年提出100多万条工作改进建议。这些建议中的大多数都不仅仅是想法那么简单，它们是已经完成的试验的成果汇报。根据我们的估算，由此提升的生产率每年能带来数亿美元的经济影响。

亚马逊、财捷和丰田公司的例子告诉我们，如果把整个组织视为一个实验室，那会带来怎样的成果。它贯穿始终的精神可以总结为“耳听为虚，眼见为实”。无论是泡沫塑料模型、画在餐巾纸上的草图，还是故事板、一小段视频，都可以起到同样的作用。这些企业懂得，这样一个简单的举动足以把概念变成实物，它经常能够揭露隐藏的缺陷，揭示更有创意的良机。在人本主义组织中，每个人都要成为制造者，都要撸起袖子加油干，不怕脏、不怕累。每个人都要建功立业。

做试验会带来极大的浪费，看看那些没有落地生根的橡果吧。这也许会让官僚主义者火冒三丈，但它是引领未来的唯一方法。

行动起来

如果你已经做好了准备，要把自己的组织变成探索王国，下面就是一份初步的待办工作清单。

1. 每年十倍或百倍地增加组织的试验数量，把这项工作当作组织的共同使命。为每个团队、每个部门和业务单元规定试验数量的临时目标。可以从每名员工每年开展一项试验做起。

2. 为所有人提供设计和运行试验必需的技能培训。设计思维和快速建立原型的课件有很多，可以把它们分享给同事。

3. 鼓励人们多做试验，而不是制订精细的计划，可以把这一点当作人们获取启动资金的前提条件。如果有人不够关心某项创意，不肯为它开展试验，那就不要投资。

4. 清除团队成员获得试验资金和开展试验的障碍。从你自己的团队做起，为试验工作建立小笔专项预算。鼓励下属每星期留出几个小时的非结构化时间。

5. 要求所有行政职能部门支持本地试验工作，让一线团队对新事物的尝试变得更容易，每个月汇总上报。

6. 消除试验失败带给个人的不利后果和风险。提醒人们，绝大多数试验就是要失败的。保证一点，只要团队成员开展试验，无论结果如何，都会获得奖励。

7. 各级领导都要指导试验工作，并对这项工作负责。管理者要建立有利于冒险和试验的环境，员工根据管理者在这项工作中的表现评估管理者的业绩。

大自然永远生生不息。她既不会安静不动，也不会坐等危机，她既不会请示批准，也不会运筹帷幄——她做的只是不断地尝试。我们的组织也该如此。这要求我们放手让人们在工作中开展试验，就像他们在生活中做的那样。借用伟大的“管理学”思想家埃尔维斯·普雷斯利的话来说，这是一个“行胜于言”的时代。所以，放手去尝试吧。

— 13 —

矛盾的力量

把生活变得非常简单，这难道不是好事吗？我们如果永远不需要权衡取舍，不需要做出选择，一切是不是就会变得很简单？如果有一块蛋糕，我们既能吃掉它，又能拥有它，这是不是妙不可言？也许吧。但这样也会让生活变得无聊透顶，让人无法忍受。诚实地讲，你真的希望不动脑筋吗？当然，我们有时会希望存在更好的选择，能有更多的数据，但是，可能大多数人都不大愿意每项决定过于容易说得清和模式化，简单到让算法来代替我们做决定。生活需要难题——因为难，才好玩。

矛盾是不可避免的

有些权衡很简单：是出去玩耍一下，让自己的头脑变清醒，还是沉下心来完成手头的工作？很多这样的选择都是时间有限的产物。毕竟我们一天只能干完那么多事。

最难的选择涉及相互矛盾的目标，至少它们看上去是矛盾的。应该保护孩子，阻止她的糟糕决定（同情心），还是让她吃一堑长一智（责任心）？应该比较保守地投资，保护好储备资金（财务安全），还是甘冒更大的风险，让退休生活过得更潇洒（财务收益）？这个周末应该帮朋友搬家（关爱他人），还是去爬爬山，为自己的心灵充电（自我关怀）？这些决定和我们面对的大多数重要决定一样，同样涉及矛盾。

人类善于思考——这是我们的拿手好戏，而最考验思考能力的莫过于矛盾。矛盾，就像我们在这里用到的，绝不仅仅是个选择问题，而是两种选项同样令人渴望，又不可兼得。在某些情况下，其他选择将反映深刻但明显不可调和的事实。当我们面对看似矛盾的重要选择时，我们的头脑会感受到拉扯。在一个没有矛盾的世界里，人没有太多严肃的思考可做，也很少有机会变得更敏锐。我们是否拥有自由意志并不重要，因为风险很低。丹麦哲学家索伦·克尔凯郭尔正确地指出，矛盾是“智识生活的情致所在”。我们何其幸运，我们生活的宇宙似乎天生充满矛盾，试举几例。

确定性 vs 不确定性

科学就是对自然规律的探索。物理和化学定律帮我们精确地预测物理现象。直到20世纪初，仍然有许多科学家相信，如果能准确描述出某一时点的宇宙状态，我们就能预测宇宙所有的未来状态。如今，大多数物理学家认为这是不对的。虽然我们能够预测某些事物，并且达到很高的可信度，例如行星轨道和流体受热时的表现，但是，一旦达到亚原子水平，这种可预测性就不再有效了。

量子粒子是科学界已知的最小结构，它可以同时存在于多种状态中——这一现象被称为“叠加”。当我们观测粒子时，它呈现出来的是当时的状态。但是问题在于，我们不可能预先知道它的状态。这并不是说，我们不可能预测量子粒子的一系列结果，但它确实意味着我们预测物质系统的能力存在天然的局限性。这种显而易见的随机性令人不安，就连爱因斯坦都不愿承认它带来的启示。他那句著名的俏皮话——“上帝不会掷骰子”——就是这样来的。上帝也许不会掷骰子，但是我们的宇宙无疑兼具高度的可预测性和不可预测性。

左 vs 右

政治党派左右分立是有原因的。左和右两派代表着人们对人性、国家角色和变革价值的截然不同的假设。英国哲学家罗杰·斯克鲁顿提出:“保守主义的要义是保全，它力图保全的当然不是所有事物，而是我们仰望和珍视的、好的事物，我们如果不力图保全，就可能失去它们。”[1]保守主义者警惕剧烈的变革及其意外后果。相比之下，进步主义者认为，人类必须锐意进取，积极追求社会进步。没有最好，只有更好。轰轰烈烈的社会改良运动必须被一刻不停地向前推进。表 13–1 总结了保守主义和进步主义世界观的一部分关键差别。

保守主义和进步主义各有盲区。保守主义者可能宣称个人成功是艰苦奋斗的结果，忽视了性别、种族和阶级的作用。相比之下，进步主义者可能把个人的艰辛归咎于操纵和制度，忽视了自律和坚忍的重要意义。如果不适当中和，这两种观点都是极其危险的。没有进步主义的保守主义只会效法过去，以史为师；没有保守主义的进步主义会破坏过去，割断历史。爱默生恰如其分地指出，左和右“各是很好的一半，都不可成为整体”。[2]

表 13-1　左 vs 右

进步主义世界观	保守主义世界观
· 传统和制度让现有权力结构得以延续，而现有的权力结构常常是社会正义的障碍	· 我们的制度和传统蕴藏着得来不易的知识，弃绝这些知识会导致社会动荡
· 国家是个人权利的最终担保人，国家的权力可以用来改善人类的境况	· 国家是对人类自由的最大威胁，必须严格管束国家的权力
· 个人幸福与否，这基本上是个机会问题，而机会主要是社会给予的	· 个人幸福与否，主要取决于个人性格和个人选择
· 考虑到歧视、贫困等现实存在的社会弊病，改革主义政策能够极大地减轻体制上的不公平	· 考虑到人类能力和喜好的天然不同，没有哪种政策能够带来完全公平的结果
· 创造更加公正的社会，这是我们面对的极大挑战，它要求更大胆的变革方式	· 人类的不完美和意外后果定律决定了我们必须谨防大胆的变革计划

仁慈 vs 公正

许多信仰体系的核心都是矛盾的。读一读《旧约圣经》你就会发现，上帝的神格充满了极端冲突。《诗篇》（7：11）说：“神是公义的审判者，又是天天向恶人发怒的神。”啊！真是万幸。全能的神也有柔弱的一面。不仅如此，《诗篇》作者还说：“耶和华有怜悯，有恩典，不轻易发怒，且有丰盛的慈爱。”（《诗篇》103：8）噢！但是，请等一下，上帝是双重性格吗？神学家会告诉你，不是的。上帝的神格只是反映了慈悲与正义之间的内在矛盾。

当我们违规犯错时，我们会祈求怜悯：“对不起，警官，我接孩子迟到了，所以才会超速。”如果违规犯错的是别人，我们就会声言公正：“看看那个傻瓜开得有多快。警察呢？罚他！”我们都希望天平朝着有利于我们的一边倾斜，但是我们都明白，仁慈和公平都是不可缺少的。

如果有这样一个社会，人们犯了一点儿错误就会立即受到惩罚，没有宽恕，也没有重来一次的机会，那么不会有人愿意生活在那里。那简直是塔利班统治下的生活。坦白地讲，泛滥成灾的仁慈也会让人不快乐。想象一下这样一个世界，没人会为自己的行为负责，不存在法律和道德的边界，作奸犯科者都可以逍遥法外，那是拉斯韦加斯，只要 3 天，我们就会觉得那里粗俗不堪。

每个蹒跚学步的孩子都对仁慈与公正有着最切身的感受。一位 4 岁的孩子可能会琢磨："我知道，妈妈很爱我，可是在我乱扔玩具的时候，她会变得很凶，大喊大叫。接下来，我就会被放在一个靠背很硬的椅子上，没有玩具可玩儿。她把这叫'冷静期'，我把这叫浪费时间。最奇怪的是，10 分钟过后，她会回到我身边，拥抱我，一切恢复原状。别问我为什么，我自己也糊涂得很。但是，我猜这就是疼爱与管教之间的悖论吧。"是的，小家伙，你说得太对了。查尔斯·西米恩是 19 世纪剑桥大学国王学院的牧师和学者。提到慈悲与公正，西米恩指出："真理并不居中，也不存在于一端。真理同时存在于两端。"[3] 英国作家切斯特顿也表达了类似的观点。他把矛盾定义为"两条相反的真理之线结成了解不开的结"。[4]

矛盾是令人懊恼的。同时持有两种相反观点的感觉并不轻松。但是，只有在矛盾中挣扎时，我们才能看到世界的本来样貌，它本来就是充满复杂性和模糊性的。摒弃非此即彼思维方式的人和积极看待矛盾的人站在有利的位置上，他们的回应更加精确细腻、巧妙复杂，这反映了他们与身边现实更好的适应和匹配。

有能力驾驭两种对立理论框架之间冲突的科学家更有机会发现

新的、更深层次的真理。能够在慈悲和公正之间灵活穿行的法官（和父母）更有仁爱之心，工作更有效。能够防止意识形态割裂的政治体制往往更善于建立有效的政策。对组织来说，驾驭矛盾的能力同样至关重要。

不敏锐

在你的组织里，相互矛盾的优先工作是什么？它也许是规模与灵活之争、纪律性与创造性之争、勤勉与速度之争，抑或审慎与冒险之争。每种权衡都反映了一对儿更深层次的矛盾，也就是利用与探索之间的矛盾。组织理论学家、诺贝尔奖得主詹姆斯·马奇在几十年前就提出，所有组织的最基本问题是“下大力气充分地利用以确保当前的生存，同时投入足够的精力进行探索以确保未来的生存”。[5]

有证据表明，很少有组织能做到这一点。就像我们在前文提到的，当权者很少能创造未来。通常情况下，他们并不是建立新商业模式的人，也不是重新定义用户期望的人。他们不是第一个充分发挥新技术作用的人，也不是第一个驾驭新兴趋势的人。与此相反，他们只是通过反复做同样的工作来提高效率。

以大型制药公司为例。2018 年，全球最大的 10 家制药公司在研发领域投入了 760 亿美元——占全球制药行业研发总投入的 42%。[6] 然而，当年获批的 59 种新药，只有 15% 源自这前 10 家制药巨头的实验室。[7] 在新药获准上市的企业中，销售收入不足 10 亿美元的小型创新型药厂占到了63%。

佩德罗·夸特雷卡萨斯是业内资深人士，曾经将40多种药物推向市场。夸特雷卡萨斯把制药公司的问题归咎于官僚主义：

> （制药公司）自负地以为，它们能借助纪律、命令、流程和效率来管理和产生想要的结果。令人遗憾的是，它们恰恰是扼杀创造力和创新的元凶。自由、即兴、灵活、敏捷、包容、同情、幽默和多样性统统消失不见了，取而代之的是笨重呆板的组织结构，它们的代表特征是刻板、控制、服从和泛滥成灾的官僚主义。[8]

创新是组织的生命源泉，制药行业尤为如此。但是，即使是在这个行业，创新的捍卫者也常常被集权式的、服从成癖的行政人员的群体力量击败。

在大多数组织里，利用与探索之间的较量本该是势均力敌的，实际上，它变成了一边倒的打击。图13-1列举了多项权衡，它们在你的组织中表现如何？领导者认为哪些是必不可少的，哪些是可有可无的？哪些引起了最高管理者的关注？哪些遭到了漠视？

这并不是说，官僚主义者忽视了这些权衡，他们只是系统性地偏向右侧的选择。部分原因在于官僚主义者的禀赋。大型组织充满了会计人员、律师和职业经理人。这些人的旨趣和他们接受的训练决定了他们会更重视稳定和安全，而不是活力和大胆。繁重的流程进一步强化了这种心态——设定目标、编制预算、项目管理、业绩测量、晋升，这些都有利于保持不变，而不是改变。

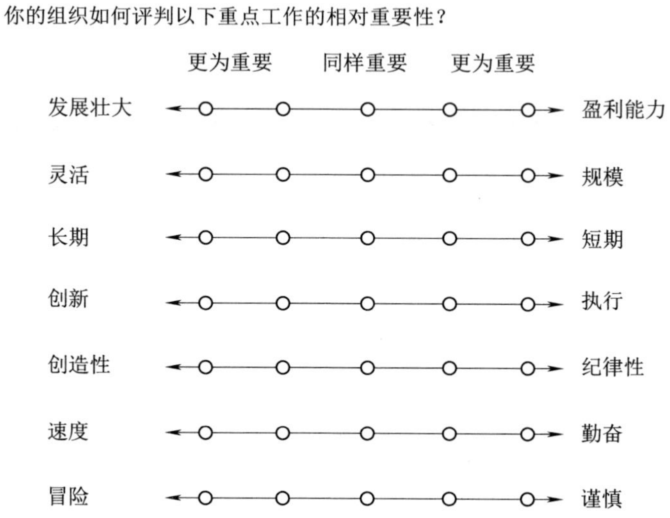

图 13-1　探索 vs 利用

信息的不对称性也会进一步扭曲这些选择。公司信息系统会搜集大量关于运行效率的数据，但它通常会忽视被闲置的创造性，被浪费的工作积极性，被抛弃的机会、战略惯性，以及被夸大的、对失败的恐惧造成的成本。如果你的数据只能提供一半的信息，你就不可能明智地做出权衡。

对敏锐度的最后一项威胁是官僚主义者对模糊性的深恶痛绝。只要一想到无法毕其功于一役地解决所有的权衡，他们就会觉得自己的秩序感被冒犯了。他们把整齐划一视为美德。不要介意任何“放之四海而皆准”的政策在很大程度上都是错误的——比如，全面冻结招聘的政策，它会不公正地伤害规模不大但是增长迅速的业务部门，或者严格执行的政策会给高价值客户带来不便。解决办法是为一线人员授权，让他们自由决定如何灵活地做出最优选择。对官僚主义者来说，这无异于洪水猛兽，因为它会损害“秩序”。如果一线人员各行其是，那么队伍还怎么带？那么大的组织还怎么管？我们需要知道到底发生了什么，只有千人一面、千篇一律才能做到这一点。这就解释了为什么高层领导者偏爱统一的结构和一刀切的政策——是的，它们也许不是最优选择，但是它们能降低高层领导者的认知负荷。它们让世界在高层领导者眼中看起来更好理解，它们有利于维持一切尽在掌控中的错觉。

官僚主义对模糊性的回避势必导致非黑即白的思维方式：要么是集权，要么是分权；要么是自治，要么是服从；要么上规模，要么保灵活。有些选择确实属于零和关系，例如，用来回购股份的资金不可能用于研发。但是，并不是所有取舍都是不可调和的。50 年前，生产企业的高管认为成功和质量是互斥的：要么买奔驰，它工艺精湛，可以轻松跑上 20 万英里；要么买一部破车——也许是一辆南斯拉夫牌汽车，它要么在修理厂，要么在被运往修理厂的路上。到了 20 世纪 70 年代，日本的汽车厂商重塑了这一选择，极大地震撼了竞争对手。日本汽车厂商认为，通过系统性的质量提升方法，例如统计过程控制、大量的培训、工艺流程的重新设计、团队合作的改善和雄心勃勃的质量目标，它们能制造出既廉价又耐用的汽车。日本汽车企业超越了长久以来的“要么……要么……”式选择，为自己赢得了长达一个代际的竞争优势。

当然，这终究是有限度的。质量改进工作是值得的，但它仅能达到某种程度。你如果想要手工缝制的真皮座椅，就要多出一大笔钱。但是，在涉及利用与探索之争时，许多管理者过早地认为自己抵达了前沿，实际上，他们距离前沿还有十万八千里呢。就像图 13-2 显示的那样，他们刚刚抵达 A 点，却认为自己不可能在“探索”的路上更进一步（沿着纵轴向上移动）。他们看得到如何抵达 B 点，却想不出如何抵达 C 点。

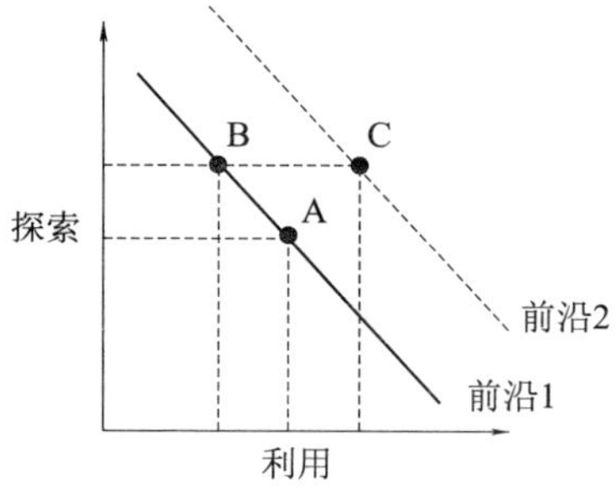

图 13-2 权衡利用 / 探索的再思考

在许多组织里，对高阶选择的追求会被一种宗教式的狂热挫败。你如果是在“精益”的教会里成长起来的，就会条件反射式地贬低其他信仰体系的价值。严格和纪律才是创造价值的不二法门，你早已对此深信不疑。反过来，你如果早已接受了“设计思维”的洗礼，就会相信感同身受和横向思维是成功的金钥匙。这些根深蒂固的信念可以把关于选择的辩论变成圣战。在精于算计的人看来，富于创造力的人是危险的非理性主义者。与此同时，在梦想家的眼里，只会拨弄数字的人都是迂腐的账房先生。只要双方躲在各自的思想掩体里，边界的拓展就无从谈起。

简单粗暴、一边倒的选择迟早会引发反作用。通常情况下，一位新上任的、为了扭转局势而特别招聘的首席执行官会说：“噢，我的天哪，我们已经多年没有取得顶线增长了。必须让创新引擎加速转动起来。”接下来，他往往会树立一个矫枉过正的目标。长期固定在一端的钟摆早晚会摆向另一端。

在继续阐述之前，我们先回顾一下：

- 官僚主义组织属于复制粘贴型机构。它的设计初衷是利用，而不是探索。
- 官僚主义倾向于单一栽培。操控官僚主义机构的人在本质上倾向于维持现状。
- 官僚主义的信息系统无法得知一边倒式的选择造成的隐性成本。因此，许多决策是在信息不足的条件下做出的，不够理想。
- 官僚主义往往在整个组织范围内强制推行整齐划一的选择。尽管这样的做法粗枝大叶，但是它可以确保核心权力和秩序感。
- 官僚主义对模糊性的厌恶带来了“要么……要么……”式的思维。组织宁愿在相互对立的优先事项之间摇摆，也不愿意保持创造性张力。

半个世纪以前，笨拙权衡的后果我们也许尚可承受，现在完全行不通了。如今的企业一方面必须是节约效率的典范，一方面又必须是打破规则束缚的创新赢家。在这个高度竞争、超级革新的时代，只有在恰当时机做出精细权衡的组织才能成为赢家，更好的情况是，彻底改写利用与探索边界的组织会大获全胜。

如何在实际工作中做到这一点？如何避免拙劣的、自上而下式的权衡？怎样摆脱“要么……要么……”式思维的魔咒？

我们可以从瑞典商业银行的经验中得到以上问题的大部分答案。瑞典商业银行是欧洲持续盈利能力最强的银行。

瑞典商业银行：超越非此即彼

在过去的50多年里，瑞典商业银行始终轻松领先自己的欧洲同行。这家银行毫发无损地度过了2008年的金融危机，此后多年，它在每一项业绩指标上都全面超越了竞争对手（如表13-2所示）。

表13-2　瑞典商业银行与欧洲同行的财务业绩比较[a]（2009—2018年）

	成本收入比[b]（%）	费用在总收入中的占比（%）	年收入增长率（%）	年存款增长率（%）	不良贷款在总贷款中的占比（%）	净资产收益率（%）	股东整体回报率（%）
瑞典商业银行	46.6	39.5	2.9	8.7	0.2	12.8	274
欧洲同业平均水平[c]	63.3	67.8	–1.1	2.1	3.3	6.0	117

a. 包括主要欧洲银行，以瑞典商业银行主要市场（斯堪的纳维亚地区、英国和荷兰）中的竞争对手为重点：荷兰银行、西班牙毕尔巴鄂比斯开银行、巴克莱银行、德国商业银行、丹麦丹斯克银行、德意志银行、汇丰银行、荷兰国际集团、比利时联合银行、劳埃德银行、瑞典北欧联合银行、瑞典北欧斯安银行、渣打银行、瑞典银行和苏格兰皇家银行。

b. 营业费用在净利息收入和非利息收入中的占比。

c. 未加权的简单平均数。

在几十年的时间里，瑞典商业银行在银行业难度最高的两项选择中展现了自己的能力。首先，它在没有夸大资产负债表的情况下实现了强劲增长。其次，它在保持客户服务人性化的前提下严格控制了成本。

金融服务行业的增长常常是以牺牲审慎为代价的。在大萧条前夕，各家银行大量吃进次级抵押贷款，盲目地在复杂金融衍生品上投入重注。瑞典商业银行没有这样做。它就像龟兔赛跑里的乌龟，从不进行冒险的赌博，但是依旧有办法超越竞争对手。尽管异乎寻常地审慎，但是瑞典商业银行为股东带来了优厚的回报。2009 年到 2018 年，瑞典商业银行的回报率超出了同业水平一倍以上。

瑞典商业银行的客户服务同样一枝独秀。在一项英国个人银行业务调查中，瑞典商业银行的客户满意度比竞争对手高出 10 分以上（满分为 100 分）。[9] 可能有人在想，这是不是镀金式成本结构的产物？不是。瑞典商业银行过去 10 年的平均成本收入比（成本占收入的百分比）为 46.6%，比欧洲竞争对手的平均水平足足低了 16.7 个百分点。

瑞典商业银行的业绩无与伦比，关键在于它高度反传统的组织模式。扬·瓦兰德本来是瑞典北部一家地区银行的经济学家。1970 年，他被任命为瑞典商业银行的首席执行官。这家银行当时处于亏损状态，而且卷入了与多家监管机构的纠纷。瓦兰德分析了银行低迷的业绩，他确信罪魁祸首在于过度集权。这家银行的总部机构臃肿不堪，规划流程僵硬死板，无法及时应对经济环境和客户需求的变化（它当时的贷款审批流程需要两个月）。不仅如此，这家银行的资深管理者做出了一连串糟糕透顶的信贷决策，这让它的资产负债表显得危机重重。

瓦兰德后来写道："中央集权的巨大力量会戕害所有公司。它就像水，除非你特别注意防护，否则它很容易就会渗进去。"[10] 虽然难以量化，但是瓦兰德敦促公司同事诚实地承认过度中央集权的成本。瓦兰德指出："拿出漂亮的、吸引人的数学论证，说明大规模运营的优势，这一点儿都不难，但要说明它的缺点就难多了。因为用来描述这些缺点的通常是些含糊不清的词语，例如僵硬、迟缓、官僚主义、缺乏透明度等等。但它们造成的影响却是真真切切的。"[11]

瓦兰德认为，银行的高管缺乏做出睿智决策的情境——他们离客户和市场发展趋势太远了。不出所料，银行总部的管理人员对此并不认同。瓦兰德没有理会他们的反对，他做出的第一项举措是冻结了 100 多个总部委员会的工作，还叫停了"蓝色备忘录"制度——这家银行自上而下的政策指示，每天发布 10 条。总部的职能部门陷入无事可做的境地，于是，它们的规模开始缩减。市场部从最初的 40 人缩减到一人。直线集权式的组织也缩减为 3 个层级：总部、地区分部、地方分支机构。瓦兰德把这些举措称为"踩刹车"。

在收缩核心机构的同时，瓦兰德提高了地方分支机构的自主权，实现了关键选择的本地化。这家银行为此组织了关于信用担保和业务拓展的全员培训，还开发了新的信息系统，为一线员工提供必要的数据。从此以后，分行有权做出大部分信贷决策，为贷款和存款定价，设定市场营销的优先级（最终还获得了人事权）。另一项抛弃标准操作的举措是分行按照各自所在区域为公司客户提供服务。地区经理可以要求总部团队提供支持，但是客户关系始终由分行管理。

每家分行建立“仪表板”，上面显示成本收入比、客户流失情况、员工人均利润、贷款业绩和每个客户的盈利能力等各项读数。这是为了把每家分行转变成接近独立企业的样子。瓦兰德对这个目标的解释是，“分行就是银行”，他总是把这句话挂在嘴边。其他银行把分支机构看作店面，它们的功能是销售产品、处理交易。瑞典商业银行则不然，它把分支机构视为功能齐备的企业，它们要以建立长期关系为己任。

瓦兰德认为，一个组织的价值是在地理“边界”上产生的。因为当地员工距离客户最近，消息也最灵通。他们的工作岗位更利于做出细微、实时的权衡，这可以帮助组织协调不可调和的矛盾。

这家银行在发展和风险之间的权衡可以充分说明边界在实际工作中的力量。2009 年到 2018 年，瑞典商业银行的贷款组合增速几乎超过了所有的欧洲同行。而且这一发展并不是以牺牲贷款标准为代价的。瑞典商业银行的不良贷款率是全行业最低的（如图 13–3 所示）。这家银行是怎样做到这一点的？

秘诀在于本地化。瑞典商业银行的所有放款——无论是个人客户为了购买一辆沃尔沃 XC40 贷款 3 万美元，还是沃尔沃集团 3 亿美元的循环信贷额度——全部源自分支机构员工。半数以上的分行员工拥有贷款权。每位贷款申请人都要在决策之前会见分行员工。如果是大额贷款，或者是新客户签约，就可能有多次面对面的会见。信用评估算法会为这些决策提供参考，但不会取代员工的判断。举例来说，一位贷款申请人的就业记录断断续续，也许非常不利于他获得贷款。但是，

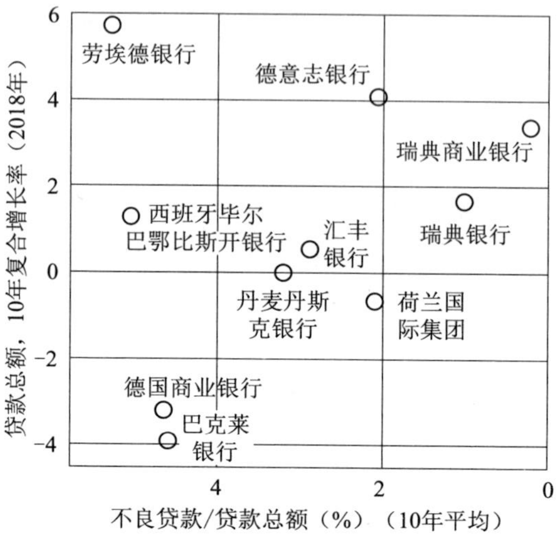

资料来源：资本智商，两位作者的分析。

图 13-3 贷款增长和不良贷款比例：瑞典商业银行与部分欧洲银行的比较（2009—2018 年）

稍稍做一下挖掘，银行的工作人员发现，申请人有一位非常富有的叔叔，愿意和他一起在贷款合同上签字。还有这样一位贷款申请人，他有一份薪酬丰厚的工作，但是他所在的企业正处于崩溃边缘。瑞典商业银行注意捕捉非标准信息，并把这些信息整合到贷款流程中，如此一来，这家银行做出了比集权度更高的竞争对手聪明得多的信贷决策。

本地化还能帮助银行预测违约。贷款一旦被放出，分行员工就会定期会见贷款人，并在出现违约风险时及时采取行动。瑞典商业银行董事长帕尔·博曼估计，70% 的坏账冲销源于“未能在贷款人信誉恶化之前采取足够的干预措施”。[12] 本地监测提高了及早发现风险、避免或减轻违约影响的可能性。

最后一点，去中心化可以降低系统性风险。通常情况下，银行的信贷决策是由相对较少的风险经理做出的，他们的决策需要严格遵循信贷规则。而信贷规则的依据是信用评级、贷款价值上限等因素。集权式的信贷决策还会朝着公司的重点工作方向倾斜，例如，优先占据中小企业贷款的市场份额，或者减少对特定行业的接触。这种集权式的、规则驱使的方式往往会带来风险的集中化，而不是风险的多元化。

正如《黑天鹅》一书的作者纳西姆·塔勒布和格雷戈里·特雷弗顿教授观察到的："尽管集权化可以减少对常规的偏离，让事情看上去运行更顺利，但实际上它会加剧偏离发生时的后果。它会把混乱集中在更少但更严重的时段里。与逐渐积累的、微小的偏离比起来，这样的伤害更加不成比例，危害也更严重。"[13] 瑞典商业银行分散了信贷决策权，抵制了自上而下建立优先工作的诱惑，成功地对重大的、愚蠢错误的风险实现了免疫。

本地化还是建立健全客户关系的关键。你如果和大型银行打过交道，就一定知道那是多么没有人情味的体验。你经常会发现，呼叫中心远在世界的另一端，而且很难直接拨通。瑞典商业银行不同，每位客户都有分行经理的名字和电话，会有专门指定的分行工作人员作为他们的私人服务代表。内部工作移交被降到最低，因为每个人都有权解决客户的问题。分行拥有自己的市场营销团队，会根据当地的需求量身打造数字化平台。对客户来说，瑞典商业银行就像一间开在家门口的铺子，店主知道你的名字，每次见到你都很高兴。

举一个典型的例子。一位客户需要紧急出差，又要完成抵押贷款申请，于是身在英格兰朴次茅斯的分行经理会长途驱车，赶到希思罗机场和他见面。[14] 正是这样的服务为瑞典商业银行赢得了无人能及的客户好评。

瑞典商业银行既做到了丽思卡尔顿般的星级服务，又保持了低成本竞争优势。它是怎样做到这一点的？再看一遍表 13–2，你会发现，这家银行的平均 SG&A 费用（即销售、管理和行政费用）不到收入的 40%，相比之下，竞争对手的平均水平高达 67%。这一巨大的效率优势让瑞典商业银行有能力解决高感度与低成本这对儿矛盾。相较于竞争对手，瑞典商业银行对官僚主义的投资非常低，对客户服务的投资非常高。它通过这样的做法摆脱了其他大型银行常见的、非黑即白式的思维方式（如表 13–4 所示，该表通过程式化的形式说明了瑞典商业银行的成本优势）。

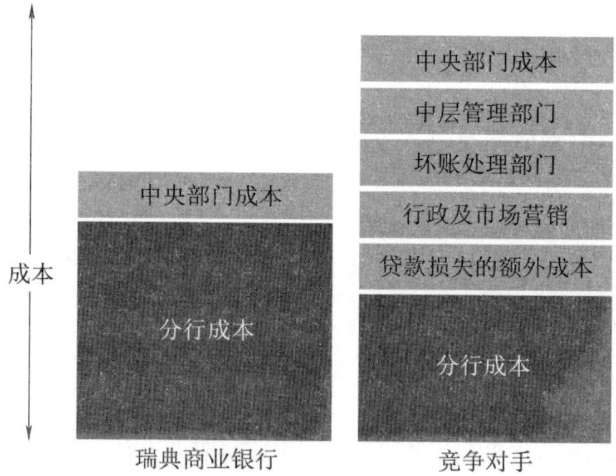

资料来源：瑞典商业银行投资者演示文档，2014年10月6日。

图 13–4　瑞典商业银行与传统银行的成本优势比较

自由与管控

无论是对瑞典商业银行来说，还是对任何其他组织而言，最根本的权衡都莫过于自由和管控。这对儿矛盾是探索与利用两难境地的核心，要建立善于适应的、创新的、振奋人心的组织，人们需要自由冒险、忽视政策、走到渠道之外、追逐自己的热情，甚至偶尔失败。反过来，想建立一个组织，带来六西格玛的质量和持续恒定的回报，需要的是严格精确、整齐划一和纪律。怎么会有组织能同时做好这两项呢？这就好比让一个人同时获得奥运会举重奖牌和艺术体操奖牌。你能想象那会是怎样一副身材吗？

也许化方为圆并不像看上去那么全无可能。我们见过的许多管理者都认为自由和管控是相互排斥、无法兼容的。如果用数学语言来表达，他们认为，自由乘以管控等于一个常数——只有当管控变小时，自由才能变大。因此，任何试图扩大一线员工决策权的请求都可能招来一连串的反对，“会有人浑水摸鱼的”，“他们一定会滥用自由”，“我们会因此失去工作重点”，“普通员工根本没有大局观”，“人们会浪费时间重复工作的”。

这种焦虑不难理解。任何组织都需要一定程度的管控，这是必不可少的，只不过官僚主义组织是通过狭隘的规则、严密的监控、严格的支出限制和近乎零的自主时间来实现管控的。这些措施可以让组织免于各种弊病，但是，这是以牺牲韧性、创新和工作积极性为代价的。这种取舍是不可避免的吗？有没有什么办法能在避免“官僚主义僵化”的前提下保证管控？谢天谢地，答案是肯定的。

返回瑞典商业银行的例子，这家银行的一线员工拥有前所未见的高度自主权。为什么这种自由没有带来不负责任的行为？这家银行是怎样同时做到彻底的分权和有纪律的运营的？诀窍在于“什么”和“怎样”的区分——把目的和手段分开。很多时候，创新就是以新方式带来人们熟悉的利益——目的是克服旧有的两难选择。在 Kindle 发明之前，爱书的人总是要面对这样的两难境地：要么忍受重负，走到哪里都带上一摞书；要么忍受手边无书可读的苦恼。是亚马逊公司改造了人们的阅读方式。同样的道理，瑞典商业银行改造了管控的方式。

不找借口

瑞典商业银行的分支机构自负盈亏。在收入方面，分支机构的收入来自贷款利息以及对销售共同基金等投资产品收取的费用。[15] 贷款一旦被放出，就会一直停留在发出行的资产负债表上，直到到期。如果抵押贷款出现拖欠，分行要负责确保恢复正常。如果一项贷款成为坏账，这笔损失会被计作分行损益表的费用。分行要对所有的直接运营成本负责——它们独立设定员工人数、签订租约、决定薪资、批准市场营销预算等等。至于统一管理的服务，例如 IT 和人事等，总部会根据实际使用量向各个分行收费。费率由专门的委员会每年议定。这个委员会由各个分行经理组成，他们每年都要和总部行政管理人员进行激烈的讨价还价。

换成其他银行，分行只需要完成一套七拼八凑的 KPI 就够了——一套自上而下的工作目标，包括客户获取、交叉销售、员工成本和其他绩效参数。这里隐藏着一项明显错误的假定：这一大堆目标能够实现分行工作业绩的最大化。官僚主义者或许不是这样想的，但是，建立一套替代目标，能够充分捕捉所有驱动盈利能力的因素，这是根本不可能的。集中确定的目标，无论有多少个，永远都无法取代训练有素的、身在一线的决策者的智慧。高度规范的政策和自上而下的目标往往会损害而不是鼓励人们的责任心，这一点可能与很多人的设想恰好相反。如果一线员工被过分严格的政策捆住了手脚，被迫应对一整套人为规定的 KPI，他们反而可以把失败推诿给上级。他们会说："反正我们所做的一切都是按照你们的指示办的。"相比之下，如果人们真正能自负盈亏，并且有权掌控各种驱动盈利能力的变量，业绩一旦没达标，他们就会难辞其咎。

自主和责任相互排斥的说法纯属天方夜谭，它的立足点本身就是一种可疑的假定：员工会为自己的不负责任寻找借口。瑞典商业银行不存在这样的假定，更没有出现这样的情况。一位分行经理这样描述这家银行的责任文化：

> 实际上，我们都喜欢更低的价格，并以此为荣。因此，假如需要订票，我们会因为买到了便宜机票而倍感自豪。只要瑞典商业银行的每名员工都这样想，我们取得银行业最低的成本收入比就不足为奇了，因为我们让每个人对自己的成本负责。每个人都喜欢做到这一点，这是人性的一部分。我们在生活中都喜欢这样做，不是吗？我又成功地砍价了！我们同样喜欢在工作中这样做，我认为这是一种极其微妙、极其聪明的团

队激励方式。[16]

拥有自主权并不意味着毫无业绩压力。瑞典商业银行的每家分行都要不断赢得新客户，并达到不高于 40% 的成本收入比。如果长时间无法达标，分行经理就要被撤换。这里没人享有懒散的自由，这里每个人都享有获得成功的自由。

透明

成功的压力可能来自内心，也可能来自上层，但是最有效的激励常常来自同辈。瑞典商业银行的自主权是受到透明度的制衡的。这家银行会通过月报为所有分行排名，主要的依据指标包括成本收入比、贷款质量、利润总额、员工人均利润等。前总裁阿尔内·莫滕森指出，“只有在快速而开放的信息系统的支持下，组织才有可能实现彻底的去集权化”，只有如此，问题才不会“被隐藏在管理层级角落和缝隙里慢慢腐烂”。[17]

公开透明还会激励友善的竞争。一位英国分行经理指出：“毫无疑问，我们会与距离最近的分行竞争。我们会在内心深处思考，‘好啊，我们会打败他们的，因为我们非常了解他们’。”[18]

平庸二字在瑞典商业银行无处藏身。瓦兰德曾经这样解释：

> 我们会通报平均排名——哪些分行排在前面，哪些排在后面。高管们不用推着人们工作，他们只要提出建议就够了。高管们知道哪些业绩是可以接受的——不会有人长期徘徊在排名的末尾！在这个过程中，同伴压力发挥了极其重要的作用。[19]

同担风险

如果企业的好坏与我们的利益休戚相关，我们通常会选择做正确的事。你一定还记得第 7 章提到的，瑞典商业银行的每位员工都参与了一项非常慷慨的利润分享计划。一位普通员工可以在退休时拿到 7 位数的养老金。这会帮助人们集中精力做正确的事。

冲出铁笼

多年来，管理理论学者告诉我们，大型企业在权衡利弊时表现得很糟糕——而且我们无法改变这一点。通常的建议是拆分，把组织一分为二。广受尊崇的学者查尔斯·奥赖利和迈克尔·塔什曼在他们的著作《二元性组织》(*The Ambidextrous Organization*) 中提出，企业可以兼具规模和灵活，只要“把新的、探索性的部门同传统的、利用性的部门分开，允许不同类型的流程、结构和文化存在”。也就是说，把那些专注于未来、敢于冒险、快速行动的员工放入孵化器或加速器，同控制成本的、受规则束缚的核心群体分隔开。这是一种逃避，请原谅我们的冒昧。想象一下，我们能不能告诉那些在疼爱和管教之间举棋不定的家长，把其中一个孩子永远晾在一边，无条件地接受另一个孩子的要求。这简直荒谬至极。恐怕最后两个孩子都要去看心理医生。

我们可以做得更好。我们在本章看到了 3 种应对矛盾的积极策略。首先，我们要像瓦兰德那样，用坦诚的态度看待永远单边权衡的隐性成本。要找到类似超声心动图式的方法，清晰透彻地审视组织中官僚主义斑块的积聚。

其次，要培训和武装一线员工，支持他们做出睿智、实时的权衡。这是所有先驱企业取得业绩优势的关键。它们认识到，大数据并不足以获取因环境而异的本地知识。想把平庸的决策变为充满见地的睿智决策，这些本地知识是必不可少的。

最后一点，要重塑管控方式。人类的自由从来都不是绝对的，但是我们可以选择如何管控。在官僚主义组织中，人为先例、狭隘的岗位职责、琐碎的规则和持续不断的监管所束缚。在人本主义组织中，人们通过对卓越的共同追求、对同伴和客户的责任心以及对一个尊重我们的组织的忠诚来约束自己。在前一种情况下，我们被困在韦伯所说的“铁笼”里，在后一种情况下，充满活力和干劲的工作场所与高度自主和负责的精神相辅相成。

行动起来

认可、本地化和去极化——这些都是建设一个可以一边走路一边嚼口香糖的组织的秘诀。

你会从哪里着手帮助自己的组织成为驾驭矛盾的大师？下面的建议供你参考。

1. 组织中的隐性偏见会歪曲重要的权衡，要坦诚地看待这些偏见，要在重要的对话中主动加入持相反意见的人。

2. 获取更多关于默认选择产生隐性成本的数据。用这项工作挑战自己和同事。不要认为没有数据就是没有弊病。

3. 你如果是一名管理者，就要抵制诱惑，不要在整个组织中推行权衡工作的标准化。要勇于牺牲一小部分一致性，换取更多因地制宜的决策。

4. 拒绝一切“要么……要么……”式的思维方式。创造性地思考如何在不牺牲其他同等重要目标的前提下实现当前目标。

5. 通过系统性的努力，用必要的信息和技能武装人们，支持人们做出聪明的选择，落实这些选择。

6. 让一线团队真正自负盈亏，大幅降低KPI数量，让人们对工作的结果负责。

7. 即便不是首席执行官，也要想方设法“踩刹车”。质疑把权力和决策推向中央的每个齿轮的每次转动。

当组织里的每个人都学会了喜爱矛盾，工作就会变得更有趣，组织的能力就会得到极大的提高。

我们在这一部分阐述了人本主义的各项原则：主人翁精神、市场、英才机制、社区、开放性、试验和矛盾。截至目前，还没有哪家组织能完全囊括这7项以人为本的要素。但是，我们放眼人本主义的先驱，例如桥水基金、海尔、瑞典商业银行、财捷、晨星、纽柯、西南航空、万喜、戈尔公司以及其他同类组织，我们会对这一类型的组织形成一个大概的印象。只要把上述原则变成政策和实际行动，更多这样的组织就一定会涌现出来（如表13-3所示）。

表 13-3 官僚主义 vs 人本主义

官僚主义	人本主义
权力归属于职位	影响力来自同级
战略由上层制定	通过开放的全员对话形成战略
资源由当权者分配	通过市场机制分配资源
创新属于专家行为	致力于创新，人人有责
协同合作是通过命令和政策强制推动的	协同是合作的结果
把人局限在职务里	围绕个人技能建立个人工作职责
由管理者分派工作任务	按照具体工作划分团队
通过监管和规则来实现管控	管控来自公开透明和同伴压力
员工团队是垄断服务提供者	内部职能部门需要面对外部供应商的竞争
人们为了升职相互竞争	个人为了增加价值而竞争
通过自上而下的目标评价业务单元的业绩	业务单元自负盈亏
薪酬与职位挂钩	薪酬与影响力挂钩
员工无利润分成	员工享有相当程度的利润分成
有多个级别的管理者	团队和个人是自我管理的
关键的权衡由上层做出	充分实现关键权衡的本地化

虽然这个框架在任何意义上都不是完备的，但是它为我们指出一个模型，最终可以帮助我们的组织克服种种“核心无能”——惰性、渐进主义和冷漠。我们不能再听任组织的能力低于身在其中的人们的能力了。

话虽如此，进步绝非易事。我们组织的领导者也许不如肯·艾弗森、扬·瓦兰德或张瑞敏那样开明，我们的同事也许并不热衷于推翻官僚主义的万丈高楼。那么，建立富有韧性的、完全赋权组织的希望在哪里？算清了官僚主义负累的成本，学习了先驱者的经验，回归到最初的原则，那么你还能做些什么？接下来应该做什么？你如果不是首席执行官，那么应该怎样开始这项工作？这些正是本书的最后三章要讨论的问题。

第四部分

通向人本主义之路

如何抵达？

— 14 —

米其林

起始步骤

如何开启人本主义的征程？怎样从强调服从的组织模式转向激励贡献的组织模式？我们在第 3 章中提到，官僚主义是不可能轻易消失的。它更为人所熟悉、系统化、防卫森严，而且会自我复制。偶尔会有勇敢的、反传统的首席执行官能克服这些障碍，例如纽柯、瑞典商业银行和海尔的首席执行官，但他们往往是在早期危机的情况下乘势而为的。如果你的首席执行官不是这样的哲人王，如果你的组织并没有行走在悬崖峭壁的边缘，那么，你应该如何开始这项工作？

无论采取怎样的方式，它都必须鼓励透彻的思考，重新定义强者的利益，难以被逆转，能够带来非凡的业务成果，并且能够保持运营的完整性。这确实是一项艰巨繁重的任务，不过，米其林公司近年来的经验可以为我们提供有益的参考，启发我们更好地开始这项工作。

每个热爱汽车或高级烹饪的人都知道米其林。那个胖乎乎的轮胎人是全世界辨识度最高的企业标识之一。米其林的总部位于法国腹地的大学城克莱蒙费朗，它的 70 家工厂位于世界各地，每年生产近 2 亿个轮胎——从 27 英寸的自行车轮胎到矿山机械的 13 英尺巨型轮胎，应有尽有。米其林共有 11.7 万名员工，大约一半分布在这些工厂里。

米其林在过去的许多年里创造了很多项世界第一。1895 年，它为参加巴黎—波尔多公路赛的汽车提供了世界上第一批充气轮胎。1934 年，第一个推出零胎压续行轮胎。1946 年，率先推出子午线轮胎。近年来，米其林在全新领域不断创新。这家公司在“责任化”旗帜的引领下极大提升了一线员工的权力和责任。“责任化”是一个在 2020 年初推出的新项目，有望带来价值 5 亿美元的生产改进。[1] 塞纳德在 2012 年至 2019 年担任米其林公司首席执行官。他把这次转型称为米其林“最值得自豪的成就”之一。

尽管这个项目获得了高管的赞誉和塞纳德的鼎力支持，但是责任化更多是自下而上的，而不是自上而下的。米其林并没有为它设立专门的项目管理办公室，也没有为它设定每周、每月的里程碑。与此相反，这一切始于一个名不见经传的小项目。2013 年，前工厂主管贝特朗·巴拉兰开始负责劳资关系工作。他说服了一群一线主管，开始了一项去中心化的大胆试验。

正视精益的局限性

责任化的想法诞生于挫败。2005 年左右，米其林推出了米其林制造方法（MMW）。这是一项全公司范围的大项目，旨在通过标准化流程、工具、仪表板和绩效审核提升公司的生产率。随着新方法的推行，工厂管理者开始担忧，他们担心这个项目会挤压本地主动性和创造性。这个项目似乎也违背了公司联合创始人爱德华·米其林的著名格言："我们的一大原则是把责任交给实际完成工作的人，他们才是最熟悉工作的人。"当时担任米其林人事总监的让－米歇尔·吉永担心事态过分朝着集权方向发展。他对一位同事喃喃地说："我们会不会因此丢掉了自己的灵魂？"[2]包括塞纳德在内的其他高管也有同样的担忧。

2010年，生产实践标准化工作带来的回报日益萎缩。与此同时。更短的产品周期、新的竞争对手，以及服务重要性的日益增长都为米其林提出了挑战，它必须变得更富有创造力和灵活性。

缔造自主性

2012年初，为了找到前进的道路，吉永和一位来自公司生产部门的高管召开了一次研讨会。虽然出席会议的20人未能提出新的计划，但是他们一致认为，一线团队应该获得更高的自主权，以便更好地追求目标，提升本地运营能力。

在这次研讨会上，发言最积极的人包括贝特朗·巴拉兰。他当时即将卸任米其林上海工厂经理一职。在米其林这家以员工长期服务而著称的企业里，巴拉兰是个例外——在2003年加入米其林之前，巴拉兰在法国陆军做了30年的军官。尽管如此，因为几度拯救业绩低迷的工厂，巴拉兰迅速在米其林公司树立了自己的声望。上海工厂是米其林公司与中国一家国有企业建立的合资公司。它一直是米其林业绩最差的工厂之一，直到巴拉兰来到这里，他成功地帮助它扭亏为盈。在此之前，巴拉兰刚刚把法国中部的一家米其林工厂的生产调整到飞机轮胎方向，使其免于倒闭。他在这两家公司运用了同样的方法。他把工厂的工作重心集中在"社会维度"上，建立共同的使命感，升级工人的技能，为生产团队带来更大的自由度。巴拉兰的一些同事非常顽固，他们对巴拉兰的方法充满了怀疑。巴拉兰事后调侃说，那些同事认为他的方法"就像诗歌一样有用"。

研讨会结束后的几个星期，吉永邀请巴拉兰加入人事部门，担任劳资关系负责人。巴拉兰渴望"提高生产体系的集体智慧和士气"，他立即接受了这份工作。

刚一走上新的工作岗位，巴拉兰就迫不及待地埋头研究社会科学，钻研人类动机和参与度。对他启发最大的是 20 世纪哲学家西蒙娜·薇依的著作。薇依的作品雄辩地论述了能动性和同理心的重要意义。巴拉兰还阅读了米歇尔·克罗齐耶的经典著作《科层现象》(*The Bureaucratic Phenomenon*)。它生动地论述了大型组织的机能失调和局限性，包括克罗齐耶所说的"奉旨改革"。这些著作和其他著作一起让巴拉兰的想法变得明确起来："回顾过去的组织工作，我们对人的认识过于狭隘。认为只有在受到严密监督时，或者只有在使用薪资激励时，人们才肯努力工作。结果呢？我们工厂里的员工只发挥出了很小的能力。"这句话的背后是更深一层的认识：如果人天生具备创造力，并对自身的工作富有热情，那么他们应该在自身工作环境的设计中当家做主。巴拉兰相信，对员工来说，“什么是自主权，什么是对工作负责”，这应该由员工决定，而不是由管理者决定。

到了2012年夏天，巴拉兰起草完成了一项方案框架，他把这项方案称为MAPP——“业绩与进步的自主管理”的法文首字母缩略词。MAPP包括7项基本原则。

1. **自愿参与。**主管和他们的团队可以自愿成为MAPP的“示范者”。MAPP从不强制员工参与。

2. **在发掘自主运营新方法的工作中，一线团队应该唱主角。**他们会通过设计本地化试验来解决两个关键问题：“在没有主管干预的情况下，我们能够做出怎样的决定？”“在没有类似维护、质量、工业工程等支持团队参与的情况下，我们能解决哪些问题？”

3. **从不同地区和产品部门抽调业绩普通的员工，组成示范者团队。**这样可以尽可能确保试验结果具有普遍性。

4. **鼓励团队集中力量。**示范者专注于一两个可以扩展自主权的关键领域，而不是放眼整个决策流程。共有11个领域可供团队选择（如表14–1所示）。集中火力专攻一两个点，能够帮助团队迅速启动。

5. **给团队一整年时间做试验。**考虑到这一任务的新颖性，示范者需要一定的时间和空间，才有可能搞清楚如何提高本地自主权。目标并不是快速锁定几种最佳实践，而是认清团队能够在赋权的边界上走多远。一整年的时间恰好和米其林的年度绩效周期吻合，这让衡量责任化影响力变得更容易。

6. **示范者需要一边测试新方法，一边正常完成本职工作的业绩**

指标。巴拉兰指出，这样做的目的是“让示范者承担与大家一样的业绩压力，这样得出的测试结果更可信”。

7. 管理层零干预。只有在团队求助时，工厂经理和职能部门才可以提供支持。巴拉兰告诫人们：“这是团队成员的流程，管理人员不应干预。”

表 14-1　绘制生产团队地图以发布试验领域

领域	工厂 1			工厂 2		……	工厂 17
	团队 1（搅拌）	团队 2（半成品）	团队 3（组装）	团队 4（固化）	团队 5（检验）	……	团队 38（组装）
业绩管理	×						
与其他生产线团队的关系		×					
团队凝聚力				×			
团队领导者的作用		×					
新员工培训							
招聘							
自主解决问题			×				
人员安排及出勤管理							×
管理规范及规程		×					
技能及能力管理							×
工作丰富化					×		

巴拉兰的试验方法与米其林自上而下的工程师文化背道而驰，但它对吉永充满了吸引力。吉永后来告诉我们：“我很熟悉员工自主的企业，例如戈尔公司——但是，这些案例的适用性并不高，要么因为它们的规模较小，要么它们从成立起就是这样的。我心里很清楚，除了闯出一条自己的路，我们别无选择。”有些高管对巴拉兰的试验热情不高，但是，当看到示范者团队也需要“制订计划”时，他们的情

绪获得了一定的安抚。

发现责任化的力量

潜在的质疑者让开了一条路，巴拉兰联系了各个工厂经理，请他们帮助招募志愿者。首批加入的志愿者包括米其林勒皮拖拉机轮胎厂的装配线团队。团队领导奥利维耶·迪普兰这样解释他对 MAPP 的热情：“我是在 2011 年进入工厂的，刚上班不久，我就发现车间里有大量的专业技能遭到了闲置和浪费。我相信，我们的员工本来能做得更多。我把示范者项目视为一次有趣的机会。当我向团队推荐这个项目时，大家也非常感兴趣。”到 9 月底，巴拉兰已经从 17 家工厂招募了 38 支团队。志愿者总数达到 1 500 人，略多于米其林员工总数的 1%。

接下来是无比忙碌的几个月。巴拉兰奔赴每一家工厂，召开启动会议。他提醒工厂经理，“这件事说到底就是让团队自己想办法。经理们唯一能做的就是鼓励人们更大胆，发挥更高的创造性”。

巴拉兰用一段简短的文档向每支示范者团队讲解了责任化的任务。重点在于“什么”，而不是“怎样”。巴拉兰鼓励主管们“放开手”，把自己的角色从“拍板”转变为“促成”。团队要通过日志和视频的方式记录进展，这些记录会在年底试验结束时被分享。虽然有些团队成员对天上掉下来的权力心存疑虑，但是大多数人还是热情地接受了这个机会，高高兴兴地走进了巴拉兰的“实验室”。

2013 年 1 月，示范者正式启程，到了 3 月，创意流和试验开始快速增加。巴拉兰说，当团队成员发现不会有人出来阻止他们时，转折点出现了。最典型的例子来自勒皮和洪堡两支示范团队。它们很好地说明了这个过程是如何展开的。

勒皮

奥利维耶·迪普兰站在团队40名成员面前，介绍责任化的基本思想。迪普兰回忆起当时的情景，他首先提出一个问题："请问，我今天做些什么事，你们明天会想到接手做下去？"

> 我得到了出乎意料的有趣回答："噢，奥利维耶，我们无法回答你的问题。因为我们不知道你做些什么，我们会在每天早上的几个小时见到你，也就是我们检查设备和每个人的工作的时候。还没到中午，你就不见了。谁知道你是不是跑去泡咖啡馆了？"

迪普兰发现，这样的断裂是双方面的。团队成员不知道他做了什么，他同样不熟悉员工们的工作。因此，他们商定了一个方案：迪普兰会和团队并肩工作几个班次，接下来选出3位下属，每人固定一个班次，跟着迪普兰工作一个星期。他们会找出可以扩展员工职责范围的领域。

他们先是尝试扩大员工在排班方面的自主权。迪普兰先和团队约法三章，例如，每一班必须包括拥有合格技能组合的操作人员。随后，他把排班工作交给团队自行安排。结果，团队的一项初期决定是把工作时间较长的同事从晚班换到白班。他们的另一项举措是完善设计，给人们更高的灵活度，可以更容易换班。品尝到自主权的美味之后，团队开始接管生产计划。只要收到工厂的周生产目标，团队就会顺次安排好每天的生产目标，并且安排好每个班次每项任务和每台机器的具体操作人员。短短几个星期，这支团队完全实现了自主，提高了工作效率——这让勒皮工厂规划部的同事们惊讶不已。

洪堡

从勒皮向北 700 公里，是德国萨尔区的洪堡。那里的米其林轮胎厂主要生产轮胎配件，如钢丝帘线和胎圈钢丝等。这家工厂同样建立了一支示范团队。由于此前遇到了工作流方面的问题，这支团队选择的重点是改善内部协作。

在此之前，这支团队每天的生产目标是由工厂的工程团队决定的。然而，最近工厂引进了较为烦琐的新型装配机，这让团队满足内部客户需求的工作变得更加复杂。有的时候，这支团队生产的原料过多，有时又会过少。为了理顺这一切，规划工程师努力了好几个月，结果收效甚微。

示范团队用了几个星期研究这个问题。通过与下游装配团队建立直接沟通渠道，这个问题最终得到妥善解决。两个团队的代表会在每个班次的开始和结束时开 15 分钟的短会，讨论设备问题，协调生产时间。这个简单机制立即理顺了生产流程。每天的停机时间从 2 小时降为零。巴拉兰评价说，洪堡工厂的经验充分说明了集中计划的局限性："工程团队不可能预见一切，算无遗策。我们如果准许员工自我管理，帮助他们培养成功做到这一点的必需能力，就能更高效地解决问题。”

和勒皮团队一样，洪堡团队也在探索其他可以自主管理的领域。慢慢地，他们承担起管理考勤的责任，为了及时高效地调整员工排班，他们还建立了WhatsApp工作群。

共同观点的会聚作用

2013年上半年，各支示范团队独立运行，各自为战。到了夏天，巴拉兰开始推动团队之间的横向联系，他得到了奥利维耶·马萨尔的支持。马萨尔是米其林生产部门一位充满开拓精神的经理。两人开始组织示范团队参加月度电话会议，还建立了线上空间MAPPEDIA，示范者可以在这里分享自己的发现，解决共性问题。

随着这一年的结束，巴拉兰总结出一套经过实践检验的、行之有效的做法，他努力让各团队聚焦于这套做法，并把这当作他的重点工作。示范团队的代表们聚集在一起，参加了一系列研讨班，每次研讨班为期3天。每支示范团队的代表包括一位主管和3到5名操作员。对很多学员来说，参加这些培训是他们人生中的第一次出差，也是第一次有人就管理问题征求他们的意见。

研讨会的第一天，示范团队会分享各自的试验视频。团队成员一边播放视频一边现场讲解评论，有时还会为了深入讨论而暂停或回放。在接下来的两天里，学员们会讨论和定义一支自主团队应有的标志性做法。为了更好地做到这一点，每支团队会填写一张卡片，回答4个关于责任化体验的问题：

1. 具体发生了什么改变？

2. 它和原有做法比起来怎么样？

3. 为什么这一改变非常重要？

4. 最关键的促成因素是什么（例如新技能或信息等）？

学员们一共填写了 120 张卡片。这些卡片被分为 6 种类别：建立共同使命和目标、组织工作、能力建设、驱动创新、与他人的协同合作、绩效管理（见图 14–1、图 14–2，两图汇总了“绩效管理”类别中的 22 种做法）。在随后的几个月里，这个框架变成了其他团队急于探索责任化最不可或缺的资源。最重要的是，它不是人力资源员工或外部咨询顾问撰写的理论构想，而是一份详尽的目录，罗列了实际工作中行之有效的方法。

这些研讨会兼具评估责任化对生产率和参与度的影响。这两项结果都非比寻常地出色。当年年底，洪堡示范团队把部分最畅销轮胎的不合格率从 7% 降到了 1.5%。紧接着，这支团队的生产率增长了 10%，与此同时，无故旷工的情况从 5% 降到了零。这些变化发生在同一个生产单位，洪堡工厂的实际产量因此从额定产能的 88% 提升到了 92%。其他工厂的示范团队也报告了类似的收获。位于波兰奥尔什丁的米其林工厂的不合格率下降了 50%。在罗马尼亚扎勒乌的米其林工厂里，示范团队把新操作员完成生产目标的时间从原来的 5 天缩短到 3 天。工作积极性也直线上升，团队成员共同的感受是，自参加工作以来，他们第一次感到自己像在打理自家生意。有支示范团队准备了一张海报，绝佳地捕捉到了这一变化。这张海报上画着两

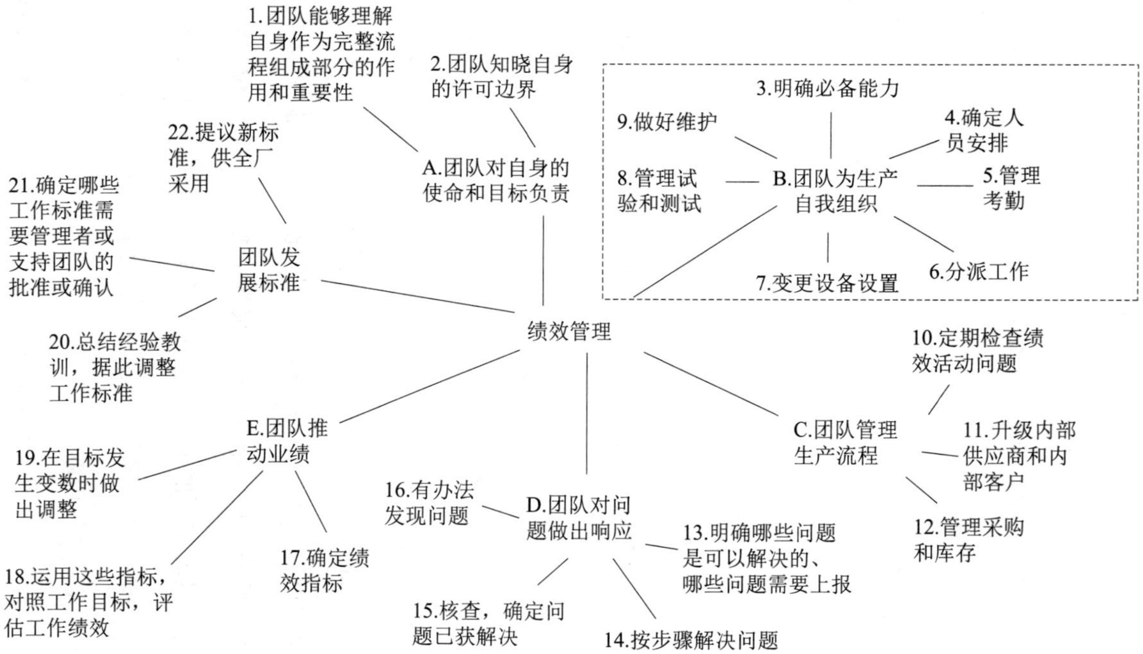

资料来源：米其林，作者的分析。

图 14–1　MAPPEDIA 上有关绩效管理部分的摘录

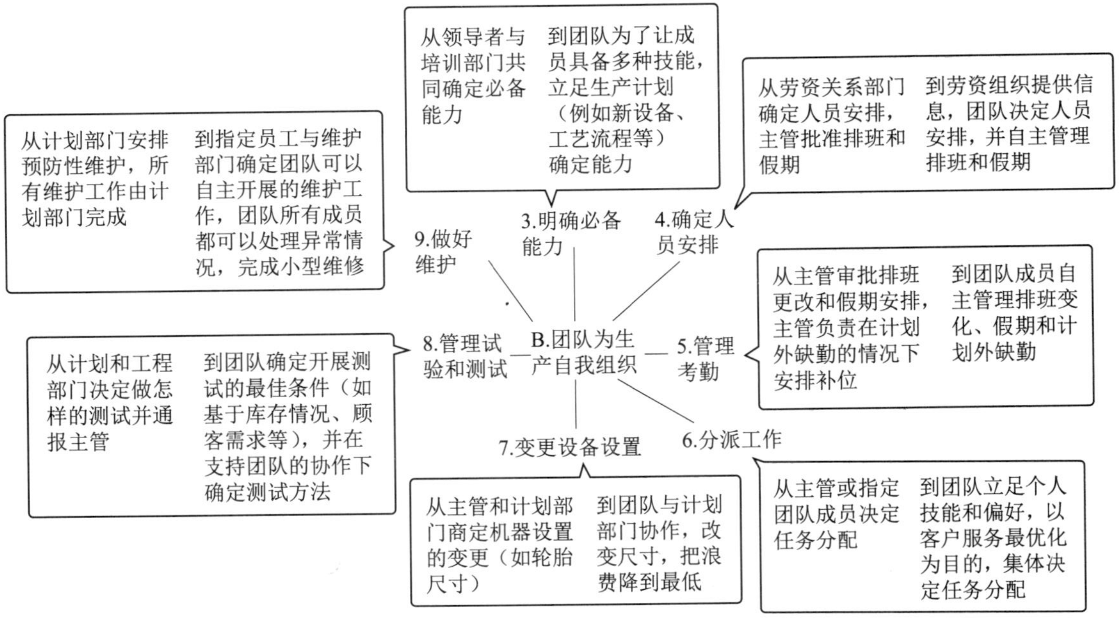

资料来源：米其林，作者的分析。

图 14-2 “B. 团队为生产自我组织”的详细视图

列火车。一列是喘着粗气的蒸汽机车，车上写着“MAPP 之前”，主管坐在高高的火车头上，高声发布着命令，懒洋洋的员工分坐在不同的车厢里。另一列是法国 TGV 高铁，上面写着“MAPP 之后”，所有人坐在同一节车厢里。

做大

随着示范团队接连不断获得喜人的成果，巴拉兰和马萨尔锁定了更高的目标。在吉永的帮助下，他们毫不费力地把这项工作提上了 2013 年 12 月高层领导会议的日程。巴拉兰在会上播放了几段示范团队的精选视频，总结了业绩的进步，强调了日益上升的员工参与度。接下来的一个大问题是：他希望在整个工厂层面开展责任化测试。这是对工厂领导者和职能部门的挑战，如果团队的自主权提高，他们将不得不重新界定自己的职责。更有争议的是，相对于企业员工群体，工厂的决策权需要扩大。

巴拉兰清楚地知道，自己是在挑战长达一个世纪的官僚主义传统，他鼓励自己的听众把目光放长远。巴拉兰提出：“为什么米其林不能成为 21 世纪的丰田？——这家公司通过扩大所有员工的自由和责任感，为世界带来了一种全新的管理模式。”

那次高管会议长达一个星期，巴拉兰的讲话被排在最后一天的最后一场。尽管如此，他的讲话时间被一延再延。高管们迫切地想要了解更多示范团队的情况，也渴望分享自己的思考。孟立国热情地提出：“这是我们的好机会，我们可以成为长久以来梦寐以求的企业。”孟立国在2019年接替塞纳德成为米其林首席执行官。在参加那次会议时，巴拉兰的目标是获得公司的批准，在两家工厂开展责任化试验。等到离开会场时，他得到6家工厂的试验许可。吉永和米其林研发总监特里·格蒂斯主动请缨，义务担任下阶段试验的顾问和支持者。

返回工作岗位之后，巴拉兰思考下一步工作应该如何开展。他希望把自愿和试验的原则继续下去，但他也非常明白，在工厂层面开展试验的复杂性更高，需要的时间更长。他的判断是，这些工厂——有的超过1 000名员工——需要5年时间来发展，并需要进行中期审核。

巴拉兰再次踏上招兵买马的征程。这一次，有18家工厂的领导者向他发出邀请。其中有6家工厂被选中。它们要最大化地实现地理多样性和业务多元性。这6家工厂分别位于爱尔兰、加拿大、美国、德国、波兰和法国。

2014年春天，每家工厂的代表，包括工厂经理和职能部门领导者，来到（法国）克莱蒙费朗，出席为期3天的启动活动。他们听取了示范团队的工作汇报，研究了MAPPEDIA上的实践列表。和之前一样，巴拉兰提出的路线图更多是前进的罗盘，而不是详细到每个路口的指南。各个工厂要结合自身情况，因地制宜地找到最恰当的解决方案。和其他总部项目不同的是，该项目没有自上而下的指导方针，也没有月度审核。但是，工厂需要寻求MAPP团队的支持。这个新成立的团队由工厂前任领导和专家组成，主要负责总结和汇编示范团队的成熟经验。

测试工厂的进步

2014年的夏秋两季，所有测试工厂迅速充实各自的计划。勒皮工厂首先邀请员工出席为期一天的头脑风暴，集思广益，研究如何把整个工厂转入赋权模式。这场活动形成了900多条想法。随后，它们被编入13个重点工作领域，例如跨团队协同、员工多技能化、合议决策、质量和安全的主动管理等等。每个重点领域由一个小组牵头，小组由一线工人、主管和支持人员组成。小组的职责是把最有前景的创意转化为实际可行的试验。很多被选中和培养的创意都是首次进行测试，由示范团队负责具体执行。

波兰奥尔什丁米其林工厂邀请200名团队成员参加了启动仪式。在两天的时间里，人们明确了一整套责任化重点工作，例如每日生产计划决策授权、工人参与招聘、改变薪酬标准、把每个人变成企业的主人翁等等。和勒皮工厂一样，奥尔什丁工厂也在每个重点领域建立了跨部门团队，承担具体创意的培育和测试工作。

奥尔什丁工厂的启动团队发现，“信任”是试验的关键词，这是个意义重大的转折点。工厂主管雅罗斯瓦夫·米夏拉克解释说：

> 我们过去的运营中存在一个隐含的假定：工人是不值得信任的，信任要靠自己赢得。现在，我们开始完全彻底地信任每个人。只有在行为失当时，一个人才会失去大家的信任。这听上去是个微不足道的视角转换问题。实际上，它的影响极大。这样一来，当我们考虑改变工作实践时，就像现在，提供证据的

责任就落在了那些希望掌控工作的人的身上了。

扩大团队自主权规模

测试工厂的团队成员开始在安全、质量和规划等领域承担更重要的职责。奥尔什丁的一位一线团队成员被提名负责每天的生产计划——决定每个班次生产哪些产品、哪些设备停机维护等。

几家工厂的操作工人开始出席最高层的计划会议。这是他们第一次有机会在工厂规划、资本项目、人员编制和年度目标等决策中发表意见。

随着一线员工职责的日益扩大，他们开始要求获得更多的信息。雅罗斯瓦夫·米夏拉克指出："如果没有适宜的信息，我们不可能指望员工做出正确的决策和通达的业务判断。一线员工过去根本不知道自己生产的轮胎销往何处，销售成本是多少。现在，他们知道的信息和我们一样多。"

自主权的另一项重要促成因素是技能建设。洪堡工厂的支持部门，包括维护、质量和工程等部门在内，为工人量身打造了培训课程。以维护部门为例，他们专门建立了培训车间，准备好设备和零件，工人们可以在那里练习如何维修自己的机器设备。其他工厂还推出了商业敏锐力开发等培训课程，例如奥尔什丁、格林维尔和北卡罗来纳工厂。

主管工作的再定义

随着生产团队自主权的日益提高，测试工厂里的主管势必会重新定义自身的角色。各家工厂开发了专门的培训课程，主要讲解情商和如何做“幕后领导”等等。在格林维尔工厂和勒皮工厂，主管们每隔两周开一会，解决问题，分享心得。他们做过哪些尝试？哪些有效，哪些行不通？事实证明，这样的同伴支持非常有用，它可以帮助每个人从管理者转变为指导者，并在转型过程中找对方向。

在一线赋权成果的激励下，几家工厂的领导者开始跟进效仿。奥尔什丁工厂的生产主管把产品检验放行的决定权交给了一位团队负责人。勒皮工厂的厂长劳伦特·卡尔庞捷把编制预算、生产计划、设备选型和客户关系等职权全部交给直接下属负责。卡尔庞捷指出：“我直接负责安全和重大人事工作，其余诸事全部交给团队，由他们提出意见，推动解决问题。”团队负责人迪普兰补充说：“这相当于每个人都官升一级。”

在这种双赢的局面下，最新得到授权的团队为管理者赢得了更大的自由空间，后者可以专注于附加值更高的工作，例如团队技能建设和资源规划等等。一位团队领导者这样总结责任化对自身角色带来的改变：“过去是我在解决问题，那也许并不是最好的解决之道。如今换成行家里手，当场解决问题。”

重新谈判与总部的关系

米其林的工厂与纽柯的工厂不同，它们过去依靠中央职能部门确立标准，界定流程，分配生产额度。巴拉兰清楚地知道，工厂如果不能在这些方面获得更高的自主权，责任化就会停滞不前。向总部职能部门争取自主权绝非易事，但仍有几家工厂取得了进步——奥尔什丁工厂就是其中之一。本地主管意识到，关键在于赢得许可，开展目标明确的试验，然后用成果说话，争取更进一步的自主权。

第一场这样的试验聚焦于月生产目标。工厂邀请总部计划部门的代表从克莱蒙费朗来到奥尔什丁，出席为期一天的研讨会，探讨这个问题。研讨会期间，本地团队成员提出，他们更适合做出这些类型的决策，因为他们与客户的关系是实时的，能够首先知晓客户需求的变化。总部代表在这一点上做出了让步，同意开展一个月的试验。这次试验大获成功，公司总部及时地把生产计划权交给了所有工厂。奥尔什丁工厂通过类似的方法逐步赢得了质量审核的自由裁量权和重大资本性采购的决定权，例如轮胎模具的采购等。几十年来，集权管控的棘轮的轮齿第一次向相反的方向转动。

让责任化扎下根来

2016 年底，巴拉兰和生产部门主管以及 MAPP 团队走访了每一家测试工厂，检验责任化实施两年来的进步。虽然各家的变革步伐不尽相同，但是每个人都致力于向前推进。这 6 家工厂的工作积极性都超过了历史水平，责任化项目提高了这些工厂的最低标准。据 MAPP 协调员克里斯蒂安·提洛夫估计，在责任化的推动下，洪堡工厂的生产率提升了 10%。这家工厂的员工人数增加了 1/3，但是通过把更多的责任授权给一线工人，这里根本不需要额外招聘主管和职能人员。勒皮和奥尔什丁等工厂也汇报了类似的提高。

积极的成果为责任化项目带来更大的动力，很快又有 12 家工厂上下游说，想要加入这一开拓者的行列。MAPP 的涟漪效应扩展到制造领域之外。2018 年，由 70 支跨部门团队联合设计，在没有高管介入的情况下，公司完成了一次重大改组。这次改组把运营单位的数量增加了几倍，进一步分散了集中决策。孟立国宣布，赋权将成为公司的新特征。这说明，责任化将成为米其林的长远做法。孟立国指出："我们的公司规模庞大，全球化程度高，不能不依靠公司上下每个人的才智。每个人都应该有自己的用武之地。"[3]

尽管取得了令人惊讶的进步，但是巴拉兰和他的伙伴极为谦逊地看待自己取得的成绩。当回顾此事时，他们认为，如果试验工厂当时得到总部高管更多的鼓励，也许能取得更大的进步。这些成果确实不如有人设想的那样彻底。尽管公司管理者的工作发生了迅速变化，但正式的层级架构仍然毫发无损地存在着。即使如此，大多数内部人士也相信，走向赋权的道路已经是不可逆转的了。

责任化项目与绝大多数自上而下的项目不同，它的初始目标更宽泛，并且刻意保持了实现方法的模糊性。其目标是激发人们投入工作，而不是迫使人们接受一套详尽的行事规则。巴拉兰很清楚，真正的变革发生在说服劝告和坚持不懈之中，而不是发生在强制命令和考核指标之内。巴拉兰是米其林公司自主权的最早布道者，他走遍了公司的每一家工厂，寻找信徒，帮助人们改变旧有的观念。他知道，自己的使命是大放异彩还是陷入困境，最终取决于这些人的支持。

最关键的一点，巴拉兰和他的团队发现，他们没有实战经验，无法设想一线人员的工作需要怎样的改变。因此，他们选择依靠试验团队来发现、解决和匹配责任化项目中的多个维度。无论工作进行到哪个节点，巴拉兰和 MAPP 团队都表现得虚心谦逊，而不是倨傲自大。

巴拉兰建立的是一种自愿联盟，这避免了与那些还没有准备好分权的领导者之间的斗争。巴拉兰并没有选择与寸土不让的对头正面冲突，他选择了迂回包抄。巴拉兰建立了一支庞大的支持者队伍，通过第一手的体验确保赋权的多种益处。这种扩散式的、自下而上的方法，加上责任化项目从未以总部重大项目的面目招摇过市，这使得项目的反作用降到了最低。作为一名前军官，巴拉兰深知，一支精神专注、组织分散的游击队是很难被打败的。

与巴拉兰合作的是最有代表性的一线团队，这些团队一边试验，一边保持原有的工作目标。通过与这些团队合作，巴拉兰有效地避免了正常运营陷入瘫痪的风险。试验有时难免失败，但是因为它们的规模较小，所以不会形成财务风险。

一切试图推翻官僚主义现状的努力都要面对严峻的考验。无论从哪个方面看，巴拉兰的责任化方法都经得起这些考验：

1. 它的立足之本是恒久不变的人的价值。
2. 它给人们广阔的自由发挥空间。
3. 它会在遇到阻力时迂回作战。
4. 它邀请领导者重新思考自身角色，而不是要求领导者这样做。
5. 它把风险的破坏性降到了最低。

综合以上原因，责任化项目拥有足够长的跑道，让它能够达到起飞的速度。

和米其林一样，每家公司都要找到自己通向人本主义的航线。尽管如此，我们可以放心地说，要想开启这一征程，其实用不着大批咨询顾问，也用不着大动干戈的总部变革计划。实际上，就像我们看到的那样，它们可能是我们最不需要的东西。

— 15 —

从这里出发

我们大多数人都会选择默默忍受官僚主义的重负。我们自甘忍受沉闷乏味的结构和复杂难懂的流程。是它们拖慢了速度，禁锢了积极性，拖住了创造力的后腿。万马齐喑的局面是错误观念造成的。无论是新上岗的职员，还是资深的管理者，我们都认定了一点：不要幻想重塑组织的运作方式，我们既没有能力，也没有理由。

我们早就劝自己相信，我们所面对的束缚我们的管理架构和体系只能由金字塔尖的少数人做出修改，或者由他们指定的人力资源、计划、财务和法务部门人员修改。可是，问题在于，等待官僚主义者推翻官僚主义结构就像让政客把国家利益置于党派利益之上，或者指望社交媒体公司保护我们的隐私，或者指望十几岁的孩子整理好自己的房间，这些都是毫无希望的。这些情况可能会偶尔发生，但一定不会总是发生。如果我们想建立一个组织，让它变得和身在其中的人们一样能干，我们就必须勇挑重担，承担起引领者的责任。

问题在于，怎样在无职无权的情况下改变一个体系？我们可能不是高级副总裁，甚至连主管都不是。也许你已经想到了，第一步是内在变革。想要改变组织，首先要改变自己。官僚主义顽固存在，你我都有责任。我们都有责任采取纠正措施。这意味着积极主动地投身于人的能动性、尊严和发展。这不仅仅是一种哲学取向，还是一种真诚的信念，足以激励个人蜕变。官僚主义把我们每个人都变成了混蛋，只是程度不同。想要从中复苏，我们不仅要痛击“这一体系”，还要修复自己的灵魂，修复人性中被官僚主义侵食的部分。

官僚主义者的脱瘾治疗

我们在前文提到，3/4 的大型机构工作者认为官僚主义式的狡讦怀诈是出人头地的秘诀。这种想法代表的是现实吗？官僚主义式的狡诈真的比真才实学更重要吗？还是说，它只是不称职的人在失掉升职机会时的借口？无论是哪一种，问题都是一样的，那就是人们相信这是真的，可能会照此行事。你如果相信只有擅长内斗的高手才能上位，就可能模仿他们的战术——就像运动员忸怩地认为获得奖牌的唯一办法就是服用兴奋剂一样。

我们已经注意到，官僚主义就是一场比赛。它让角逐者在斗争中相互对立，争夺职务权力和与之相连的种种回报。我们并不认为竞争本身有问题——但是，如果赢得竞争的代价是牺牲一个人的人性，它的问题就大了。当有才华坚持原则的人选择退赛时，当洒脱的异道者决定为了自身的诚实正直，为了那些遭到官僚主义贬损的人放弃官僚主义式的胜利时，官僚主义就会崩溃。就像哈佛大学教授马歇尔·甘兹说的那样，人们改变世界的目标“不是赢得比赛，而是改变规则”。[1]

想要学会新打法，就要忘掉旧打法。如果你是一位官僚主义黑带高手，你要怎样改变原有的本能反应呢？官僚主义者的脱瘾治疗是什么样的？就像我们料想的那样，它和其他的成瘾恢复项目非常相似。我们可以在此借用戒酒无名会的一条定例，它是个不错的起点。

戒酒无名会的第四个步骤是号召人们做一次“彻底和勇敢的”自我道德反省。在这一精神的指导下，每个在组织中工作的人都应该自问：“为了获取官僚主义式的胜利，我在哪些地方丧失了自己的原则？官僚主义是怎样让我变得没有人情味的？”

下面是一套非常简单的练习，它适合每个人。回顾过去一个星期或一个月做过的事，问问自己以下几个问题。

1. **我有没有暗地里构陷自己的对手？**在官僚主义体制中，权力是一种零和游戏。一个职位空出来了，只有一个人能得到提拔。在升职的斗争中，人们会禁不住贬低他人的贡献，或者挑拨人们质疑竞争对手的诚信或能力。

2. **在理应分享权力的时候，我有没有紧抓不放？**在正式的层级结构中，只有负责重大决策的人能拿到高薪。为了证明自己崇高地位的正当性，管理者必须让自己看上去有能力做出困难的决断。这势必阻碍权力的分享。

3. **我有没有虚报预算或者夸大业务？**官僚主义体制中的资源分

配是僵化保守的。预算往往在一年前就被定下来了，而且一切看上去有风险的事物都会被降级处理。因此，人们往往会提出多于实际所需的资源需求，或者夸大自身业务的优点。

4. **我有没有故作热情地逢迎上司的某个想法？**在官僚主义体制中，不认同上司的意见可能会限制一个人的职业发展。因此，人们常常会选择保留自己的意见，不愿被别人视为不够忠诚。

5. **我有没有在决策中忽视人的代价？**如果你的组织把人仅仅当作资源，你也许会被迫牺牲信任和关系资本，以换取眼前的业务收益。

6. **当需要大胆站出来时，我有没有选择明哲保身？**在官僚主义体制里，搞砸了的代价往往高于碌碌无为的代价。因此，人们容易把怯懦当作审慎。

7. **我有没有挑战一项适得其反的政策？**对一项愚蠢的规则发牢骚很容易，挑战位高权重的政策制定者则要难得多。非暴力不合作从来都不是最安全的选择，但是，人们如果不表明立场，制度就不会发生改变。

8. **关于下属的成长，我是不是培养得不够？**我们先前指出，人们时常认为，“作为商品的工作”是由“作为商品的人”来完成的。因此，对那些做着平凡工作的员工来说，我们很容易忽视培养他们的成长机会。

9. **我有没有为创新创造时间和空间，是不是错失了支持远大创意的良机？**做一名创新导师并没有过多的荣光。它需要投入时间，通常以失败收场。低头不语总是比做新创意的出头鸟容易得多，但这样只能带来不思进取和渐进主义。

10. 我有没有因为偏袒自己的团队而牺牲整体利益？在官僚主义体制下，把稀缺资源分享给其他部门不会带来丝毫回报。偏狭的行为常常带来最大的个人收益，即便它对整个组织有害无益。

11. 我有没有不正当地推卸责任或邀功请赏？官僚主义的绩效评估通常关注个人，而不是团队。人们要在出现大麻烦时做铁公鸡，刀枪不入，在论功行赏时做糖公鸡，能粘多少粘多少。这样的行为会歪曲信誉，导致奖励错位，但是，在利己主义盛行的组织里，这算是制胜之道。

12. 我有没有为了私利牺牲自己的价值观？官僚主义的价值观把结果置于最高地位。只要超越了业绩目标，没人在乎你抄了什么近路。久而久之，这种偏重结果、忽略道德的偏见会让一个组织变得麻木不仁，对自身行为造成的道德后果视而不见。

请拿出些时间来，仔细研究一遍这些问题。可以为此建立日志或者制作电子表格。你能不能想起自己的行为什么时候像个十足的官僚主义者，少了很多人情味？起因是什么？怎样在未来减少这样的诱因？根据我们的经验，每周进行这样的演练是很有价值的。如果能认真对待这件事，你的同事很快就会发现你的变化。你会变得更加慷慨大度，善解人意，可亲可近。你的工作也会因此变得更加有效。

变革从来不是一个人的独角戏。我们离不开值得信赖的合作伙伴。找到三四位可信的伙伴，告诉他们，你希望成为后官僚主义式的领导者。和他们分享你的志趣和想法，邀请他们并肩作战。群策群力地找到办法，让官僚主义从你们的生活中消失，安排定期碰头会议，核对情况，分享进步。

准备就绪之后，你可以把你的脱瘾问题清单传给自己的下属。问问他们：“我在什么时候表现得像个官僚，而不是像一名导师或为大家谋利益的人？哪些事本该换一种做法？”请人们写下他们的回复，带到全员会议上。传阅各自的评论，请每个人对其中的一条评论发表自己的看法。这样既可以保持整个过程的匿名化，又能让每个人都发言。把它变成每个月或每个季度的例行做法。假以时日，当团队成员看到你滑落到官僚主义习惯的老路上时，他们就会有足够的勇气提醒你。

当你越来越适应后官僚主义的一切，你和你的支持者就会开始更广泛地分享这一经验。邀请更多伙伴加入讨论，写博客，畅谈你的学习收获。多数同事会为你的真诚和正直鼓掌喝彩——“我叫卡尔，我正在努力戒除官僚主义”。为自己造成的那部分官僚主义问题负起责任来，这样可以激励其他人跟着做。道德勇气是极具感染力的。

有这样一句名言，有人说它出自丘吉尔，也有人说它出自马歇尔·麦克卢汉或约翰·卡尔金神父：“我们塑造了自己的工具，这些工具又反过来塑造了我们。”这句话适用于一切人类发明——从楔形文字片到智能手机，从轮子到自动驾驶汽车，从几何学到机器学习。一个半世纪之前，人类打造了个人层面的官僚主义的基本结构，从此以后，官僚主义开始降低我们人性的一面。但我们并不是毫无希望的。我们能感到自己的灵魂正在遭到强行塑造，这导致我们无法成为完全的人。我们可以奋起反击。这是迈出人本主义万里征程的第一步。

把权力交出去

追求人本主义离不开献身精神。20 世纪初的管理大师玛丽·帕克·福莱特提出，“领导力并不是由人对权力的运用决定的，而是由提高被领导者权力感的能力决定的”。在这里，我们找到了人本主义的跳动之心——无私地帮助他人完成他们认为不可能完成的事情。

这是张瑞敏在海尔提出“群龙无首”的深意所在，也是西南航空弘扬“仆之心”精神的原因。是它让纽柯的一位厂长提出，“我们珍视每份工作、每个岗位、每个人，厂长的工作反而是最不重要的”。

无论你是哪种类型的管理者，只有交出一部分职务权力，才能为他人赋权。想要收获新型权力货币——智慧、慷慨和为人师友，就必须拿旧货币——特权、决策权和制裁权——来交换。

可以问问身边的下属：“我做的哪些事干扰了你，或者完全没有增加任何价值？”一开始，人们可能会担心后果，不敢给出直截了当的答复。如果是这样，一定要有耐心。可能需要尝试好几次，人们才会足够信任你，才肯对你直抒胸臆。接下来再问：“哪些工作你能做得比我好？”如果人们不清楚你在做什么，可以让团队成员跟着你工作几天，就像米其林勒皮工厂的奥利维耶·迪普兰做的那样（见第 14 章）。

把管理职权分派给团队的方法有很多，试举几种。

确定方向

1. 请团队定义其共同使命。给团队开展头脑风暴的时间，回答诸如此类的问题：“我们的价值定位是什么？”“如何衡量我们团队的成功？”“想要提高影响力，最重要的是什么？”

2. 每个月召开一次半天会议，讨论业务单元层面或整个公司层面的战略问题。请同事们畅所欲言，问问他们，为了支持整体使命，他们能做些什么。

3. 如果你的企业有正式计划流程，请团队牵头确定重点工作，设定里程碑，制定预算。

打造技能

1. 请团队成员明确自己想要打造哪个领域的新技能，例如创造性地解决问题、财务分析、设计思维或人际关系等等。

2. 考验团队成员，请他们提出个人发展计划。拿出一小部分预算支持这些计划。

3. 用一年的时间支持团队成员获取新技能，例如给人们时间学习线上课程，建立轮岗制度，或者让自己成为更好的导师，等等。

与其他团队和职能部门协同合作

1. 请团队成员代替你出席高级别会议。确保他们了解前因后果，有权代表团队发言。

2. 给团队成员时间和机会与其他业务单元和职能部门联络，如质量、人力资源、财务和 IT 等。把跨部门协作的职权交给员工。

3. 岗位之间存在着关键的关联关系，需要妥善管理。支持轮岗，帮助员工更好地理解这些关系。

组织工作

1. 授权团队重新分配工作职能。提高工作投入度和工作效果。

2. 邀请团队成员撰写自己最理想的工作描述。整个团队拿出时间来讨论和完善这些描述。

3. 请团队确定每天和每星期的工作目标，并评估进度。

推动团队成果

1. 请团队组织和主持每周或每月的业绩沟通会。请团队成员编制日程，搜集相关信息，确定需要改进的工作，提出行动方案。

2. 请团队成员提出和检验改进意见，确保人们有充足的时间和预算做到这一点。

3. 主持每月创新研讨会——为期一天的会议，为团队成员创造机会解决更大、更有战略意义的问题。

管理绩效

1. 团队成员是否认为自己的绩效目标合理。如果不是，请他们提出替代方案。

2. 支持同伴之间的反馈意见。组织会议，请每位团队成员为同事提出建设性的反馈意见。

3. 邀请团队成员开展月度调查，监测团队的健康状况。问卷可以覆盖工作参与度、工作效果、协同合作情况和价值的增加等多个方面。

分享信息

1. 主持季度研讨会，为每位团队成员创造机会，与平时难得一见的内部和外部客户直接互动。重点是发现和解决没有得到满足的需求。

2. 团队是否需要额外的财务及运营信息？就此征求团队意见。如果需要，尽一切努力提供这些信息。

3. 帮助一线团队成员更好地理解业务单元及公司领导用来判断组织效能的战略性衡量指标和手段。

这一切都需要时间，所以不能心浮气躁。还记得贝特朗·巴拉兰吗？为了让38支示范团队融入新角色，他用了整整一年的时间。

在交出自己的一部分职权时，你可以邀请几位平级同事一起做。定期和团队开会，分享各自的学习收获。永远不要认为自己可以单枪匹马地对抗官僚主义。

黑客行为管理

我们不可能用一个巨大的破坏球或雷管摧毁官僚主义。恰恰相反，它只能一砖一瓦地被拆除。戒除成瘾和授权只是前两步，接下来应该怎么做？很显然，只是改变自己和改变自己的团队是远远不够的。说到底，我们必须改变企业运行的核心流程——计划、资源分配、项目管理、产品开发、绩效评估、人员晋升、薪酬、聘用、培训等等。这些流程都要在人本主义原则的基础上重建。

复杂体系，例如人体组织或繁华城市，都不是自上而下被建成的。它们只能通过不断地试错，自下而上地被建成。少数高层领导者或咨询顾问的想象力和智慧不足以设计出完全可行的后官僚主义世外桃源。如果几十家企业已经开始走向人本主义，情况也许有所不同，但事实并非如此。根本不存在人本主义的操作手册，我们只要按图索骥就够了。它和一套IT系统转移到云端、推出自助式人力资源门户，或者为项目管理人员换个名字，叫“敏捷大师”是截然不同的。

就定义而言，人本主义是与现状彻底决裂。然而，在人本主义的过程中，我们必须保持谨慎，不要向高速轰鸣的官僚主义机器中扔进巨大的扳手。我们需要的方法应该兼具革命性和进化性，既有彻底的意义，又有务实的方法。在具体工作中，这意味着大量的试验——这也是人类既能验证怪诞的想法，又不会彻底搞砸的方法。在把人类送入太空之前，我们会先送入几只猴子。在新药投入市场之前，我们会先在小白鼠身上做实验。幸亏人本主义是不需要动物实验的——当然，如果不把我们算成动物实验对象。

解决复杂的新挑战——如碳捕捉或自动驾驶等——离不开大量的试验。建立以人为本的组织也不例外。难怪巴拉兰在米其林投入了几十个试验团队，而不是一两个。

你如果是团队领导者、中层经理，甚至是副总裁，就会更容易理解，为什么要让别人来牵头打破官僚主义。但是，如果人们不这样做呢？没关系，人人都可以成为管理颠覆者，每个团队都可以变成试验场。

秘诀是像黑客一样思考——我说的不是盗取他人信用卡数据的黑客，而是在GitHub平台上张贴天才代码的程序高手。他们从来不会坐等别人提出要求。他们不会想“这事应该由别人来操心”。与此相反，他们会主动出击。无论是否得到准许，他们做起事来就像已经获得了准许一样。黑客一词兴起于20世纪90年代，最初专指离经叛道的代码编写者，他们打破软件巨头的霸权（例如微软），发布集体创作的免费软件。世界上最著名的黑客是林纳斯·托瓦兹。他在 1991 年发布了 Linux 的首个版本，并邀请其他黑客一起完善它。如今的 Linux 包含 2 600 多万行代码，由超过 1.6 万名贡献者编写。

离经叛道的黑客会在管理领域形成同样惊人的影响力吗？能——但是，他们只有接受黑客精神才能做到这一点。《大教堂与集市》一书被奉为开源软件的经典论述，作者埃里克·雷蒙提出 5 条定义黑客的基本信条：[2]

> 1. 这个世界充满了引人入胜的问题，等着我们去解决。
>
> 想成为一名黑客，起码要对解决问题、磨炼技能和运用智力感到兴奋。还要对自身学习能力深信不疑——相信自己，即使无法一次学会解决问题需要的全部知识，只要一次解决一部分，并且从中学习，也会有能力解决下一个部分，长此以往，直到问题被全部解决。
>
> 2. 不需要重复解决问题。
>
> 要相信其他黑客的思考时间是宝贵的——它们是非常宝贵的，所以，我们要像负有道德义务那样分享信息、解决问题，然后把解决方案分享给其他黑客，支持他们解决新问题，而不是没完没了地重复解决已经被破解的问题。
>
> 3. 单调无聊（和官僚主义）是有害的。
>
> 黑客（和所有充满创造力的人）永远不应该无所事事，也不应该埋头于重复性的差事，如果这样，那就证明他们没有做

到只有他们才能做到的事——解决新问题。这样的浪费会损害每个人。因此，单调无聊不仅是令人不快的，而且实际上是有害的。

4. 自由是好事。

黑客天生反对威权。任何一个有权给你下命令的人都可能阻止你解决那些令你着迷的问题，而且，鉴于专制主义思想的运行方式，它一定会慢慢找到某种骇人听闻的理由做到这一点。所以，无论在何处发现专制主义态度，黑客们势必与之斗争，否则，它就会扼住他们的喉咙。

5. 态度无法取代能力。

想成为黑客，必须具备如上所说的态度。但是，态度本身无法让人成为黑客，就像态度无法造就冠军运动员或摇滚明星一样。成为黑客还需要智力、练习、专注和勤劳。因此，必须同时学会不轻信的态度和对每一种能力的尊重。

如果这也是你的信条，那么恭喜你，你也是一名黑客了。但是，究竟该做些什么，如何做到？管理黑客究竟是什么模样的？先来看几个例子。

霍桑试验

20 世纪 20 年代，美国西电公司的霍桑工厂开展了一次全球闻名的管理黑客试验。当时，西电还是美国电话电报公司（AT&T）的制造厂。这项研究是由美国国家研究委员会组织的，得到了北美照明工程协会的支持。后者的目的是鼓励企业投资人工照明。试验的最初设计是为了验证“更好的工作照明能提高产量”这一假设，分别在两个测试车间里进行。第一个测试车间的照明水平慢慢升高，第二个车间慢慢降低。令人惊讶的是，相较于工厂的其他车间，这两个车间的产量都相对提高了。似乎只是简单的关注就提高了工人的业绩。这个出乎意料的结果吸引了一个哈佛大学的研究者团队进驻工厂，他们的负责人是埃尔顿·梅奥。他们在接下来的几年里开展了更多试验，想进一步了解工作中的动机问题。这一研究为后来的人际关系运动和工作人性化的第一次努力打下了基础。

下面是几则近年来的例子。

用最小的代价完成众筹

我们的客户中有一个年轻的电子商务团队。这个团队受到基于市场决策前景的鼓舞，通过试验的形式验证了内部众筹的可行性。团队成员认为，如果有前途的创新无法与现有的重点工作匹配，或者负责推进的员工过于年轻，那么这些创新往往无法被内部采用。这个团队研究了 Kickstarter 和 Indiegogo 等众筹网站，提出了一个问题：公司如果每年为每位员工提供 1 000 美元的资金，用于投资同事的项目，会带来怎样的结果？这里的假定再简单不过——众筹有助于推动那些本来没有机会获得资金的想法，问题在于如何验证一项创意。每人 1 000 美元的总成本高达几百万美元，建立在线市集则需要 IT、财务和人事部门的支持。

这个团队发现，最容易的办法是开展小型化内部试验。几番游说之后，公司的电子商务负责人同意进行一次短期试点。他们先为该业务单元的大约 60 位员工每人发放了 150 美元，用于项目投资，邀请他们每人提出一项方案，篇幅不能超过一张海报，海报张贴在一块超大的白板上。这块白板权当漂亮的网站。每当一项创意被提出后，员工可以通过便签纸的形式提出补充意见，做出投资承诺。每项创意有一个融资进度条，每天更新。在两个星期的测试周期中，一共涌现出 10 项创意，其中的 6 项实现了融资目标。获胜的创意大多涉及生产力的提升，例如会议室里的投影仪和建立常用 PPT 模板库等等。

这个快速粗略的试验验证了团队的假定，推动公司建成了功能齐备的融资平台——如果这个年轻的团队没有放手颠覆资源配置流程，这样的进步也许根本不会出现。

公司差旅授权

我的同事组织过一次研讨会。一群来自某全球制药公司的中层经理向自己提出这样的问题：如果说公开透明是比自上而下的管束更有效的管控手段，那么我们该如何验证这一假定？

先是要找到一项陈旧不堪的政策，一项被大多数人痛恨的政策。可能你会想，他们一定有很多政策可选，确实如此，这家公司的差旅政策尤其令人厌恶，所以成了首选。为了把每年的差旅预算控制在 5 亿美元上下，这家公司的财务部门研究出一套像迷宫一样琐碎的制度。公司发布了严格的指导原则——谁可以出差、为了什么目的出差、选择哪些航空公司、限定什么样的舱位等等。住宿和租车同样有严格的限制。一位经理抱怨说：“我负责着 7 000 万美元的项目，可是，就连一杯 3 美元的咖啡能不能报销，我都要先查阅公司的出差规定。”

这个试验效仿了本公司药物试验的模式，包括两组试验与对照小组——其中的一组在总部，另一组在业务部门。试验的目的是验证以下假设：更高的自主权和透明度能够（1）简化出差计划，（2）降低挫败感，而且（3）不会增加成本。每个小组招募了50位同事，样本数量总计200人。试验组在接下来的90天里可以自行决定差旅安排，既不需要事先审批，也不需要事后审核。关键是，所有的差旅费用必须被发布到线上，每位同事都看得见。

当试验结束时，团队分析了最终结果。两个试验组的绝大多数成员——分别占74%和87%——汇报，新流程比原来的流程更节省时间。更出人意料的是，有45%的参与者提出，这个简单的规则改动增加了他们对工作的整体满意度。研究者本来预计差旅费可能会略有增加，他们已经准备好了为此辩护的理由：略高一些的成本是更节约时间的工作流程的必要代价。结果等到试验结束时，人们发现试验组的差旅成本反而下降了，而对照组的差旅成本保持不变。[3]

这个简单的试验教会了人们如何挑战愚蠢的规定：与其不停地发牢骚，不如撬动它，注意搜集相关数据。

成为管理黑客

要成为自己的黑客，你可以邀请团队成员开上一整天的“管理务虚会”。如果可能，最好请同事们提前填好官僚主义程度指数调查，它一共包含10个问题（可以点击网址链接www.humanocracy.com/BMI，也可以参考本书的附录A）。它的结果会成为非常有用的背景信息。

当会议开始时，先请团队找出组织中最常见的官僚主义问题，也就是对组织的韧性、创新和工作积极性伤害最大的政策或制度。请团队成员认真思考下面 3 个问题。

问题 1：提出问题

> 你认为“官僚主义僵化”对我们的影响主要体现在哪里？是浪费、阻力、偏狭、专权、循规蹈矩、怯懦、玩弄政治手腕，还是别的问题？请选出一项弊病，做好准备，阐述它是如何损害工作效率的（尽可能做到言之有物）。

给人们 15 分钟独立思考这个问题，然后提出自己的想法。在白板上记录每个人的回答，或者通过数字化手段记录人们的回答，再把它们投到大屏幕上。用 40 分钟探索这些观点背后的想法。接下来，用最后 5 分钟请大家选出一项想要克服的弊病。

请团队成员思考：是哪些流程和政策造成了这一弊病。

问题 2：流程和政策

> 哪些管理政策或流程是造成这个问题的罪魁祸首？包括计划、目标设定、预算编制、人事安排、工作设计、产品开发、绩效管理、聘用与晋升、培训、员工发展和薪酬等等。选出一项流程，做好准备，具体描述它是如何造成这个问题的。

再次留出 15 分钟，请每个人组织自己的答案，然后用 40 分钟分享自己的观点。再用最后几分钟达成一致意见，选定需要解决的流程或政策。

接下来是第三个问题。

问题3：原则

哪一项后官僚主义原则最有利于克服这种混乱局面？是主人翁意识、市场、英才机制、社群、开放性、试验还是矛盾？选出一项原则，阐述如何发挥它的作用，有效地克服官僚主义的负面影响。

同样，先给人们时间仔细思考，然后轮流发言。等到每个人发言结束，试着把大家的意见汇总到一两条原则上来，这样更利于纠正官僚主义的弊病。

也可以逆序解决这些问题。一开始就提出："哪一项人本主义原则能够促进我们成为一个更富有韧性、创造力，更具赋权性的组织？"接下来提问："如果要认真落实这些原则，哪些流程或政策非改变不可？"最后提出："这样做的回报是什么？它会怎样帮助我们减轻官僚主义的羁绊？"

无论采取哪种方式，目标都聚焦于一个问题、一种流程、一项原则。这需要一个8到12人的团队花上半天的时间。午饭过后，开始通过头脑风暴找到解决方案。到了这时，大多数同事的心中已经有了一个潜在的雏形。给人们40分钟充实各自的想法：要怎样具体落实自己选定的原则？

当回到集体讨论环节时，给每个人几分钟描述自己的想法，回答同事提出的问题。找出重叠的想法，或者可以归纳成更大方案的想法。所有方案都被提出之后，短暂休息一下。随后请每个人选出两三条可行性较强的方案，然后按照各自的选择组成小组。新的小组要在接下来的几个小时里提出一项试验的设计方案。

这个阶段可能涉及的重要问题包括：

1. 请用一句话概括你的解决方案。
2. 你的方案包括哪些关键要素？
3. 你需要验证哪些假定前提？
4. 这项试验需要哪些人参与？
5. 需要搜集什么数据？
6. 怎样确保有意义的成果？
7. 运行这项试验需要多长时间，哪些资源是必不可少的？

使用简便的、可分享的模板记录这些答案。可以参考表 15–1，该表总结的是前文描述过的差旅试验。

切记一点，目标应该是尽可能高效地验证你提出的解决方案，而不是让它刀枪不入。尽管如此，仍然要尽可能做到风险最小化。下面是几个小窍门。

1. 保持简单。一次验证一两项假定，从最重要的假定做起。
2. 坚持自愿原则。不要强迫任何人参与你的试验。

3. 做到有趣。想方设法地让这个过程游戏化。

4. 从本部门做起。这样能把需要事先审批的数量降到最少，把中途被叫停的风险降到最低。

5. 新试验和旧方法并行。在完成新试验的验证之前，先不要急于推翻旧方法。

6. 细化与再验证。这只是众多验证中的第一项。要事先建立这一预期。

7. 咬紧问题。不要过分迷恋自己提出的方案。如果它行不通，换成其他可验证的方案。

不超过一天，你的团队应该就能提出一两种前景广阔的“黑客”方案。我们不需要通过自上而下的审批，用不着预料每一处陷阱，不需要提前制定全盘解决方案，也用不着说服数不清的人改变他们的工作方式。只要牢记黑客精神——从现在做起，改变自己能够改变的，然后清空，重复（如需进一步帮助的信息，可以访问 www.huamnocracy.com/hack）。重点在于，我们每个人都有主观能动性。爱默生说过：“一直都存在两个党，代表过去的和代表未来的，保守的和革新的。”每个人都要在二者之间做出选择。你可以不停地对着官僚主义的糟粕发牢骚，也可以选择拿起铲子清除它。

尽管如此，你和你的团队颠覆整个体系的想法依然让人将信将疑，人们会说：“我们当然可以进行内部试验，但是，这究竟能改变什么？会有人注意到它吗？这简直是杯水车薪。”我们完全理解人们的疑虑，本书最后一章论述的正是如何扩大规模这个问题。

表 15-1　试验设计模板——自我管理式差旅审批

电梯游说

我们每年的差旅成本高达 5 亿美元，这还不包括差旅审批和费用报销所需的时间成本。这个流程让人们感到不堪重负，它还断送了我们把每个人视为业务主人翁的想法。我们设想了一种新的费用管理流程，它主要依靠个人的责任心和同侪控制。

建议方案

我们的方案主要包括：自主权，给每位员工“自我授权”的能力，由员工决定出差和适宜的费用，透明度，在内网公开全部费用数据（“阳光是最好的消毒剂”）。

假设	目标群体
假设 1：绝大多数员工认为自我授权的差旅更简便，更符合自身的价值观。 假设 2：有些员工会发现，更高的个人裁量权和信任度让他们备受鼓舞。 假设 3：总体差旅费用不会大幅增加。	分别在两处选定两组员工（每处大约 100 人）。
测试类型	**估测策略**
将每一处的测试人群平均分成两部分：试验组和对照组，对照组的差旅政策保持不变。请试验组不事张扬地参与一项费用管理新流程的测试。	我们会在试验的开头和结尾分别请试验组完成调查。问题主要集中于假设 1 和假设 2。 关于假设 3，我们会在整个测试期间跟踪试验组和对照组每个人的费用情况和整体费用情况。
时长	**所需资源**
3 个月——8 月到 10 月。	部门级领导愿意支持和组织这项试验。 可以获取财务部门的费用数据。 IT 部门协助建立内网页面，用于分享费用数据。

— *16* —

实现规模化

戒除官僚习气，交出权力，开展内部试验——这些都是良好的起点，但是还不够。为了实现人本主义，我们最终需要调动整个组织的力量。为了做到这一点，我们要像活动家那样思考问题。

改变世界的并不是官僚主义者，而是活动家——如马拉拉·尤萨夫扎伊。她是一位巴基斯坦小女孩，也是诺贝尔和平奖获得者。在逃过了塔利班的暗杀之后，她发起了一项全球运动，旨在扩大女孩的受教育机会。还有格蕾塔·桑伯格，她同样是一位青少年。格蕾塔在瑞典议会门前的抗议激励了全世界 125 个国家超过 100 万儿童。他们通过罢课一天的方式游说他们的领导人对气候变化采取更迅速的应对措施。

如果马拉拉和格蕾塔·桑伯格能动员成千上万的人，为什么我们做不到？没有什么比正义事业更有力量——无论是性别平等、保护地球还是在工作中解放人的灵魂。

可能你仍然会禁不住想，怎样从部门行动上升到整个体制的变革？如何把组织推向转折点？这些都是极好的问题。下面是 5 种“影响力倍增因素”，它们能帮助你解决更高量级的问题。

可信性。大多数组织围绕公司价值观的华丽辞藻与实际行动之间存在巨大的差距。人们理所当然会对高尚的、煞有介事的演讲表示怀疑。因此，一定要行胜于言，行在言先。首先克服自身的官僚主义，开展几次内部试验，然后招募他人加入。

勇气。在《权力的游戏》一书中，布兰登·史塔克问他的父亲：“如果一个人觉得害怕，他还算得上勇敢吗？”父亲回答：“只有害怕，才能看出你有多勇敢。”对抗官僚主义是需要勇气的。切记一点，我们在生活中取得的成就是和我们的勇气成正比的。

逆向思维。如果一个问题存在已久，它可能无法用传统思维来解决。要像纽柯和海尔那样寻求积极的反常因素。也可以从其他领域汲取灵感，例如生物学、初创企业和众包等。彻底挑战你心中最深层次的假定。如果能做到这一切，你找到新颖解决方案的机会就会大大提高。

同情心。人们并不只是怀疑那么简单，人还是自私自利的——他们有充足的理由这样做。每个人都在自己的一隅奋斗着，都在谋求自身的利益。每当有人寻求帮助时，多数人会问：“这对我有什么好处？”想要跨越这个障碍，就要把别人放在前面。当同事看到你努力理解他们的需求，看到你帮助谋划他们的试验，支持他们建功立业时，他们才会信任你。当你的同情心大放异彩时，人们会甘心和你一道冒险，会在你栽跟头时拉你一把。

连接。活动家最重要的是建立社群。它是让个人努力实现倍增的最重要的事物。急于尝试新鲜事物的员工常常会错误地要求上司给予批准。他们通常会遭到拒绝，或者只得到极为勉强的支持。这并不全是管理者的错。我们很难先知先觉地判定一项尚未展开的创意是高明的还是疯癫的。因为了不起的创意难得一见，绝大多数管理者的默认做法就是拒绝。因此，不要向上走，要向外走。和你的平级谈一谈。找几位愿意帮助你建立和运行试验的同事。主管们很容易对孤零零的恳求者说不，但是，如果换成一群志同道合的员工，他们热情高涨，锐意进取，并且已经开始行动了，主管们拒绝的难度就会大很多。

打造充满激情的社群

我们很喜欢“黑客活动家”这个词。这是一个生拼硬凑的词语，但是它非常有用。黑客会建造事物，活动家会结成联盟，而黑客活动家兼而有之——她会动员许许多多的人尝试新事物。米其林的贝特朗·巴拉兰就是一位成绩卓越的黑客活动家。下面介绍另一位黑客活动家。

生于约克郡的海伦·贝文在医疗行业耕耘多年，为了改善患者护理工作，她在英国国民医疗服务体系（NHS）内发起了一场运动，取得了令人惊叹的成功。NHS 拥有 170 万员工，是全球第三大雇主。就像我们料想的那样，NHS 的每一部分都是官僚主义的——这让贝文的事迹变得愈发不同凡响。

2012 年，贝文在创新与改进研究所工作，那是 NHS 下属的一家咨询机构。一个秋天的晚上，她和一群实习医生聊天。他们发现，官僚主义式的逐项打钩似乎比照顾好患者更重要，这让他们倍感沮丧。自上而下的命令和目标让 NHS 里的每个人都不堪重负，一线护理者的处境尤其困难——他们要在患者的需求和傲慢且无处不在的官僚主义之间左支右绌。医生们问海伦，怎样才能把患者的体验放在第一位和中心?

他们通过头脑风暴得到很多想法，这些想法最终被归纳为一个办法：请 NHS 的每个人提出一项他们能做到的、可以提高患者护理工作的具体行动。他们号召人们做出承诺，无论行动的具体内容是什么，都会坚持到底完成它。儿科医生达米安·罗兰回忆起当时的情景："我们当时预想，可能会有 6.5 万个承诺。如果从 NHS 成立算起，相当于每年 1 000 个。这太疯狂了。但是，我们又想，如果不做些特别出格的事，我们就可能永远无法带来真正的改变。"[1]

2013 年初，组织者发起了这场运动，自愿投入自己的时间，包括假期。更重要的是，没有人认为这需要高层领导的批准。

2013 年 1 月，"改变日"网站上线。这个网站的最大特点是视频的传播，每个人、每个团队都可以录制自己的承诺，上传到这里，鼓励人们把视频链接发给更多人看。每个承诺提到的工作都是一个人或一个团队能办到的，不需要上级领导批准。人们可以提出自己的承诺，也可以加入别人的承诺。网站还鼓励人们把自己的承诺打印出来，张贴到自己的工作场所。

为了吸引更多人的兴趣，这个团队想到很多办法，他们发送电子邮件，利用内部传播渠道，使用推特和脸书等社交媒体，还鼓励组织内部有影响力的人激活他们的网络。在最初的几个星期，做出承诺的人越来越多，但团队仍然在努力，到了2月14日，网站收到的承诺达到5 000个。一个星期之后，数字变成4.3万。等到了3月中旬，“改变日”运动收尾时，承诺数量已经超过18.9万，光是最后一天收到的承诺就超过5万。

有100多位医生承诺，凡是儿童口服药物，他们如果没有亲口品尝，就不会给孩子们开出处方。他们还和医院的药房合作改良药物的口感，尤其是一些特别难吃的药。一群实习护士承诺，他们会建立模拟病房，体验作为患者、成为护理服务接受者的实际感受。采购团队承诺，他们会移除医院和诊所里的多余物资，为临床医生腾出更多的工作空间。

在“改变日”巨大成功的鼓舞下，这个团队在2014年推出了新版本。这一次有80万个承诺涌进网站。在接下来的一年里，“改变日”不再要求人们做出承诺，而是请人们围绕具体问题提出想法，分享做法，例如，为痴呆患者提供更好的支持、改善产妇的体验等等。一个由60名从业者组成的志愿组织把评分最高的想法和做法汇总在一起，形成了操作规程、培训课程和其他工具。

尽管“改变日”是一项未经批准的行动，它还是成为NHS历史上规模最大、最成功的变革方案。它影响了几十万人，在每位NHS员工心中重建了患者护理的地位，使之成为人们至高无上的目标。在贝文看来，同样重要的还有这场运动带来的自下而上的变革信念。NHS的员工从此不再认为自己无力改变什么。一位参加运动的护士说得好：“改变日让我认识到，我是充满力量的。它帮我找回了丢失已久的激情，我一度以为自己没有力量去改变什么。”[2]

改变日的影响力形成了涟漪效应，它走出英国，为19个国家带来类似的运动，包括澳大利亚、加拿大、约旦、南非和瑞典等等。

无论你的目标是提供更好的患者护理服务还是工作的人性化，改变日都可以教给你很多。具体来说就是：

- 人们愿意改变值得改变的事物
- 开启改变不一定非得是复杂的、成本高昂的
- 邀请比命令更有吸引力
- 活动家不会坐等别人的准许
- 技术能发挥有力的促进作用
- 一个人的影响力是没有边界的
- 每个人都可以选择：是抱怨还是行动

想在自己的组织中激发以人为本的运动，首先可以招募几位志同道合的同伴，让他们帮助你设计一项活动方案。他们不一定非得是高层领导者，甚至不用是主管，但是他们需要有能力在你的部门或整个组织里代表多个部门。

初始目标可以是唤醒意识和正能量。可以像贝文那样在网上提出一个简单的问题或挑战，然后通过社交媒体广泛传播出去。

开启对话的方法有很多，主要包括以下几种。

基线化。贴出官僚主义程度指数调查链接（可以链接到以下网址：www.humanocracy.com/BMI，也可以参考本书的附录A），请人们记录官僚主义是如何致使组织失能的，形成结论文档。样本数

量一旦达到标准，就把文档分享给所有人。

诊断。建立一个在线讨论区，请同事们找出妨碍组织取得更高适应性、创新性和激励性的官僚主义瓶颈——政策和流程等。请人们用一小段话说明这些障碍是如何妨害变革、创新和工作积极性的。

习惯。提出第 15 章的官僚主义行为列表。请人们选出一项行为，描述官僚主义制度或流程是如何诱发并奖赏这一行为的。请人们承诺戒除官僚主义。

速胜。邀请人们提名“愚蠢的规定”，或者那些让日常工作变得毫无必要的困难的官僚主义障碍，并提出建议对策。

迷你黑客。提出一项人本主义原则，配上简短的描述。邀请人们就如何把这一原则应用于实践提出想法，并保证他们的想法足够简短，可以发到推特上。如此推进一个星期，下个星期换成下一项人本主义原则。请人们为自己喜欢的迷你黑客方案点赞，向人们发起挑战，请他们把点赞的创意转化成可以实施的试验。

让你的同事充满活力应该不是件难事。大多数人对官僚主义有一肚子怨言，只是苦于没有可以倾诉的平台，更没有机会提出自己的解决方案。有一位供职于大型医疗机构的医生朋友告诉我们，有一次，她请 IT 部门帮助安装一台从未用过的打印机，结果她被告知，安装额外打印机的行为违反了医院的管理规定。规定明确指出，每 8 名医生只能拥有 1 台打印机。IT 部门告诉她，她的唯一选择是向打印机委员会申请为她破例一次。想想看，如果有机会，她会不会很乐意在线上挑战这样的白痴规定？

类似的故事数不胜数，能带来实际行动的则少之又少。员工们认为自己无力改变什么，因此，他们选择了一边忍受官僚主义的桎梏，一边暗自腹诽。因为没有一个他们可以发声的论坛，也没有聚合人们挫败感的手段。因此，领导者会错误地认为，官僚主义并没有那么普遍的不良影响，也没有那么强大的破坏力。我们可以改变这种情况。我们可以发起对话，声讨官僚主义的愚蠢和非人性，讨论对策。因此，释放的能力将帮助组织重新发现自身的人性光辉。

组织黑客马拉松

唤醒了人们的意识，下一步该做什么？如何驾驭人们的挫败感？怎样激发几十种黑客方案？如果暂且不谈论如何激发几百种方案，如何在多个维度上同时推进？巴拉兰在米其林的稳步推进方法有很多值得借鉴之处，与此同时，稍快一些的推进也是有可能的。我们如果把人们聚集在线上，给他们适当的工具，就能极大地加快管理创新的脚步并扩大其范围。为了说明这一点，下面简要介绍一个案例。这是一家市值数十亿美元的消费品公司。它邀请4 000多名员工重新思考公司的组织模式。

这家公司在几年的时间里努力挽回收入和利润下降的颓势，结果无功而返。我们在与高管团队的初期对话中问他们，问题的根源是不是公司自上而下的保守管理实践。出席会议的高管们承认，组织无力支持可持续的、颠覆规则的创新，很多现行的工作反而不利于创新。他们问，如何才能建立一个有利于创新的工作环境？如何重新设计有利于创新的管理流程，而不是有害于创新？我们同样坦诚地告诉对方，为创新而系统性地完成组织的重新设计，目前几乎没有企业做到过。这个挑战的量级和复杂程度令人生畏，而且不存在现成可用的解决方案。另一方面，我们还提出，他们拥有几千名员工，每个人都迫切希望破解这道难题。只要公司号召，他们就会向这道难题发起冲锋。正如人们在开源软件开发中常说的，“只要关注的人足够多，一切软件漏洞都是显而易见的”。

这家公司想要解决一个看似简单的问题：“如何把有利于创新的原则运用到每一项管理体系和流程中去？”为此，公司搭建了专门的平台，并在接下来的6个月里组织了黑客马拉松活动。

第一项任务是找出创造力的阻碍。为此开展的一项简单的调查带来了令人瞠目结舌的结果。团队成员认为，创造力的障碍是缺少时间、资源和管理者的支持。还有很多人看到公司对短期成果的过分追求，以及官僚主义规则和约束的过度发展，这让他们感到灰心丧气。

在平台的讨论区中，这些发现激发了健康积极的对话。例如，很多参与者对创新方面缺乏行政问责感到不满。还有人分享了自己不愉快的经历，讲述了具体流程是如何扼杀首创精神和原创思考的。

按照问题的严重程度，组织者为这些障碍排好了次序。接下来，黑客马拉松进入头脑风暴阶段，集思广益地寻求可能的解决方案。在接下来的几个月里，团队成员一共参加了7次解决问题的“攻关冲刺”。每次都针对一项具体的人本主义原则展开。组织者首先会播放一段教学短片，然后开始头脑风暴，让大家讨论如何在公司的管理体系中推行这项原则，包括计划、资源配置、人才管理、薪酬和职务设计等各个方面。

举例来说，在“市场”冲刺期间黑客们贡献的一些创意包括：为每项业务建立风险投资式的资金池；建立内部股票市场，帮助员工投资新创意；创建内部“零工企业”，提供短期设计和营销工具；在所有绩效考核中纳入基于市场的指标，例如产品盈利能力、净推荐值等等。

起初，大多数黑客方案被发表在推特上。这一阶段的目标是尽可能多地产生有潜力的创意。评估和加工可以放在稍后进行。7次冲刺完成后，整个社群一共产生了5 000多条迷你黑客方案，几千条评论和点赞。

三人制项目支持小组包括一名业务拓展经理、一位创新专家和一位社交媒体专家。这样的设置对线上及线下推动社区参与非常有用。每个地点还招募了多位志愿者“大使”，协助完成本地激活工作。通常的安排是在每个星期五的下午组织黑客马拉松碰头会，部门经理自掏腰包，为与会者供应比萨和啤酒。

平台上的每个人都有自己的“黑客得分”。它反映了每个人提出黑客创意的数量和提交的评论数量，以及他们收到的点赞数和粉丝数。黑客领导委员会紧密关注和激励少数超级贡献者之间的友好竞争。

等到所有的原则学习结束之后，这个社群的下一项任务是发现最有发展前景的迷你黑客创意，选择其中的一项向前推进。这一轮筛选过后，还剩下800项创意。接下来进行同伴评议。在随后的两个星期里，每位黑客随机抽取几项迷你黑客创意，为它们打分。评价每项创意的标准问题包括以下两方面。

> 1. 该项创意的深度如何？它能否解决一项或多项障碍？它能否有效提升我们的创新能力？
>
> 2. 这项创意的可行性如何？是否切合实际？你能为它提出可行的验证方案吗？

同伴评议流程产生了1万条评价，相当于每条创意吸引了12条评价。100位得分最高的创意提出者得到几个星期的额外时间，他们可以扩充完备自己的初步方案。他们使用的模板和上一章表15–1的模板非常类似。扩充黑客方案工作量很大，考虑到这一点，组织者鼓励人们寻求那些提交过类似创意的同事的帮助，如果可行，双方可以结成团队。

两个星期之后，更广泛的黑客马拉松群体会再次帮助缩小范围。参与者为自己喜欢的黑客方案投票，每人5张选票。目标是选出合理数量的创意，以便快速进入试验阶段。他们最终选出了16项方案，包括以下几点。

领导力促进系统

适用原则：英才机制

方案：引入一项名为“领导力促进系统”（LPS）的新指标，主要用来衡量管理增值。通过对管理者直接下属和同事的季度调查，LPS会形成一项简单的指数，用来衡量期望的领导力行为水平，例如在团队中积极鼓励创新等。

一线创业精神

适用原则：自主性

方案：赋予一线销售团队更高的裁量权，自行决定价格、营销开支和客户参与度策略的开发等。与此同时，团队要自负盈亏，这会与更高的自主权相得益彰。

U-Fund-It 平台

适用原则：市场

方案：搭建众筹平台，帮助员工支持同伴的创意。

投票流程结束后，16 支获胜团队集中在一起，进行为期两天的“黑客实验室”现场活动。学习完试验设计原则之后，各支团队着手开发试验细节。当活动结束时，每支团队配对一位高管赞助人，获得一笔 3 万美元的预算，用来支付试验成本。在接下来的 3 个月里，每位团队成员每周可以拿出一天的时间推动创意向前发展。

在试验推进的过程中，黑客马拉松社群始终保持参与。平台为每项试验建立了单独的主页，试验团队可以在这里更新进展情况，寻求帮助。以 LPS 团队为例，它通过关注者网络获得了有用的建议，在评价工具中纳入应有的领导力行为。很多团队进展飞速。U-Fund-It 团队短短一个月就完成了众筹试验的设计和实施。其他团队同样迅速地完成了试验搭建工作。

截至本书写作时，其中几项试验已经实现规模化，其他几项试验有的还在迭代演化，有的已经终止。总体而言，这些试验为工作成果和组织文化带来了非比寻常的影响力。创新不再是独立于体制的孤立活动。这家企业的收入和利润增幅双双超越了行业趋势，员工工作投入度也得到提高。公司首席执行官指出，黑客马拉松活动向每个人释放了这样一种信号：人人“可以为公司的运营积极思考、挑战，开展试验”。

这个案例表明，为了实现人本主义，我们必须彻底转变两种管理结构的思考方式：领导力和变革。我们认为，二者都需要在与人本主义原则保持一致的前提下完成重建。

重新思考领导力

如果领导者的定义是促进积极变革的人，那么，每个组织都应该塞满领导者。令人遗憾的是，在大多数组织里，占据支配地位的领导力概念早已向官僚主义思想缴枪投降了，这真让人绝望。为了更好地理解这一切是怎样发生的，有必要对历史做一下回望。

早在工业化初期，行政管理能力奇货可居。从 1890 年到 1920 年，美国制造业雇工人数从 500 万上升到 1 100 万。二战爆发前又增长了 50%。如果没有一支新晋干部队伍，谁来管理飞速增长的庞大劳工群体？意识到这一需求，美国的大学伸出援手，发挥了巨大的支持作用。宾夕法尼亚大学沃顿商学院成立于 1881 年，哈佛商学院成立于 1908 年，斯坦福大学研究生院成立于 1925 年。

管理学当时被视为一门复杂难解、要求极高的学科——就像我们今天看待基因工程和数据科学一样。当时不存在成文的管理智慧，更不用说研究和理论了。渐渐地，管理知识的主体开始出现。到了 20 世纪中期，一些企业开始投资举办管理培训。1956 年，通用电气在纽约克罗顿维尔成立了闻名全球的管理学院。时任董事长菲利普·里德指出，成立这家管理学院的目标是让通用电气成为全世界“管理得最好”的企业。这是一个雄心万丈的目标，也是值得追求的目标。毕竟，是管理的魔力把劳动力和钢铁转化成火车头、涡轮发电机和洗衣机。

到了1977年，哈佛大学历史学家阿尔弗雷德·钱德勒发表了“管理主义”的赞歌——《看得见的手》。管理从此不再是神秘莫测、超乎寻常的活动。接下来，在彼得·德鲁克和其他学者的努力之下，管理能力的各项原则和实践得到了彻底的整理和广泛的传播。

到了20世纪80年代，管理学走过了全盛期，开始走下坡路。咨询顾问和商学院的货架上急需新商品——产品的更新换代，如果你愿意这样称呼它。他们最终选定了“领导力”。他们问自己的客户，只要接受恰当的训练，你就可以成为英勇坚定的领导者，为什么还要当一名小小的经理呢？只要拿出一两个星期的时间，还有几千美元，我们就会把你变成林肯、斯隆和丘吉尔的合体。

时至今日，以领导力为主题的图书可谓汗牛充栋，一举超过了其他所有主题。这反而让我们更容易忘记人类痴迷于领导力的相对新颖性。在1965年的经典著作《卓有成效的管理者》中，德鲁克使用了“管理者”及其变体共计209次，使用“领导者”和“领导”的次数只有可怜的15次。如果换成今天，恐怕二者的位置要颠倒过来。然而，尽管这一主题极为普遍——如果你在谷歌搜索“领导力模式”，会得到10亿多条结果，但是并没有证据证明，我们懂得如何培养领导者，同样没有证据证明，大多数自称领导者的人是名实相符的。

有些学者，如斯坦福大学的杰弗里·普费弗和哈佛大学的芭芭拉·凯勒曼认为，传统的领导力培训并不能给投入重金的组织，或者容忍这些培训的组织带来价值。[3]这个结论也许会让很多人感到不快，但它不会让人感到惊讶。大多数领导力培训是完全在官僚主义框架内展开的，除此之外，还会有什么结果呢？通常来说，这种培训的目标不是把人培养成变革的促成者，而是帮助他们为更高的管理岗位做好准备。

公平地说，领导力培训几乎从来不会单纯地关注管理技能。顶级商学院为期数周的培训通常开设多个模块，例如人工智能、区块链、神经科学、物联网和Z世代员工等等。当代领导力培训还会强调“软技能”，肯定“真实性”“共情”“正念”的价值。但是，很遗憾，对官僚主义的笼中搏斗来说，它们用处不大。只要一回到工作岗位，学员们就会立即发现，自己的组织根本不存在诚实、谦逊和内省的土壤，而且他们无法改变这一事实。

精英主义是限制领导力发展的另一个因素。领导力培训通常是区分等级的：就高管层面来说，培训的重点在于“组织管理”；对中层领导来说，重点落在“引领业务”上；到了更低的层面，重点又变成了“领导团队”。这种区分层级的做法是建立在荒谬的命题之上的——职务较低的员工没有能力思考自身职务及部门以外的问题。

想解开领导力与层级制度的纠葛，我们还有很长的路要走。举例来说，在你的组织里，当人们提到“领导团队”时，他们指的是

“组织中每一位能够做出美好事物的人”，还是坐在金字塔尖上的那十几位执行副总裁？现实的情况是，领导团队中的很多人根本不配被称为领导者——至少不是贝特朗·巴拉兰和海伦·贝文所说的领导。他们甚至称不上“团队”，如果团队指的是团结在共同事业周围的一群大公无私的人。

领导工作真正重要的是能力——发现机会、激励同事、挑战既得利益、重塑商业模式、培养人才等等。能力和层级高低没有任何联系。在绝大多数领导力培训项目中，能力没有得到应有的重视，甚至遭到了彻底的忽视。

对成长于社交网络的一代人来说，官僚主义领导模式的荒谬是显而易见的。社交网络的领导力意味着吸引追随者，而不是争夺向上晋升的阶梯。如果你是“数字原住民”，你会认为职务权力天然具有强权色彩，会对寻求“权力控制”的人抱有深刻的怀疑态度。对你来说，领导力并不意味着一朝权在手，便把令来行，而是激活一个社群，投身其中，做出自己的贡献。对你来说，成为活动家并不是掌握一套战术打法，它是你的日常态度，它是你做出改变的方式，无论你做的是什么工作。可信度、勇气、逆向思维、同理心、紧密联系他人——这些才是你的行事方式。你完全明白，真正腐蚀领导力资本的最快方式是利用职权打压他人。

考虑到这一切，现在是时候对领导力和领导力培养做出彻底的重新思考了。为了让富有进取心的人成为更好的管理者，你所在的组织花费了极大的精力，它应该投入更多精力去发现和武装那些天生具备黑客活动家潜力的人。这是我们都应该懂得的常识。每位首席执行官都知道，自己的组织需要更快地变革。社会历史学家告诉我们，深刻的变革通常来自边缘——来自那些未被权力诱惑、心怀理想与热忱、甘愿赴汤蹈火的人。并不是高高在上的头衔让我们成为领导者，我们要走出这种认知误区。人力资源部门不要再唯高层马首是瞻。只有如此，我们的领导方式才能跟上 21 世纪的脚步。

重新思考变革

就像本书通篇论述的那样，走向人本主义的转型需要彻底的变革——个人、团队及组织赖以运营的核心流程都需要变革。面对这样的挑战，传统的变革模式是完全不够的。通常意义上的变革项目往往失于迟缓、笨拙，常常带有毫无必要的侵犯性——它们都是官僚主义模式把深层变革的责任托付给少数高层管理者及其咨询顾问的后果。然而，就像我们在第 2 章中提到的，等到问题或机会大到足以引发自上而下的变革时，组织已经远远落后，只能扮演追赶者的角色了。我们与《哈佛商业评论》合作开展的一项调查显示，仅有 10% 的参与者（约 1 万人）说自己的组织近期的变革项目“总是”或“大多”带来了新的突破。如果高管沦为变革的阻塞点，组织只能耗费大量的时间追赶他人的脚步。

自上而下式变革的复杂性会带来进一步的阻力。组织结构与流程错综复杂、盘根错节，人们很难改变一点而不涉及其他。这种复杂性意味着，传统企业只能在三四年的时间里完成一次重大重组。绝大多数组织仍然在使用库尔特·勒温的三步变革模式：解冻—变革—再冻结。这套模式已经 70 岁了！按照勒温的设想，变革是偶发的、可以编排的，而不是持续的、应运而生的。勒温的观点也许适用于 20 世纪 40 年代，但无法适应如今这个断裂的、不均衡的新世界。

官僚主义体制的变革不仅是迟缓的，更是怯懦的。只有当变革的势头达到不可避免的程度，高管委员会才会问："有谁已经这么做了？"高管们最担心的是产生运营混乱——这才是自上而下推行制度变革的真正风险。因此，高管们会选择一条常有人走的路。因为这样的怯懦，公司的变革项目几乎从未改变过真正值得改变的东西。它们不会重新分配权力，不会缩减集团职能部门的规模，不会减少组织的层级数量，也不会根除毫无意义的规章制度。

还有一个大问题：集中驱动的变革不够精细。从定义上看，自上而下的变革是一种简单粗暴的工具——不仅因为它们做出的判断是笼统的，还因为它们在形成过程中从不听取来自一线的意见。一次欧洲的大型调查显示，近一半的非管理岗位员工表示，他们的组织近期进行过重大重组，但是仅有不到 1/4 的人表示，组织在启动重组前征求过他们的意见。[4] 在绝大多数变革项目中，不幸的下属们要负责落实这些工作，他们常常一边挠头一边琢磨："这群傻瓜到底是怎么想的？"

自上而下的变革还有最后一项缺点，它会不可避免地产生反弹。麦肯锡的一项研究表明，抵制变革是大型变革项目停滞不前的首要原因。其中的原因并不像人们常说的那样：人们害怕变革。真正让员工厌倦的是"奉天承运"式的命令——真正需要改变的是那些强加于人的、对工作的提高没有帮助的、只为将军造福、不为士兵谋利的坏东西。

几年前，我们和一家知名科技巨头的销售主管谈话。在几位咨询顾问的协助下，这位主管刚刚完成销售薪酬模式的改革。我们问他："你是怎么做到的？"他坦诚地回答："坦白讲，麻烦不小。我们遭到很多抵制，这是始料未及的。有些业绩最好的员工选择了跳槽。"我们追问："难道你没有在实施改革之前广而告之吗？没有征求意见吗？""没有。"他回答我们，"那样太浪费时间了。"我们只好冒着让这位主管显得不耐烦的风险提醒他，最重要的并不是什么时候实施，而是什么时候取得成功。

简言之，同官僚主义的领导力模式一样，官僚主义的变革模式早已不合时宜。麦肯锡、波士顿咨询公司和贝恩的独立调查都显示，75% 的变革项目无法实现预期目标。这丝毫不令人惊讶。如今的组织面对着前所未有的挑战，其速度和深度远远超过从前。然而，"变革管理"变成了一种矛盾修辞，就像"苏格兰美食"和"男人的发髻"一样。彻底的、系统性的变革是不可能自上而下地被设计和实施的，要想做到积极主动、细密深入、受到热烈欢迎就更不可能了。即使组织的首席执行官是扬·瓦兰德或张瑞敏那样的先驱者，一项新管理模式的设计也更多地关系到"发现与验证"，而不是"设计与强加"。

想在感应与响应之间消除官僚主义的拖累，就必须由更多的人广泛地承担起变革的职责。就像海伦·贝文和她的同道者一样，每个人都要把自己当作潜在的变革领导者。面对全新的挑战，每个人都要站出来，行动起来，而不是等待执行优先工作，追赶现实的脚步。

高级管理者必须拥抱系统性变革的复杂性，同时抵制冲动，切忌制定事无巨细的、高度指令性的变革项目。必须把重塑组织基因组的大问题拆解成多个小问题，授权多支小型团队分头解决这些问题。这也是亚马逊公司软件开发团队的有效组织方式。

近 20 年前，亚马逊对自己领先竞争对手的能力深感焦虑，这促使公司把 IT 部门拆分成几百支微型服务团队。在此之前，支持这家公司庞大电商业务的软件是建立在单一的、庞然大物般的代码库基础之上的。高级工程师需要整合巨大的开发团队生产出来的代码。可想而知，这势必造成层出不穷的冲突和频繁的延误，每次重大升级都成了极为艰巨的任务。亚马逊公司认识到，这样的方法很难实现规模化，它把开发工作分配给几十个小型团队，每个团队负责一项网站要素，如“购买”按钮。所有的软件组件会通过标准化的应用程序接口（API）相互连接。这一系列举措解放了团队，帮助它们按照自己的节奏完成工作，极大地减少了管理协调的需求。如今，亚马逊主页是几百个团队共同努力的结果。这一模式的成功带动了几十家企业纷纷效仿，包括网红企业网飞和优步（有报道称，后者拥有 1 300 个微型服务团队）。[5]

我们的经验表明，通过分布式、蜂窝式方法实现人本主义同样可行。我们可以轻松地想到，一个大型组织能支持几十种管理试验同时推进，前面章节的多个案例已经说明了这一点。这正是推翻官僚主义的方法——不是毕其功于一役的重大重组，而是数量众多的黑客齐头并进。

变革责任的分散化也是获得真正参与度的秘诀。资深高管经常谈到让员工“买账”的必要性。这通常被归入沟通的范畴。就像波士顿咨询公司一份关于变革的报告说的：“所有参与者，无论级别高低，都应该清晰理解项目的原理和设计，明白它在驱动组织战略方面的作用，清楚自己在项目中的角色和责任。”[6] 这句话说得不错，但是，知道并不等于投入。真正的认同和顺从完全是两码事，认同是参与的产物，而不是劝诫的结果。想要员工拥抱变革，先要让他们参与到变革的创造中来。

对领导者来说，把重大的变革计划托付给“群众”，这实在太恐怖了，但它往往是击败官僚主义卫道士的唯一方法。一位首席执行官不可能有足够的时间单枪匹马地劝服几千名精力充沛的官僚主义者乖乖交出自己的特权——不信可以去问问教皇方济各。

2013 年 9 月，刚刚成为教皇半年的方济各接受采访。他谴责了教会傲慢自大、狭隘孤立的做派：“教廷的首脑们自我感觉良好，他们被各自的国家奉为神明，接受其奉承。教廷竟成了罗马教会的麻风病院。这种梵蒂冈中心论忽视了周遭世界。我要倾尽全力改变它。”他谴责教会“过度纠缠于狭隘短浅的规矩”。他发出警告，如果这一切不改变，教廷可能“像纸牌搭成的房屋，一吹就倒”。教皇号召高级神职人员协助建立一个“不仅是自上而下的，同时也是横向的组织”。[7] 从那时起，教会的改革——解决性丑闻、落实财政责任、简化中央机构——从进展缓慢变成了毫无进展。2018 年，教皇方济各指出，改变教会就像“用牙刷清洗狮身人面像”。[8] 虽然说“教宗总是对的”，但是这听上去总像是在向官僚主义屈服。

改变一个存在了2 000年的组织固然困难，首席执行官们对教皇的挫败感也不陌生。我们见过几十位雄心勃勃的首席执行官，他们立志彻底转型，最后却无望地看着自己的改革被官僚主义的流沙吞噬。老道的官僚主义者有成百上千种办法拖延、阉割和破坏令他们不快的行动方案——同时做出一副大力支持的高姿态。作为改革者的首席执行官不能单刀赴会，他（她）需要更多的人，拿着更多的牙刷。

这就是开放式平台的力量——它可以激活一个规模足够大、范围足够广的支持变革的联盟，以对抗那些受到权力重新分配威胁的人的迟疑不决。改革方案一旦被制定和公开，就会得到几百或几千人的支持。这样一来，单凭少数几位高管很难与之对抗。

并不是每个问题都需要这样的变革过程。如果你的组织只是在线上线下分销系统的整合方面落后于人，你不需要在整个公司范围开展黑客马拉松——经过验证的、行之有效的整合方式已经有很多了。但是，如果想取得新突破，例如，要改变某种复杂的、系统性的对象，要做出基因层面的改变，或者挑战根深蒂固的利益，你就需要一个过程：

向所有人开放

应用新原则

公开的激进

具备高繁殖力

同侪监管

试验

势在必行

在今后几年里，最有效的变革努力将由社会来建构。它们是向上推行的，而不是向外展开的。我们需要把“级联”从企业词典里去掉。想要破除官僚主义的魔咒，必须改变自身的变革方式。

写在最后的话

让我们暂时回到最初的假定。官僚主义导致全球组织失能——造成了惰怠、迟缓和非人性化的恶果。这不仅是首席执行官需要面对的问题，也是所有人面对的共同问题。

笨重呆板的组织滥用社会资源，降低生产力。它们扼杀想象力，压制主动性，贻误未来。

高层管理者急于消除官僚主义令人窒息的压抑，纷纷求助于绝望的手段。他们削减投资，醉心于短期收益，他们回购股票，推高股票价格，他们通过收购竞争对手来提高市场力量和政治影响力。所有这些对投资者、客户和社会都没有好处。而为此付出最大代价的是数以百万计的员工。官僚主义等级制度剥夺了他们获得新技能、发挥独创性、扩大影响力的机会。一旦被剥夺了主观能动性和利益，员工就毫无机会从工作中收获感情和经济回报。

我们可以改善这种局面，我们必须改善这种局面。拥抱人本主义的原则和实践，我们能建立新型组织，让组织和身在其中的人们一样富有韧性，充满创造力和热情。只有这样，我们才能从经济生活中消除官僚主义的低效。堤坝一旦被拆除，排山倒海般的创新洪流就会被释放。它会为每个组织赋能，帮助它们在这个全新的时代走在变革的前面，收获成功。无论怎么看，这个时代都不像诞生官僚主义的所在。最重要的是，它会把每份工作变成好工作。它会为每个工作者带来繁荣发展的良机。

解放人的灵魂——这是人本主义的承诺，只要具备勇气和决心，你就能为自己、为自己的团队和组织做出这样的承诺。每一段史诗般的征程都是荆棘密布的，但它终将实现。它会考验你，也会滋润你的灵魂。因此，你如果渴望在一个培育、激励和珍视每个人优秀品质的组织里工作，那么是时候该放下这本书，穿上鞋子，行动起来了。

附录A　官僚主义程度指数（BMI）调查

1. 你的组织有多少个层级（从一线员工算起，直到首席执行官、总裁或总经理）？

   – 小于等于 3 级：0 分

   – 4 级：2.5 分

   – 5 级：5 分

   – 6 级：7.5 分

   – 大于等于 7 级：10 分

2. “官僚主义冗务”（如准备报告，参加会议，满足要求，完成审批，与职能部门如人力资源打交道）会占用你多少时间？

   – 完全不需要：0 分

   – 小于 10%：2.5 分

   – 10% ~ 20%：5 分

   – 20% ~ 30%：7.5 分

– 超过 30%：10 分

3. 在你的组织里，官僚主义在多大程度上减缓了决策和行动的速度？

   – 没有减缓：0 分

   – 较轻：2.5 分

   – 很明显：7.5 分

   – 非常严重：10 分

4. 你与主管和其他领导的互动，有多少是用于内部事务的（如解决分歧，获取资源，获得审批）？

   – 不到 10%：0 分

   – 10% ～ 30%：2.5 分

   – 30% ～ 50%：5 分

   – 50% ～ 70%：7.5 分

   – 高于 70%：10 分

5. 在你的工作环境中，你或你的团队有多少自主权决定工作目标和优先事项？

   – 拥有完全的自主权：0 分

   – 拥有极高的自主权：2.5 分

   – 拥有中等程度的自主权：5 分

   – 几乎没有自主权：7.5 分

   – 完全没有自主权：10 分

6. 一线团队成员参与变革计划设计与发展的频率是怎样的？

   – 一直参与：0 分

- 经常参与：2.5 分
- 偶尔参与：7.5 分
- 从未参与：10 分

7. 在你的组织里，人们对非常规创意做何反应？
   - 热情欢迎：0 分
   - 很感兴趣：2.5 分
   - 无动于衷：5 分
   - 深表怀疑：7.5 分
   - 反对抵制：10 分
8. 总体而言，如果组织的一线员工想推出只需要小型团队和少量启动资金的新项目，会很困难吗？
   - 容易。我们建有成熟的方法，向每个人开放（如内部众筹平台等）：0 分
   - 不容易。可能成功，但需要恰当的人脉和大量的勇气：5 分
   - 非常困难。需要付出艰巨的努力，还要通过层层审批：10 分
9. 你的组织是否普遍存在政治化行为？
   - 从未见过：0 分
   - 偶尔一见：5 分
   - 很常见：10 分
10. 在你的组织里，政治手腕（而不是表现出来的才能）会在多大程度上影响人们的晋升？
    - 从不：0 分
    - 很少：2.5 分

- 偶尔：5 分
- 经常：7.5 分
- 几乎总是：10 分

附录B　对官僚层级规模的估算

对劳动力总数和职业占比的估算

美国劳工统计局通过两项调查取得了详细的职业就业数据——当前人口调查（CPS）和职业就业调查（OES）。当前人口调查在经济分析中的使用最广泛——它形成了官方统计的基础，如失业率的统计等，也是绝大多数就业趋势研究的基础。当前人口调查数据采用自我报告的形式，通过每月调查搜集。职业就业调查数据通过年度商业机构调查搜集，不包括个体经营者、农业劳动者和家务工作者。

在2018年CPS数据的基础之上，我们估算的美国就业总人口为1.46亿，不包括个体经营者（总数约为1 600万）。对经理和主管人数的估计来自CPS和OES的数据。具体而言，我们首先算出CPS和OES中相关职业类别的比例，为两项调查中每种职业的比例取平均值，然后把这一混合比例带入1.46亿的劳动力总数中。

混合方法的逻辑背后有两重原因。第一，在两种调查中，经理和主管的职业占比相差很大——在CPS数据中，经理和主管在劳动力中的占比为22%，而在OSE数据中，这一比例只有15%。第二，关于哪种调查更适合劳动力组成分析，劳动经济学家并没有形成一致看法（如果非要提出一个，CPS的应用更多一些），因此，我们倾向于同样优先地看待两种数据来源。

CPS数据可能受到管理“分数膨胀”的不利影响，因为它基于自我报告的数据基础。但这一因素对最终数字的具体影响是很难估算的。

反过来讲，我们也有理由认为，OES调查对经理和主管人数的估计天然具有保守性。负责提供就业数据的是高级经理，他们可能会少报上层结构的人数（例如，不把“团队领导者”归入管理层）。我们在BMI调查中发现了可以证明这一点的证据。在这项调查中，有些高管会少报组织的层级数量，职位相对没有那么高的调查参与者则很少这样做（即使在控制调查参与者组织规模的前提下，情况也是如此）。OES的结果不同于另一项针对私营商业机构的美国劳工统计局调查，这项调查名为当前就业统计（CES）。CES每月调查商业机构的代表性样本，每家受调查机构需要上报以主管和经理工作为主要职责的员工的人数以及员工总数。在最新一期的CES调查中，经理和主管人数在员工总数中的估计比例与CPS得出的结果接近。

对管理岗位的估算

在这里，我们的目标是统计行政支持职能部门中部分包含的非管理岗位员工数。这一估算立足于我们对美国劳工统计局“商业及金融业”类别的审视。在这一类别中，有些较大的行业组别包含了会计人员和审计人员、合规专员、人力资源工作者、管理分析师、采购代理以及培训和发展专家等。我们把一定数量的、在我们看来不可能属于行政管理的岗位剔出估算，例如理赔调节员、保险承保人、个人金融咨询顾问等等。我们还排除了与 IT 支持相关的岗位，因为要区分管理岗和支持岗的 IT 人员数据是不可能的。由于不包括 IT 相关的就业人员，我们的算法可能会低估管理人员的总数。

对经理和主管薪酬的估算

我们是通过年均工资（数据来自 OES 调查）和各个职业组别中的人数（经理、主管、行政人员、其他员工）来估算薪酬情况的。由此得出，1.46 亿劳动力的总薪酬为 7.9 万亿美元，这与美国劳工统计局最新估算的 8.4 万亿美元的总工资是一致的（根据 2018 年就业和薪资季度调查）。为了估算出薪酬总额，我们把工资总额提高了 33%，这反映了美国劳工统计局的统计估算（来自美国全国薪酬调查）。这样可以得到 10.6 万亿美元的总数，这与美国经济分析局估算的 10.9 万亿美元的总薪酬是一致的。我们认为自己对总薪酬的估算偏低，因为有些极为优厚的高管薪酬形式没有被纳入基本工资数据，如利润分成和补贴股票期权等。

致谢

本书反映了很多人的思想和贡献。我们对波莉·拉巴尔深表感谢，波莉与我们紧密合作，共同开发和应用了最后几章提到的管理黑客的方法论。感谢我们在管理实验室的同事布鲁斯·斯图尔特和马修·哈梅尔，他们在探索大型组织变革非常规路径的工作中发挥了重要作用。

全球众多组织帮助我们实现了本书思想的实地测试，尤其感谢马克·金和安吉拉·阿伦茨的帮助。他们为我们带来了真实工作的试验场，帮助我们验证了较激进的想法，还帮助我们更好地认识了管理创新的力量和边界。

本书多处反映了众多领导者分享本组织人本原则和实践的良好愿望，他们还帮助我们与一线员工联系起来，开展更深层次的对话。感谢以下组织和个人对本书的贡献。

欧洲核子研究组织超环面仪器项目（ATLAS）：马库斯·诺德

伯格、马尔齐奥·内西。博组客：霍斯·德·布洛克。通用电气航空部门：迈克尔·瓦格纳。海尔：汲广强、路凯林、吴勇、王健和张瑞敏。米其林：贝特朗·巴拉兰、劳伦特·卡尔庞捷、让－诺埃尔·戈尔斯、让－米歇尔·吉永、雅罗斯瓦夫·米夏拉克和克里斯蒂安·提洛夫。晨星公司：保罗·格林、道格·柯克帕特里克和克里斯·鲁弗。纽柯公司：约翰·费里奥拉、詹姆斯·弗里亚斯、多诺万·马克斯、凯瑟琳·米勒、玛丽·埃米莉·斯莱特和萨德·所罗门。西南航空：埃米莉·塞缪尔斯和朱莉·韦伯。瑞典商业银行：安德斯·鲍文和理查德·温德尔。英国国民医疗服务体系：海伦·贝文。戈尔公司：米歇尔·奥古斯丁、泰里·凯利和杰森·伊兹。

书中很多想法最初是在伦敦商学院的高管培训项目课堂上提出的。在此感谢学员们的洞察和鼓励。

在长达3年的写作时间里，老同事格雷丝·赖姆投入了很多时间帮助我们处理杂务，让我们可以专心投入写作。她的项目管理能力首屈一指，堪称无价之宝。Implement咨询集团的斯蒂格·艾伯森、卡特里娜·马歇尔和苏珊·萨尔兹布伦纳为本书做出了优异的研究和思想贡献。

感谢我们的著作经纪人克里斯蒂·弗莱彻促成这个项目，感谢马克·福捷对本书的宣传。

最后还要感谢哈佛商业评论出版社的主编阿迪·伊格内修斯，感谢他创造机会，帮助我们和他出色的团队合作。感谢我们的编辑杰夫·基欧对本书结构和内容深思熟虑的指导和坚定不移的支持鼓励。感谢妮科尔·托雷斯、珍·韦林、朱莉·德沃尔以及出版社的整个营销和宣传团队。

写书是个艰苦的工作，不仅对作者如此，对他们的家人也是如此。为了完成此书，两位作者数年来完成了不少研究和撰写工作，我们深深感谢伴侣和孩子们在此过程中的耐心陪伴和大力支持。

本书的微功属于大家，缺点和不足属于两位作者。

注释

序言

1. Gustavo Grullon, Yelena Larkin, and Roni Michaely, "Are US Industries Becoming More Concentrated?," April 2017, *Review of Finance* 23, no. 4 (2019): 697–743, doi: 10.1093/rof/rfz007.

2. Bruce A. Blonigen and Justin R. Pierce, "Evidence for the Effects of Mergers on Market Power and Efficiency," National Bureau of Economic Research Working Paper No. 22750, October 2016, http://www.nber.org/papers/w22750.pdf.

3. The latest analysis of U.S.-based data is from Jan De Loecker, Jan Eeckhout, and Gabriel Unger, "The Rise of Market Power and the Macroeconomic Implications," working paper, November 2019, http://www.janeeckhout.com/wp-content/uploads/RMP.pdf. For global data, see De Loecker and Eeckhout, "Global Market Power," National Bureau of Economic Research Working Paper 24768, 2018, https://www.nber.org/papers/w24768.

4. James E. Bessen, "Accounting for Rising Corporate Profits: Intangibles or Regulatory Rents?," Boston University School of Law, Law and Economics Research Paper No. 16-18, November 9, 2016, https://papers.ssrn.com/sol3/papers.cfm?abstract_id=2778641.

5. Council of Economic Advisers, *Benefits of Competition and Indicators of Market Power*, Issue Brief, April 2016.

6. Eric Posner and Glen Weyl, "The Real Villain Behind Our Gilded Age," *New York Times*, May 1, 2018, https://www.nytimes.com/2018/05/01/opinion/monopoly-power-new-gilded-age.html.

7. Joe Weisenthal, "Goldman Sachs Forced to Fundamentally Question How Capitalism Is Working," *Sydney Morning Herald*, February 4, 2016, https://www.smh.com.au/business/goldman-sachs-forced-to-fundamentally-question-how-capitalism-is-working-20160204-gmljq0.html.

8. Jay Shambaugh et al., "Thirteen Facts about Wage Growth," Brookings, September 25, 2017, https://www.brookings.edu/research/thirteen-facts-about-wage-growth/.

9. Max Muro, Robert Maxin, and Jacob Whiton, *Automation and Artificial Intelligence*, Brookings Policy Program, January 2019, https://www.brookings.edu/wp-content/uploads/2019/01/2019.01_BrookingsMetro_Automation-AI_Report_Muro-Maxim-Whiton-FINAL-version.pdf.

10. Ljubica Nedelkoska and Glenda Quintini, "Automation, Skills Use and Training," *OECD Social, Employment and Migration* Working Paper No. 202, 2018, https://doi.org/10.1787/2e2f4eea-en; Claire Cain Miller, "A Darker Theme in Obama's Farewell: Automation Can Divide Us," *New York Times*, January 12, 2017, https://www.nytimes.com/2017/01/12/upshot/in-obamas-farewell-a-warning-on-automations-perils.html; Elon Musk, remarks at the National Governors Association 2017 summer meeting, July 17, 2017.

11. Martha Ross and Nicole Bateman, "Meet the Low-Wage Workforce," Brookings, November 7, 2019, https://www.brookings.edu/research/meet-the-low-wage-workforce/. The labor force as defined by this study is lower than the typical estimates since it excludes some students, the self-employed, and observations with data quality concerns. For trends toward low-wage employment across developed economies, see *OECD Employment Outlook 2019: The Future of Work*, https://doi.org/10.1787/9ee00155-en.

12. Carl Frey and Michael Osborne, "The Future of Employment: How Susceptible Are Jobs to Computerisation," *Technological Forecasting and Social Change* 114 (2017): 254–280.

13. Based on authors' analysis of the Gallup Great Jobs Demonstration Survey, November 2019. Excludes self-employed or contract workers and nonmanagerial employees (though the responses for managerial employees are only slightly higher). Data is weighted using Gallup's suggested population weights.

1 完全的人

1. Eric J. Chaisson, *Cosmic Evolution* (Cambridge, MA: Harvard University Press, 2001).

2. "Cisco Visual Networking Index: Forecast and Trends, 2017–2022," white paper, February 27, 2019, https://www.cisco.com/c/en/us/solutions/collateral/service-provider/visual-networking-index-vni/white-paper-c11-741490.html.

3. James Vincent, "Tesla's New AI Chip Isn't a Silver Bullet for Self-Driving Cars," *The Verge*, April 24, 2019, https://www.theverge.com/2019/4/24/18514308/tesla-full-self-driving-computer-chip-autonomy-day-specs.

4. The lower estimate comes from Intel, https://www.intel.com/content/dam/www/public/us/en/images/iot/guide-to-iot-infographic.png; the higher number from Princeton University's Professor Vincent Poor, https://www.nsf.gov/awardsearch/showAward?AWD_ID=1702808&HistoricalAwards=false.

5. "Cord-Never and Cord-Cutter Households, 2019–2023," eMarketer report, July 2019.

6. Aaron Pressman, "For the First Time, More Americans Pay for Internet Video Than Cable or Satellite TV," *Fortune*, March 19, 2019, http://fortune.com/2019/03/19/cord-cutting-record-netflix-deloitte/.

7. "GM Share Finally on the Upswing," *Automotive News*, November 27, 2017, http://www.autonews.com/article/20171127/OEM/171129852/gm-share-up-final-assembly. Market share performance for 2018 and 2019 is based on data from General Motors' US market share from 2000 to 2019, Statista, February 2020, https://www.statista.com/statistics/239607/vehicle-sales-market-share-of-general-motors-in-the-united-states/.

8. Andrew J. Hawkins, "GM Will Release at Least 20 All-Electric Cars by 2023," *The Verge*, October 2, 2017, https://www.theverge.com/2017/10/2/16400900/gm-electric-car-hydrogen-fuel-cell-2023.

9. "The Arts and Crafts Consumer-U.S.," Mintel Research, January 2016, https://store.mintel.com/the-arts-and-crafts-consumer-us-january-2016.

10. Gallup, "State of the Global Workforce," 2017.

11. Jim Harter and Amy Adkins, "Employees Want a Lot More from Their Managers," Gallup.com, April 8, 2015, https://www.gallup.com/workplace/236570/employees-lot-managers.aspx.

12. Amy Adkins, "Only 35% of U.S. Managers Are Engaged in Their Jobs," Gallup.com, April 2, 2015, http://news.gallup.com/businessjournal/182228/managers-engaged-jobs.aspx.
13. Max Weber, in *Economy and Society*, ed. G. Roth and C. Wittich (Berkeley: University of California Press, 1978), 975.
14. Max Weber, *Weber, Theory of Social and Economic Organization, The Theory of Social and Economic Organization*, trans. A. M. Henderson and Talcott Parsons (New York: Free Press of Glencoe, 1947), 337.

2 官僚主义的弊病

1. For a detailed account of Atlas's organizational model, see Max Boisot et al., eds., *Collisions and Collaboration: The Organization of Learning in the ATLAS Experiment at the LHC* (Oxford, UK: Oxford University Press, 2011).
2. Fred Vogelstein, "Search and Destry," *Fortune*, May 2, 2005, http://archive.fortune.com/magazines/fortune/fortune_archive/2005/05/02/8258478/index.htm.
3. Austin Carr and Dina Bass, "The Most Valuable Company (for Now) Is Having a Nadellaissance," *Bloomberg Businessweek*, May 2, 2019, https://www.bloomberg.com/news/features/2019-05-02/satya-nadella-remade-microsoft-as-world-s-most-valuable-company.
4. Connie Loizos, "Bill Gates on Making One of the Greatest Mistakes of All Time," Techcrunch, June 22, 2019, https://techcrunch.com/2019/06/22/bill-gates-on-making-one-of-the-greatest-mistakes-of-all-time/.
5. Jason D. Schloetzer, Matteo Tonello, and Gary Larkin, *CEO Succession Practices: 2018 Edition*, Conference Board, October 2018.
6. Lawrence Mishel and Julia Wolfe, *CEO Compensation Has Grown 940% Since 1978*, Economic Policy Institute Report, August 14, 2019, https://www.epi.org/publication/ceo-compensation-2018/.
7. See, for instance, Ria Marshall and Linda-Eling Lee, "Are CEOs Paid for Performance?," MSCI Research, July 2016; and Weijia Li and Steven Young, "An Analysis of CEO Pay Arrangements and Value Creation for FTSE-350 Companies," UK CFA Society, December 2016.
8. Andrew Toma et al., "Flipping the Odds for Successful Reorganization," Boston Consulting Group, April 2012, https://www.bcg.com/en-us/publications/2012/people-organization-design-flipping-odds-successful-reorganization.aspx.
9. David Barboza, "An iPhone's Journey, from the Factory Floor to the Retail Store," *New York Times*, December 29, 2016, https://www.nytimes.com/2016/12/29/technology/iphone-china-apple-stores.html.
10. Jack Morse, "This College Student Spent His Summer Undercover in a Chinese iPhone Factory," *Mashable*, April 25, 2017, https://mashable.com/2017/04/25/iphone-factory-dejian-zeng-apple-china/.
11. Data is weighted using each survey's suggested population weights. The European sample includes respondents from the EU-15 countries (i.e., members of the European Union before the 2003 eastward enlargement).
12. Morning Star employee quotes and descriptions of company practices were sourced from personal interviews conducted by the authors.
13. "Scientific Management," *The Economist*, February 9, 2009, https://www.economist.com/node/13092819.
14. Frederick Winslow Taylor, *The Principles of Scientific Management* (New York and London: Harper and Brothers, 1911), 83.
15. Ibid., 59.
16. Discussion with the authors, June 2018.
17. Ken Blanchard and Colleen Barrett, *Lead with LUV: A Different Way to Create Real Success* (London: Pearson Education, 2011), 102–103, Kindle.

18. United Airlines, "United Express Flight 3411 Review and Action Report," April 27, 2018, https://hub.united.com/united-review-action-report-2380196105.html.

19. Bob Bryan, "UNITED CEO: 'This can never, will never happen again on a United Airlines flight,'" *Business Insider*, April 12, 2017, http://www.businessinsider.com/united-airlines-ceo-oscar-munoz-apology-david-dao-good-morning-america-2017-4.

3 细算得失

1. Art Kleiner, *The Age of Heretics: A History of the Radical Thinkers Who Reinvented Corporate Management* (San Francisco: Jossey-Bass, 2008), 199, Kindle.

2. "Topeka Pride," The Modern Times Workplace, http://www.moderntimesworkplace.com/DVD_Collection/Whole/TopekaPride.pdf.

3. David Olsen and Richard Parker, "Lessons of Dogfood Democracy," *Mother Jones*, June 1977, 19–20.

4. Brett Frischmann and Evan Selinger, "Robots Have Already Taken over Our Work, but They're Made of Flesh and Bone," *The Guardian*, September 25, 2017, https://www.theguardian.com/commentisfree/2017/sep/25/robots-taken-over-work-jobs-economy.

5. Mike Swift, "Five Silicon Valley Companies Fought Release of Employment Data, and Won," San Jose *Mercury News*, February 11, 2010, https://www.mercurynews.com/2010/02/11/five-silicon-valley-companies-fought-release-of-employment-data-and-won/.

6. "Google's Diversity Record Shows Women and Minorities Left Behind," *PBS News Hour*, May 28, 2014, https://www.pbs.org/newshour/show/google-report-shows-women-and-minorities-left-behind.

7. "Getting to Work on Diversity at Google," *Google Blog*, May 28, 2014, https://googleblog.blogspot.com/2014/05/getting-to-work-on-diversity-at-google.html.

8. For data on HR budgets as a percentage of total operating costs, see Bloomberg, *HR Department Benchmark and Analysis*, 2017; for data on executive surveys of HR's strategic role, see John Boudreau and Ed Lawler, *Strategic Role of HR*, Center for Effective Organization Publication G14-12, December 2014.

9. See, for instance: Michael Mankins and Richard Steele, "Stop Making Plans; Start Making Decisions," *Harvard Business Review*, January 2006; and Peter Young, "Finance: 2 Reasons Why Managers Hate Budgeting (and What to Do about It)," *Corporate Executive Board Blog*, August 28, 2014, https://web.archive.org/web/20170725175327/https://www.cebglobal.com/blogs/finance-2-reasons-managers-hate-budgeting-and-what-to-do-about-it/.

10. There's a large body of research from a variety of countries and sectors showing that organizations adopting postbureaucratic management practices—such as self-managing teams, compensation based on unit profitability, business and technical upskilling, and information transparency—are more efficient and productive. For a review of the established literature, see Casey Ichniowski and Kathryn Shaw, "Beyond Incentive Pay: Insiders' Estimates of the Value of Complementary Human Resource Management Practices," *Journal of Economic Perspectives* 17, no. 1 (Winter 2003): 155–180. Also see Jeffrey Pfeffer, "Human Resources from an Organizational Behavior Perspective: Some Paradoxes Explained," *Journal of Economic Perspectives* 21, no. 4 (Fall 2007): 115–134.

11. Bureau of Labor Statistics, "Productivity Change in the Nonfarm Business Sector, 1947–2018," March 8, 2019, https://www.bls.gov/lpc/prodybar.htm.

12. Robert J. Gordon, *The Rise and Fall of American Growth: The U.S. Standard of Living Since the Civil War* (Princeton, NJ: Princeton University Press, 2017), 462–463.

13. *OECD Compendium of Productivity Indicators 2017* (Paris: OECD Publishing, 2017), 42.

14. "Fixing the Foundations: Creating a More Prosperous Nation," UK Treasury, July 2015, https://www.gov.uk/government/uploads/system/uploads/attachment_data/file/443897/Productivity_Plan_print.pdf.

15. The closest analogue might be the application of digital technology, including automation, mobile, and data analysis, which McKinsey reckons could yield as much as 1.2% growth in productivity in the 2015–2025 time frame. See McKinsey Global Institute, "Solving the Productivity Puzzle: The Role of Demand and Promise of Digitization," February 2018.

16. Matthew Herper, "Merck R&D Head Bets Slashing Bureaucracy Will Unlock Innovation," *Forbes*, September 19, 2013, http://www.forbes.com/sites/matthewherper/2013/09/19/merck-rd-head-bets-slashing-bureaucracy-will-unlock-innovation/#2715e4857a0b7cb632911c8a.

17. "Working, Labor, Economy," Studs Terkel Radio Archive, https://studsterkel.wfmt.com/categories/labor.

4 纽柯：打造人，而非钢材

1. In a blast furnace, oxygen is forced through pig iron in a super-heated oven, usually powered by natural gas. Mini-mills instead rely an electric arc furnace, which uses electricity as its main source of energy. Giant electrodes produce an arc in the steelmaking oven where temperatures can reach 3,000 degrees centigrade.

2. World Steel Association, Nucor Company Filings.

3. Industry employment data from Bureau of Labor Statistics (Primary Metals); company filings.

4. Kenneth Iverson, *Plain Talk: Lessons from a Business Maverick* (Hoboken, NJ: Wiley, 1997), 91.

5. Unless otherwise noted, Nucor employee quotes and descriptions of company practices were sourced from personal interviews conducted by the authors.

6. Ernst & Young, "Global Generations 3.0: A Global Study on Trust in the Workplace," 2017.

7. Industry employment data from Bureau of Labor Statistics (Primary Metals).

8. Iverson, *Plain Talk*.

9. "The Working Man's Evangelist," Metals Service Center Institute, January 1, 2006.

5 海尔：人人都是创客

1. Chapter 5 was sourced almost exclusively from personal interviews conducted by the authors and internal documents provided by Haier.

2. Based on authors' analysis of public financial data from Haier and other major appliance makers in the Chinese and global markets.

7 自主性的力量

1. Arthur Cole, *Business Enterprise in Its Social Setting* (Cambridge, MA: Harvard University Press, 1959), 28.

2. Edmund S. Phelps, *Mass Flourishing: How Grassroots Innovation Created Jobs, Challenge, and Change* (Princeton, NJ: Princeton University Press, 2014).

3. Ibid., 270.

4. Ibid., 241–242.

5. Arthur Cole, "An Approach to the Study of Entrepreneurship," *Journal of Economic History* 6, Supplement (1946), reprinted in Frederick C. Lane and Jelle C. Riemersma, eds., *Enterprises and Secular Change: Readings in Economic History* (Homewood, IL: Richard D. Irwin, 1953), 183–184.

6. Chris Hughes, "It's Time to Break Up Facebook," *New York Times*, May 9, 2019, https://www.nytimes.com/2019/05/09/opinion/sunday/chris-hughes-facebook-zuckerberg.html.

7. Henry Hansman, "Ownership of the Firm," *Journal of Law, Economics, and Organization* 4, no. 2 (Fall 1988): 269.

8. "Expectations vs. Reality: What's It Really Like to Go It Alone?," Vista Print Research Report, January 15, 2018, http://news.vistaprint.com/expectations-vs-reality.

9. Joseph Blasi, Richard Freeman, and Douglas Kruse, "Do Broad-Based Employee Ownership, Profit Sharing and Stock Options Help the Best Firms Do Even Better?," *British Journal of Industrial Relations* 54, no. 1 (March 2016): 55–82.

10. Dirk von Dierendonck and Inge Nuijten, "The Servant Leadership Survey: Development and Validation of a Multidimensional Measure," *Journal of Business and Psychology* 26, no. 3 (September 2011): 249–267.

11. Blasi et al., "Do Broad-Based Employee Ownership, Profit Sharing and Stock Options Help the Best Firms Do Even Better?"

12. Ibid.

13. "Employer Costs for Employee Compensation: Historical Listing," Bureau of Labor Statistics, March 2004–September 2019, https://www.bls.gov/web/ecec/ececqrtn.pdf.

14. Estimates derived from authors' analysis of the 2015 European and American Working Conditions Surveys. The European sample includes respondents from the EU-15 countries (i.e., members of the European Union before the 2003 eastward enlargement).

15. Dominic Barton, Dennis Carey, and Ram Charan, "An Agenda for the Talent-First CEO," *McKinsey Quarterly*, March 2018, https://www.mckinsey.com/business-functions/organization/our-insights/an-agenda-for-the-talent-first-ceo.

16. Richard Milne, "Handelsbanken Is Intent on Getting Banking Back to the Future," *Financial Times*, March 19, 2015, https://www.ft.com/content/85640c38-ad2a-11e4-a5c1-00144feab7de.

17. David W. Smith, "Handelsbanken: A Different Kind of Bank," Salt, May 28, 2014, https://www.wearesalt.org/the-swedish-bank-that-is-not-all-money-money-money/.

18. Xavier Huillard, "Expanding without Getting Fat: Managing the Vinci Group," L'École de Paris, Business Life Seminar, January 6, 2017. All the quotes from Xavier Huillard used in this chapter are drawn from this source.

19. Roy Jacques, *Manufacturing the Employee* (London: Sage, 1966), 40.

8 市场的力量

1. Alexis C. Madrigal, "Paul Otellini's Intel: Can the Company That Built the Future Survive It?," *Atlantic*, May 16, 2013, https://www.theatlantic.com/technology/archive/2013/05/paul-otellinis-intel-can-the-company-that-built-the-future-survive-it/275825/.

2. Benjamin J. Gillen, Charles R. Plott, and Matthew Shum, "A Pari-mutuel-like Mechanism for Information Aggregation: A Field Test Inside Intel," California Institute of Technology, working paper, November 8, 2015, http://www.its.caltech.edu/~mshum/papers/IAMField.pdf.

3. Adam Mann, "The Power of Prediction Markets," *Nature*, October 18, 2016, https://www.nature.com/news/the-power-of-prediction-markets-1.20820.

4. Joyce Berg, Forrest Nelson, and Thomas Rietz, "Prediction Accuracy in the Long Run," *International Journal of Forecasting* 24, no. 2 (April-June 2008): 285–300.

5. Justin Wolfers and Eric Zitzewitz, "Prediction Markets," *Journal of Economic Perspectives* 18, no. 2 (Spring 2004): 107–126.

6. Shelley Dubois, "Cisco's New Umi: The Answer to a Question Nobody Asked," *Fortune*, October 8, 2010, http://fortune.com/2010/10/08/ciscos-new-umi-the-answer-to-a-question-nobody-asked/.

7. For an excellent review of research on resource allocation, see John Busenbark et al., "A Review of the Internal Capital Allocation Literature: Piecing Together the Capital Allocation Puzzle," *Journal of Management* 43, no. 8 (November 2017): 2430–2455.

8. Gary Hamel, "Bringing Silicon Valley Inside," *Harvard Business Review*, September–October 1991, 71–84.
9. David Bardolet, Alex Brown, and Dan Lovallo, "The Effects of Relative Size, Profitability and Growth on Corporate Capital Allocations," *Journal of Management* 43, no. 8 (November 2017): 2469–2496.
10. Matthias Arrfelt, Robert Wiseman, and G. Tomas Hult, "Looking Backward Instead of Forward: Aspiration-Driven Influences on the Efficiency of the Capital Allocation Process," *Academy of Management Journal* 56, no. 4 (2013): 1081–1103.
11. Hyun-Han Shin and Rene M. Stulz, "Are Internal Capital Markets Efficient?" *Quarterly Journal of Economics* 133 (1998): 531–552.
12. Markus Glaser, Florencio Lopez-De-Silanes, and Zacharias Sautner, "Opening the Black Box: Internal Capital Markets and Managerial Power," *Journal of Finance* 68, no. 4 (August 2013): 1577–1631.
13. James Ang, Abe DeJong, and Marieke van der Poel, "Does CEOs' Familiarity with Business Segments Affect Their Divestment Decisions?," *Journal of Corporate Finance* 29 (December 2014): 58–74.
14. Julie Wulf, "Influence and Inefficiency in the Internal Capital Market," *Journal of Economic Behavior and Organization* 72, no. 1 (2009): 305–321.
15. David Bardolet, Craig Fox, and Dan Lovallo, "Corporate Capital Allocation: A Behavioral Perspective," *Strategic Management Journal* 32, no. 13 (December 2011): 1454–1483.
16. Stephen Hall, Dan Lovallo, and Reinier Musters, "How to Put Your Money Where Your Strategy Is," *McKinsey Quarterly*, March 2012.
17. Pitchbook/NVCA Venture Monitor, Q4, 2019.
18. Anne Fisher, "How IBM Bypasses Bureaucratic Purgatory," *Fortune*, December 5, 2013, http://fortune.com/2013/12/04/how-ibm-bypasses-bureaucratic-purgatory/.
19. Ibid.
20. *IfundIT CookBook*, IBM Report, https://ifunditcookbook.mybluemix.net/what.html.
21. Phil Wahba, "Gillette Is Introducing Cheaper Blades to Fend Off Dollar Shave Club and Harry's," *Fortune*, November 29, 2017, http://fortune.com/2017/11/29/gillette-blades-dollar-shave-club-harrys/.
22. Peter Cappelli, "Why We Love to Hate HR and What HR Can Do About It," *Harvard Business Review*, July-August 2015, 54–61; and Ram Charan, Dominic Barton, and Dennis Carey, "People Before Strategy: A New Role for the CHRO," *Harvard Business Review*, July-August 2015, 62–71.

9 英才机制的力量

1. Peter Coy, "The Future of Work," *Business Week*, August 20, 2000, 41–46.
2. P. A. Mabe III and S. G. West, "Validity of Self-Evaluation of Ability: A Review and Meta Analysis," *Journal of Applied Psychology* 67 (1982): 280–286.
3. Cameron Anderson et al., "A Status-Enhancement Account of Overconfidence," *Journal of Personality and Social Psychology* 103, no. 4 (2012): 718–735.
4. Geoff Colvin, "What the Hell Happened to GE?," *Fortune*, June 1, 2018.
5. Marcus Buckingham, "Most HR Data Is Bad Data," *Harvard Business Review*, February 9, 2015, https://hbr.org/2015/02/most-hr-data-is-bad-data.
6. Neha Mahajan and Karen Wynn, "Origins of 'Us' versus 'Them': Prelinguistic Infants Prefer Similar Others," *Cognition* 124 (2012): 227–233.
7. Emily Chang, *Brotopia: Breaking Up the Boys Club of Silicon Valley* (New York: Portfolio/Penguin, 2018).
8. Joe Nocera, "Silicon Valley's Mirror Effect," *New York Times*, December 26, 2014, https://www.nytimes.com/2014/12/27/opinion/joe-nocera-silicon-valleys-mirror-effect.html.
9. F. David Schoorman, "Escalation Bias in Performance Appraisals: An Unintended

Consequence of Supervisor Participation in Hiring Decisions," *Journal of Applied Psychology* 73, no. 1 (1988): 58–62.

10. Kathryn Tyler, "Undeserved Promotions," *HR Magazine* 57, no. 6 (June 2012): 79.

11. Dana Wilkie, "Is the Annual Performance Review Dead?," Society for Human Resources Management, August 19, 2015, https://www.shrm.org/resourcesandtools/hr-topics/employee-relations/pages/performance-reviews-are-dead.aspx.

12. Dacher Keltner, *The Paradox of Power: How We Gain and Lose Influence* (New York: Penguin Books, 2016). See also, Nathanael Fast et al., "Power and Overconfidence in Decision-Making," *Organizational Behavior and Human Decision Processes* 117, no. 2 (March 2012): 249–260.

13. Laszlo Bock, *Work Rules!: Insights from Inside Google That Will Transform How You Live and Lead* (New York: Grand Central Publishing, 2015), 108–109, Kindle.

14. Pure Alpha, Bridgewater's largest fund, did particularly well during the financial crisis; its performance over the last few years has been mixed.

15. Raymond Dalio, *Principles: Life and Work* (New York: Simon & Schuster, 2017), 36, Kindle.

16. Rob Copeland and Bradley Hope, "Schism Atop Bridgewater, the World's Largest Hedge Fund," *Wall Street Journal*, February 5, 2016, https://www.wsj.com/articles/schism-at-the-top-of-worlds-largest-hedge-fund-1454695374.

17. Dalio, *Principles: Life and Work*, 422.

18. Ibid., 371.

19. Raymond Dalio, "How to Build a Company Where the Best Ideas Win," 2017 TED Conference Presentation, https://www.ted.com/talks/ray_dalio_how_to_build_a_company_where_the_best_ideas_win/transcript?language=en#t-837607.

20. Dalio, *Principles: Life and Work*, 308.

21. Bock, *Work Rules!*, 241.

22. Nicholas Carson, "A Google Programmer 'Blew Off' a $500,000 Salary at a Startup—Because He's Already Making $3 Million Every Year," *Business Insider*, January 10, 2014, https://www.businessinsider.com/a-google-programmer-blew-off-a-500000-salary-at-startup-because-hes-already-making-3-million-every-year-2014-1.

23. Eric Schmidt and Jonathan Rosenberg, *How Google Works* (New York: Grand Central Publishing, 2014), 126–127.

10 社群的力量

1. See, for example, N. K. Humphrey, "The Social Function of Intellect," in *Growing Points in Ethology*, P. P. G. Bateson and R. A. Hinde, eds. (Cambridge, UK: Cambridge University Press, 1976), 303–317; and Roy F. Baumeister and E. J. Masicampo, "Conscious Thought Is for Facilitating Social and Cultural Interactions: How Mental Simulations Serve the Animal-Culture Interface," *Psychological Review* 117, no. 3 (July 2010): 945–971.

2. See Julianne Holt-Lunstad, Timothy B. Smith, and J. B. Layton, "Social Relationships and Mortality Risk: A Meta-Analytic Review," *PLoS Medicine* 7, no. 7 (2010): 1–20, and Julianne Holt-Lunstad et al., "Loneliness and Social Isolation as Risk Factors for Mortality: A Meta-Analytic Review," *Perspectives on Psychological Science* 10, no. 2 (2015): 227–237.

3. Alexis de Tocqueville, *Democracy in America*, Harvey C. Mansfield and Delba Winthrop, eds. (Chicago: University of Chicago Press, 2000).

4. For a comprehensive study of the relative importance of different factors affecting behavior change of AA members, see John F. Kelly et al., "Determining the Relative Importance of the Mechanisms of Behavior Change within Alcoholics Anonymous: A Multiple Mediator Analysis," *Addiction* 107, no. 2 (February 2012): 289–299.

5. See, for instance, Kimberly S. Walitzer, Kurt H. Dermen, and Christopher Barrick, "Facilitating Involvement in Alcoholics Anonymous During Outpatient Treatment: A Randomized Clinical Trial," *Addiction* 104, no. 3 (March 2009): 391–401, https://www.ncbi.nlm.nih.gov/pmc/articles/PMC2802221/; or Michael Gross, "Alcoholics Anonymous: Still Sober After 75 Years," *American Journal of Public Health* 100, no. 12 (December 2010): 2361–2363.

6. Gross, "Alcoholics Anonymous."

7. This section draws on the reporting of John Kania and Mark Kramer in their article, "Collective Impact," *Stanford Social Innovation Review*, Winter 2011, 36–41, https://ssir.org/articles/entry/collective_impact#.

8. David Brooks, "A Really Good Thing Happening in America," *New York Times*, October 3, 2018, https://www.nytimes.com/2018/10/08/opinion/collective-impact-community-civic-architecture.html.

9. David Bornstein, "Coming Together to Give Schools a Boost," *New York Times Blogs*, March 7, 2011, https://opinionator.blogs.nytimes.com/2011/03/07/coming-together-to-give-schools-a-boost/

10. Ibid.

11. John Kania and Mark Kramer, "Embracing Emergence: How Collective Impact Addresses Complexity," *Stanford Social Innovation Review*, January 21, 2013, https://ssir.org/articles/entry/social_progress_through_collective_impact.

12. Based on net income and operating revenue data provided by the US Bureau of Transportation Statistics, schedule P-1.2 (constant 2018 dollars). This section relies heavily on Jody Gittell's pioneering work on "relational coordination." In particular, see Jody Hoffer Gittell, *The Southwest Airlines Way: Using the Power of Relationships to Achieve High Performance* (New York: McGraw-Hill, 2003).

13. P. E. Moskovitz, "Original Disruptor Southwest Airlines Survives on Ruthless Business Savvy," *Skift*, September 5, 2018, https://skift.com/2018/09/05/original-disruptor-southwest-airlines-survives-on-ruthless-business-savvy/.

14. Robin Grugal, "Decide upon Your True Dreams and Goals: Corporate Culture Is the Key," Investor's Business Daily, April 15, 2003.

15. Gittell, *The Southwest Airlines Way*, 340, Kindle.

16. Herb Keller in the foreword to Ken Blanchard and Colleen Barrett, *Lead with Luv: A Different Way to Create Real Success* (Upper Saddle River, NJ: Pearson Education, 2011), 105, Kindle.

17. Bill Taylor, "GSD&M, Southwest Airlines, and the Power of Ideas," *Harvard Business Review* online, September 5, 2007, https://hbr.org/2007/09/gsdm-southwest-airlines-and-th.

18. Joseph Guinto, "A Look at Southwest Airlines 50 Years Later," *Dallas Magazine*, May 2017, https://www.dmagazine.com/publications/d-ceo/2017/may/southwest-airlines-50-year-anniversary-love-field-dallas/.

19. Gittell, *The Southwest Airlines* Way, 729, Kindle.

20. Jeremy Hope, Peter Bunce, and Franz Roosli, *The Leader's Dilemma* (London: John Wiley & Sons, 2011), 97–98.

21. Gittell, *The Southwest Airlines Way*, 2415, Kindle.

22. Dan Reed, "Herb Kelleher: Comedian, Clown, Well-Connected Lawyer and a Uniquely Successful Business Leader," *Forbes*, January 4, 2019, https://www.forbes.com/sites/danielreed/2019/01/04/comedian-clown-brilliant-well-connected-lawyer-but-mostly-a-uniquely-successful-business-leader/#468d4147ee1b.

23. B. O'Brian, "Flying on the Cheap," *Wall Street Journal*, October 26, 1992, A1.

24. Hervé Mathe, *Innovation at Southwest Airlines: Reinventing the Business Model* (Cergy, France: ESSEC Publishing, 2015), Kindle.

25. Ibid.

26. Ibid.

27. Ken Iverson, *Plain Talk: Lessons from a Business Maverick* (New York: John Wiley and Sons, 1998), 176–177, Kindle.

28. Gittell, *The Southwest Airlines Way*, 726 and 738, Kindle.

29. Ibid, 772 and 763.

30. Katrina Brooker, "Herb Kelleher: The Chairman of the Board Looks Back, *Fortune*, May 28, 2001.

31. Gallup, *State of the American Workplace*, 2017, 118.

32. Authors' email exchange with Luke Stone, September 2019.

33. Colleen Barrett on Southwest Culture, Southwest Airlines Community Site, May 5, 2015, https://www.southwestaircommunity.com/t5/Southwest-Stories/Colleen-Barrett-on-Southwest-Culture/ba-p/46053.

34. Hans Morgenthau, "Love and Power," *Commentary* 33 (1962): 247–251; Roy Baumeister and Mark Leary, "The Need to Belong: Desire for Personal Attachments as a Fundamental Human Motivation," *Psychological Bulletin* 117, no. 3 (1995): 497–529.

35. Gittell, *The Southwest Airlines Way*, 2089, Kindle.

36. Kevin Freiberg and Jackie Freiberg, "20 Reasons Why Herb Kelleher Was One of the Most Beloved Leaders of Our Time," *Forbes*, January 4, 2019, https://www.forbes.com/sites/kevinandjackiefreiberg/2019/01/04/20-reasons-why-herb-kelleher-was-one-of-the-most-beloved-leaders-of-our-time/#60079e5bb311.

37. Gallup, *State of the American Workplace*, 118.

38. Southwest Airlines, 1996 Annual Report.

39. Authors' interview at Nucor Headquarters, January 2018.

11 开放的力量

1. Gus Lubin, "Queens Has More Languages Than Anywhere in the World—Here's Where They're Found," *Business Insider*, February 15, 2017, https://www.businessinsider.com/queens-languages-map-2017-2.

2. Christian Hernandez Gallardo, "London's Diversity Is One of the Strongest Attributes of Its Tech Ecosystem," *Guardian*, June 22, 2015, https://www.theguardian.com/media-network/2015/jun/22/london-diversity-tech-ecosystem-entrepreneurs.

3. Center for American Entrepreneurship, "The Rise of the Startup City," http://www.startupsusa.org/global-startup-cities/.

4. Douglas Hockstad et al., eds., "AUTM US Licensing Activity Survey: 2017, A Survey Report of Technology Licensing (and Related) Activity for US Academic and Non-profit Institutions and Technology Investment Firms," AUTM, https://autm.net/AUTM/media/SurveyReportsPDF/AUTM_2017_US_Licensing_Survey_no_appendix.pdf.

5. Wal-Mart Store No. 8 home page, https://www.storeno8.com/about.

6. Henry Chesbrough, "The Future of Open Innovation," *Research Technology Management*, November–December 2017, 34.

7. Kevin J. Boudreau and Karim Lakhani, "Using the Crowd as an Innovation Partner," *Harvard Business Review*, April 2013, https://hbr.org/2013/04/using-the-crowd-as-an-innovation-partner.

8. Jason Aycock, "NBC Reveals Netflix Data, Says Service Isn't 'Consistent' Threat," Seeking Alpha, January 14, 2016, https://seekingalpha.com/news/3032896-nbc-reveals-netflix-data-says-service-consistent-threat.

9. "Nearly Half the World Lives on Less than $5.50 a Day," World Bank press release, October 17, 2018, https://www.worldbank.org/en/news/press-release/2018/10/17/nearly-half-the-world-lives-on-less-than-550-a-day.

10. Steve Jobs, Stanford University commencement speech, June 12, 2005, https://news.stanford.edu/news/2005/june15/jobs-061505.html.

11. Thomas S. Kuhn, *The Structure of Scientific Revolutions* (Chicago: University of Chicago Press, 1970), 90.

12. Shunryū Suzuki, *Zen Mind, Beginner's Mind* (Boston: Shambhala Publications, 2006), 1.
13. Lars Bo Jeppesen and Karim R. Lakhani, "Marginality and Problem-Solving Effectiveness in Broadcast Search," *Organization Science* 21, no. 5 (September–October 2010): 1016–1033.
14. Aravind Eyecare System, *Activity Report 2017–2018*, 5, http://online.pubhtml5.com/idml/copn/#p=1.
15. "2019: China to Surpass US in Total Retail Sales," *eMarketer report*, January 23, 2019, https://www.emarketer.com/newsroom/index.php/2019-china-to-surpass-us-in-total-retail-sales/. Also see Kai-Fu Lee and Jonathan Woetzel, "China as a Digital World Power," *Acuity Magazine*, December 2, 2018, https://www.acuitymag.com/business/china-as-a-digital-world-power.
16. Cheng Ting-fang, "Apple: A Semiconductor Superpower in the Making," *Nikkei Asian Review*, September 29, 2017, https://asia.nikkei.com/Asia300/Apple-A-semiconductor-superpower-in-the-making.
17. "The Strategy Crisis: Insights from the Strategy Profiler," *Strategy&*, 2019, https://www.strategyand.pwc.com/media/file/The-Strategy-Crisis.pdf.
18. Guido Jouret, "Inside Cisco's Search for the Next Big Idea," *Harvard Business Review*, September 2009.
19. Cisco Global Problem Solver Challenge 2019, https://cisco.innovationchallenge.com/cisco-global-problem-solver-challenge-2019/overview.
20. Jouret, "Inside Cisco's Search for the Next Big Idea."
21. Authors' interview with Zion Armstrong, 2019.
22. Authors' interview with Mark King, 2019.

12 试验的力量

1. Based on authors' analysis of the Gallup Great Jobs Demonstration Survey, November 2019. Excludes self-employed or contract workers and nonmanagerial employees (though the responses for managerial employees are only slightly higher). Data is weighted using Gallup's suggested population weights.
2. "The Most Innovative Companies 2018," Boston Consulting Group.
3. "Venture Capital Funnel Shows Odds of Becoming a Unicorn Are About 1%," *CB Insight Research Brief*, September 6, 2018.
4. Peter Diamandis, "Culture and Experimentation—with Uber's Chief Product Officer," Medium, April 10, 2016, https://medium.com/abundance-insights/culture-experimentation-with-uber-s-chief-product-officer-520dc22cfcb4.
5. Greg Linden, "Early Amazon: Shopping Cart Recommendations," *Geeking with Greg Blog*, April 25, 2006, http://glinden.blogspot.com/2006/04/early-amazon-shopping-cart.html.
6. "How Big Companies Can Innovate," McKinsey & Company White Paper, February 2015, https://www.mckinsey.com/business-functions/strategy-and-corporate-finance/our-insights/how-big-companies-can-innovate.
7. Jeff Zias, "Snap and File: An Innovation Story Behind Intuit's TurboTax Mobile App," LinkedIn post, April 14, 2016, https://www.linkedin.com/pulse/snap-file-innovation-story-behind-intuits-TurboTax-mobile-jeff-zias/.
8. Brad Smith, "Intuit's CEO on Building a Design Driven Company," *Harvard Business Review*, January–February 2015.
9. Shikhar Ghosh, Joseph Fuller, and Michael Roberts, "Intuit: Turbo Tax PersonalPro—A Tale of Two Entrepreneurs," Harvard Business School Case Study 9-816-048, March 2016.
10. Intuit Investor Day Presentations, 2015 and 2016.
11. Scott Cook interview with Michael Chui, McKinsey & Co., https://www.mckinsey.com/business-functions/strategy-and-corporate-finance/our-insights/how-big-companies

-can-innovate.
12. Scott Cook, "Accounting for Intuit's Success," Stanford University Lecture, November 4, 2015, https://stvp-static-prod.s3.amazonaws.com/uploads/sites/2/2015/11/3594.pdf.
13. Suzanne Pellican, "How Intuit Applied Design Thinking," O'Reilly Design Conference, 2016.
14. Hugh Molotsi and Jeff Zias, *The Intrapreneur's Journey: Empowering Employees to Drive Growth* (Lean Startup Co., 2018), 823–824, Kindle.
15. Ghosh et al., "Intuit: Turbo Tax PersonalPro."
16. Bennett Blank, "Lessons on Innovation from Intuit," June 12, 2017, https://innov8rs.co/news/make-innovation-part-everyones-job-cisco-ge-adobe-intuit-intrapreneurship/.

13 矛盾的力量

1. Roger Scruton, "Conservatism," https://www.roger-scruton.com/images/pdfs/Conservatism-POV-1.pdf.
2. *The Complete Works of Ralph Waldo Emerson*, vol. II (London: Bell and Daldy, 1866), 266.
3. Charles Simeon, quoted in H. C. G. Moule, *Charles Simeon* (London, 1956), 77–78.
4. G. K. Chesterton, *Complete Works of G. K. Chesterton* (Hastings, UK: Delphi Classics, 2014), Kindle.
5. James March, "Exploration and Exploitation in Organizational Learning," *Organization Science* 2 (1991): 71–87.
6. Top 10 pharmaceutical R&D spending sourced from S&P's CapitalIQ data set; global R&D investment taken from "Total Global Spending on Pharmaceutical Research and Development from 2010 to 2024," *Statista*, https://www-statista-com.lbs.idm.oclc.org/statistics/309466/global-r-and-d-expenditure-for-pharmaceuticals/.
7. *HBM New Drug Approval Report: Analysis of FDA Drug Approvals in 2018*, 17.
8. Pedro Cuatrecasas, "Drug Discovery in Jeopardy," *Journal of Clinical Investigation* 116, no. 11 (2006): 2837–2842.
9. Smaller and niche banks have the most satisfied customers in the UK banking market; EPSI, 2019, http://www.epsi-rating.com/wp-content/uploads/2016/07/EPSI-Rating-UK-Banking-2018.pdf
10. Jan Wallander, *Decentralization—Why and How to Make It Work* (Stockholm: SNS Forlag, 2003), 42.
11. Ibid., 87.
12. Amar Bhide, Dennis Campbell, and Kristin Stack, "Handelsbanken: May 2002," Case 116-119 (Boston: Harvard Business School, July 1, 2016), 5.
13. Nassim Nicholas Taleb and Gregory F. Treverton, "The Calm Before the Storm," *Foreign Affairs*, January/February 2015, https://www.foreignaffairs.com/articles/africa/calm-storm.
14. Richard Milne, "Handelsbanken Is Intent on Getting Banking Back to the Future," *Financial Times*, March 20, 2015, https://www.ft.com/content/85640c38-ad2a-11e4-a5c1-00144feab7de.
15. Handelsbanken's Treasury charges branches for the funds they advance to borrowers; these costs are in part driven by the branch's loan portfolio. For instance, a branch with a large amount of fixed 30-year loans will face higher funding costs than one with more 10-year adjustable-rate mortgages because of its higher interest rate risk. The specific loans in the branch's books also drive capital charges—the greater the amount of relatively risky loans, the greater the charge for covering the cost of equity capital set aside as a buffer against potential losses. While not all of the funding costs are controlled by the branch (they reflect a variety of factors like the overall balance between assets and liabilities across all branches and the cost of funding gaps between the two in the capital

markets), Handelsbanken's practice of allocating funding and capital costs in a way that reflects the branch's loan portfolio and the actual funding costs of the bank is uncommon in the industry. For more details, see Kroner Niels, *A Blueprint for Better Banking: Svenska Handelsbanken and a Proven Model for Post-Crash Banking* (Petersfield, UK: Harriman House, 2009), 106–107, Kindle.

16. Caroline Teh, *Researching Stewardship, Göteborg University School of Business, Economics and Law* (Göteborg, Sweden: BAS Publishing), 2016, 101.

17. Lindsay R. Murray and Theresa Libby, "Svenska Handelsbanken: Controlling a Radically Decentralized Organization without Budgets," *Issues in Accounting Education* 22, no. 4 (November 2007): 631.

18. Teh, *Researching Stewardship*, 102.

19. Jeremy Hope and Robin Fraser, *Beyond Budgeting: How Managers Can Break Free from the Annual Performance Trap* (Boston: Harvard Business School Press, 2003), 134.

14 米其林：起始步骤

1. According to Dominique Foucard, the head of manufacturing at Michelin from 2011 to 2016.

2. Unless otherwise noted, Michelin employee quotes and descriptions of company practices were sourced from personal interviews conducted by the authors.

3. "Michelin demain en France et à Clermont-Ferrand: le nouveau président Florent Menegaux se confie," *La Montagne*, May 17, 2019, https://www.lamontagne.fr/clermont-ferrand-63000/actualites/michelin-demain-en-france-et-a-clermont-ferrand-le-nouveau-president-florent-menegaux-se-confie_13561532/.

15 从这里出发

1. Marshall Ganz, "Leading Change: Leadership, Organization, and Social Movements," https://www.researchgate.net/publication/266883943_Leading_Change_Leadership_Organization_and_Social_Movements.

2. Adapted from Eric Steven Raymond, *The Cathedral and the Bazaar* (Sebastopol, CA: O'Reilly Media, 2001), 197–199.

3. Paul Lambert, "Roche: From Oversight to Insight," Management Innovation eXchange, December 23, 2011, https://www.managementexchange.com/story/roche-oversight-insight.

16 实现规模化

1. Authors' interview with Damian Roland, 2015.

2. Liora Moskovitz and Lucia Garcia-Lorenzo, "Changing the NHS a Day at a Time," *Journal of Social and Political Psychology* 4, no. 1 (2016): 196–219, doi:10.5964/jspp.v4i1.532.

3. See, for instance, Barbara Kellerman, *The End of Leadership* (New York: HarperCollins, 2012); and Jeffrey Pfeffer, *Leadership BS: Fixing Workplaces and Careers One Truth at a Time*, (New York: HarperBusiness, 2015).

4. Based on the authors' analysis of the 2015 European Working Conditions Survey. Sample includes respondents from the original fifteen EU member countries working in organizations with more than 250 people and whose tenure is of at least three years (the relevant question asks respondents whether they have experienced a major reorganization in the last three years). Data is weighted using the survey's suggested population weights.

5. Amit Yadav, "Why Companies Like Netflix, Uber, and Amazon Are Moving Towards

Microservices," TechSur, January 10, 2018, https://techsur.solutions/why-companies-like-netflix-uber-and-amazon-are-moving-towards-microservices/.

6. Peter Tollman et al., "Getting Smart About Change Management," Boston Consulting Group, January 5, 2017, https://www.bcg.com/en-us/publications/2017/change-management-getting-smart-about-change-management.aspx.

7. Scott Neuman, "Pope Francis Says the Court Is the 'Leprosy of the Papacy,'" National Public Radio, October 1, 2013, https://www.npr.org/sections/thetwo-way/2013/10/01/228200595/francis-says-the-court-is-the-leprosy-of-the-papacy.

8. Ed Condon, "Pope Francis's Bold Reforms Have Been Frustrated. How Did This Happen?," *Catholic Herald*, February 2, 2018, https://catholicherald.co.uk/commentandblogs/2018/02/02/pope-franciss-bold-reforms-have-been-frustrated-how-did-this-happen/.